U0108585

新 視 野
中華經典文庫

新　視　野
中華經典文庫

徐霞客遊記

名譽主編 饒宗頤

導讀及譯注 鄭培凱

中華書局

新視野中華經典文庫

徐霞客遊記

□
導讀及譯注
鄭培凱

□
出版
中華書局（香港）有限公司
香港北角英皇道 499 號北角工業大廈一樓 B
電話：（852）2137 2338　傳真：（852）2713 8202
電子郵件：info@chunghwabook.com.hk
網址：http：//www.chunghwabook.com.hk

□
發行
香港聯合書刊物流有限公司
香港新界大埔汀麗路 36 號
中華商務印刷大廈 3 字樓
電話：（852）2150 2100　傳真：（852）2407 3062
電子郵件：info@suplogistics.com.hk

□
印刷
深圳中華商務安全印務股份有限公司
深圳市龍崗區平湖鎮萬福工業區

□
版次
2015 年 7 月初版
2020 年 6 月第2次印刷

□
規格
32 開（205 mm × 143 mm）

□
ISBN：978-988-8340-35-4

出版說明

為甚麼要閱讀經典？道理其實很簡單——經典正正是人類智慧的源泉、心靈的故鄉。也正是因此，在社會快速發展、急劇轉型，因而也容易令人躁動不安的年代，人們也就更需要接近經典、閱讀經典、品味經典。

邁入二十一世紀，隨着中國在世界上的地位不斷提高，影響不斷擴大，國際社會也越來越關注中國，並希望更多地了解中國、了解中國文化。另外，受全球化浪潮的衝擊，各國、各地區、各民族之間文化的交流、碰撞、融和，也都會空前地引人注目，這其中，中國文化無疑扮演着十分重要的角色。相應地，對於中國經典的閱讀自然也就有不斷擴大的潛在市場，值得重視及開發。

於是也就有了這套立足港台、面向海外的「新視野中華經典文庫」的編寫與出版。希望通過本文庫的出版，繼續搭建古代經典與現代生活的橋梁，引領讀者摩挲經典，感受經典的魅力，進而提升自身品位，塑造美好人生。

本文庫收錄中國歷代經典名著近六十種，涵蓋哲學、文學、歷史、醫學、宗教等各個領域。編寫原則大致如下：

（一）精選原則。所選著作一定是相關領域最有影響、最具代表性、最值得閱讀的經典作品，包括中國第一部哲學元典、被尊為「群經之首」的《**周易**》，儒家代表作《**論語**》、《**孟子**》，道家代表作《**老子**》、《**莊子**》，最早、最有代表性的兵書《**孫子兵法**》，最早、最系統完整的醫學典籍《**黃帝內經**》，大乘佛教和禪宗最重要的經典《**金剛經**》、《**心經**》、《**六祖壇經**》，中國第一部詩歌總集《**詩經**》，第一部紀傳體通史《**史記**》，第一部編年體通史《**資治通鑒**》，中國最古老的地理學著作《**山海經**》，中國古代最著名的遊記《**徐霞客遊記**》，等等，每一部都是了解中國思想文化不可不知、不可不讀的經典名著。而對於篇幅較大、內容較多的作品，則會精選其中最值得閱讀的篇章。使每一本都能保持適中的篇幅、適中的定價，讓普羅大眾都能買得起、讀得起。

（二）尤重導讀的功能。導讀包括對每一部經典的總體導讀、對所選篇章的分篇（節）導讀，以及對名段、金句的賞析與點評。導讀除介紹相關作品的作者、主要內容等基本情況外，尤強調取用廣闊的「新視野」，將這些經典放在全球範圍內、結合當下社會生活，深入挖掘其內容與思想的普世價值，及對現代社會、現實生活的深刻啟示與借鑒意義。通過這些富有新意的解讀與賞析，真正拉近古代經典與當代社會和當下生活的距離。

（三）通俗易讀的原則。簡明的注釋，直白的譯文，加上深入淺出的導讀與賞析，希望幫助更多的普通讀者讀懂經典，讀懂古人的思想，並能引發更多的思考，獲取更多的知識及更多的生活啟示。

（四）方便實用的原則。關注當下、貼近現實的導讀與賞析，相信有助於讀者「古為今用」、自我提升；卷尾附錄「名句索引」，更有助讀者檢索、重溫及隨時引用。

（五）立體互動，無限延伸。配合文庫的出版，開設專題網站，增加朗讀功能，將文庫進一步延展為有聲讀物，同時增強讀者、作者、出版者之間不受時空限制的自由隨性的交流互動，在使經典閱讀更具立體感、時代感之餘，亦能通過讀編互動，推動經典閱讀的深化與提升。

這些原則可以説都是從讀者的角度考慮並努力貫徹的，希望這一良苦用心最終亦能夠得到讀者的認可、進而達致經典普及的目的。

「弘揚中華文化」是中華書局的創局宗旨，二〇一二年又正值創局一百週年，「承百年基業，傳中華文明」，本局理當更加有所作為。本文庫的出版，既是對百年華誕的紀念與獻禮，也是在弘揚華夏文明之路上「傳承與開創」的標誌之一。

需要特別提到的是，國學大師饒宗頤先生慨然應允擔任本套文庫的名譽主編，除表明先生對本局出版工作的一貫支持外，更顯示先生對倡導經典閱讀、關心文化傳承的一片至誠。在此，我們要向饒公表示由衷的敬佩及誠摯的感謝。

倡導經典閱讀，普及經典文化，永遠都有做不完的工作。期待本文庫的出版，能夠帶給讀者不一樣的感覺。

中華書局編輯部

二〇一二年六月

徐霞客像

目錄

跋涉天涯一奇人——《徐霞客遊記》導讀

鄭培凱

一、布衣走四方

徐霞客是明末的奇人，他的著作《徐霞客遊記》是一本奇書，在文學史、地理知識史、文化意識史上都有獨特的地位，不但為中國旅遊文學開創了嶄新面目，也反映了中國知識精英在早期全球化期間的世界觀發展，對客觀世界進行細部的實證考察，並且提供了探索自然的翔實記錄，同時一一探究知識的可靠性。《徐霞客遊記》的出現，有其劃時代的意義，也有其歷史文化發展的原因。從書寫創作的主觀層面來說，涉及遊記書寫文類的發展，自魏晉以來個人意識的萌發，表現於士大夫文人的放情山水，在欣賞自然美景之餘，記錄個人對自然的獨特觀察與體會，追求審美境界的天人合一。這種屬於審美範疇的思想意境，通過唐宋時期散文書寫的發揚，發展到了明代，已經累積了豐厚的文化資源，可以作為徐霞客汲取發揚的基礎，記錄日常生活的點點滴滴，化日記的細節書寫為文學性與思想性的篇章。

從社會環境的變遷而言，明代中葉之後，中國東南半壁的經濟生活極為繁榮，沿着長江中下游與大運河流域，城鎮化與經濟商品化發展迅速，參與商業行為的人口頻繁擴張，交通路線急速開展。除了官方《大明一統志》的地理記載，從當時出現大量商程便覽之類的導引書刊，如黃汴的《一統路程圖記》（後來翻刻成《天下水陸路程》、《新刻水陸路程便覽》等）、李晉德《客商一覽醒謎》、程春宇《士商類要》，可知全國的交通路線以及各地驛站分佈，不但臚列得十分清晰，鉅細靡遺，而且標注出五里、十里、二十里、三十里、五十里、六十里、七十里的路程地望，方便商賈經商旅行，當然也同時惠及出門旅行的遊客。因為經濟繁榮與穩定，一些富裕人家在生活有了餘暇之後，遊山玩水成為相當普及的社會風尚，不再是極少數達官貴人的禁臠，得以讓個別精英人物在不憂衣食的環境中，盡情發揮個性，在尋覓山水奧祕之中，滿足自我存在的意義。

按照清初泉州人黃虞稷的《千頃堂書目》所記，列舉了士大夫文人的旅遊著述，作者達五十七人之多。這些文人學者書寫的遊記，與路程便覽、客商指迷以及歷代記述地理山水的志書都不同，是屬於親身經歷的記述，不是沿襲前人著作的書抄。歷史地理學者周振鶴研究明代後期旅行家群體，特別指出，這些遊記的作者大多數是進士出身，或者是有一定官職的舉人或諸生。旅遊的性質，有許多是因為「宦遊」，也就是藉着執行官府職務的機會，或走馬上任，或巡按調查，途經名勝古跡，順便「到此一遊」，卻又感到旅遊的樂趣值得筆諸為文，記下自己的遊蹤，也算是「讀萬卷書，行萬里路」的體現。如王世貞的弟弟王世懋，在他《閩部疏》的序裏就說，「今天下內外官，得行部遍者，直指、督學兩使者而已。世懋束髮宦遊，多歷海內名山大川。」清楚説明，達官貴人旅遊天下，經常是執行公務的附帶行為，多半可以歸於今天所説的「公費旅遊」。必須在此指出，晚明最出色的旅行家徐霞客，雖然出身世家，卻抗拒科舉仕途，未曾謀過一官半職，因此，他足跡遍天下，倒是從未使用過公帑，所有旅遊花費都是自己提供的。

明代中期以後，士大夫文人學者除了遊山玩水，寫下親身經歷，也對寰宇地理進行仔細的實地考察，編寫成長篇著作，既有遊山玩水的觀賞性質，同時反映了實證考察的學術鑽研。從王士性的《五嶽遊草》與《廣志繹》、何鏜的《古今遊名山記》、楊爾曾的《海內奇觀》、墨繪齋刻本《天下名山勝概記圖》、曹學佺的《蜀中名勝記》，以及顧炎武的《肇域志》與《天下郡國利病書》等等，可以看到，寫作的目的兼具知識性與觀賞性，蘊含了許多個人觀察外在世界的信息，與上述商程導引書刊的性質不同。從這些遊記與記載山川形勢的書中，我們可以探知，明末文人學者遊覽名山大川的動機，或許初始意在旅遊玩耍。親身遊歷，仔細觀察名山大川之後，還要字斟句酌，發之為文，就有了超乎娛樂的文學審美與知性追求。晚明時期的社會文化繁榮與變化，衝擊了許多上層精英的知識系統，在探索內聖外王的心性之學以外，對外在世界的客觀存在產生了濃厚的興趣，觸發了知識結構的變化。知識探求不再限於儒釋道的心性辨析，而想跨越傳統的文獻知識，擺脱古人訴諸聖賢權威的不求甚解方式，試圖通過親身的驗證，清楚認識客觀世界與自然地理的面貌。徐霞客就是這種探求客觀地理真知最典型的人物，《徐霞客遊記》也就成了建構新知識系統的重要著作。

徐霞客才氣縱横，文筆恣肆而又細膩精確，具備了藝術家刻畫自然的寫生才能，又有觀察實證的科學邏輯頭腦。他探索自然地貌環境，似乎只是為了純粹的求知目的，滿足自己的好奇心。他記錄實地考察山川地理的經歷，頗像達爾文乘「小獵犬號」（*Beagle*）考察船環遊世界，抱持追求生物科學知識的執着，記錄各地物種那樣，寫成鉅細靡遺的遊記，並無功利的考慮，沒想過甚麼「實用價值」。我們可以想象，徐霞客每天翻山越嶺，攀援險峰，涉過溪澗，到了晚上還孜孜不倦，在昏暗如豆的燈下，展開文房四寶，沾濡着他飽覽山川大地的無限深情，以優美的文筆，一個字一個字，記下詳細的親身觀察。他從家鄉江陰出發，穿的是草鞋或麻鞋，日復一日，不存在任何功利目的，走遍中國名山大川，進入西南大地，深入不毛，一直走到滇緬邊境，這是何等的精神？到了夜深人靜，他還不顧跋涉整天的疲勞，寫下如此優美的大地頌歌，是甚麼樣的超越力量支撐着他，為我們留下了《徐霞客遊記》？

當然，徐霞客具有特殊的文學藝術才能，有觀察世界的精密邏輯思考方式，像實驗室裏的科學家一樣，鍥而不捨，一絲不苟，有興致，也有能力，組織起身體力行的觀察，記錄下跋涉天涯的每一步足跡。不過，我們還是要問，除了上述的時代環境，是甚麼具體原因，因緣際會，激發了徐霞客，讓他停不下腳步，必須走盡天涯海角，必須把每分鐘的歷程，記錄得絲毫不漏？徐霞客的主觀能動性是哪裏來的，是甚麼內在因素激勵他日復一日，年復一年，行走天涯，寫出如此卷帙浩繁的遊記？是家世中的甚麼特殊背景，生命中的甚麼環節，驅動他的心靈，使他像一顆漫遊在外太空的彗星，循着自己的軌道，永不歇止？

讀《徐霞客遊記》，要心存景仰之情，它不止是讀一本好玩的遊記，也不止是欣賞優美典雅的文章。要想到徐霞客行走天涯，是以獨特的個性，來展現人類特有求知精神，求真求是，為求知而求知，為審美而審美，為躬親體驗山河勝景而遊歷。這種對外在世界的純粹好奇，要親身去體驗的求知精神，是人類有別於其他物種的特性，也是人類文明發展的基本動因，值得我們思考，也值得我們學習。

二、輝煌又悲劇的士紳徐家

徐霞客（一五八七—一六四一），原名宏祖，亦作弘祖，字振之，號霞客，明代南直隸江陰人。他的家族是江陰望族，祖先於宋元之際來到江陰的西順里，後來定居梧塍里，至少到了元代就已經在地方饒有聲名，躋身於精英階層。從倪瓚（一三〇一—一三七四）在一三七〇年寫的〈題書屋圖〉可知，無錫地方的大畫家倪瓚與徐氏祖先徐均平是好朋友，特別欣賞均平剛滿十歲的兒子徐麒（一三六一—一五一五），說他「清令不凡，異日必能乘長風破巨浪」，所以為他取了「本中」為字。倪瓚還說，他畫這幅〈書屋圖〉，是為了鼓勵徐麒，期望這個聰慧的少年努力向上，可以繼承與發揚徐家的世德家聲：「徐郎已能緝書鉏經，尚默觀此意，居靜飲和，允執以往，吾知為世德家聲所積者深矣。並為圖一書屋，題詩於上，以誌期望云。」

倪瓚顯然非常器重徐家的少俊，才會為他畫一幅〈書屋圖〉，還題了詩，希望徐麒能夠讀書成才：「問字慙荒老，垂髫喜亢宗。親方行役遠，道在慎吾中。露淨當空月，香餘隔戶風。幽齋無長物，琴帙隱高松。」雖然是寫給徐麒，鼓勵青少年讀書上進，詩中流露的心境，卻嚮往隱逸高士在幽齋彈琴讀書的情景，想來也隱約是倪瓚的自畫像。這幅畫還有不少著名的詩人畫家為之題跋，如倪瓚的好友楊維禎（一二九六—一三七〇）當時就在場，即席寫了〈本中書室圖與雲林子賦〉，說道：「蓉城徐郎十歲耳，瓊芽軒軒，已有餐霞御飈之異。雲林子以世好命之字曰本中。復為揆墨。予時在閣中，顧索賦，遂並紀一絕。」詩云：「小鳳遐飛碧玉京，玄亭抵掌共卿卿，圖成好識先天語，十二樓頭第六楹。」也是鼓勵青年少俊要努力，以求飛黃騰達，在崑崙仙宮群玉山頭，能夠佔有一席之地。不過，鼓勵年輕人讀書上進，以飛升仙家宮闕作為參照，也的確是別有用意，不知道小徐麒是否讀得出其中深意。蘇州的大詩人、明初十大才子之一的高啟（一三三六—一三七三）也為倪瓚書屋畫幅寫了題跋，說，「雲林師之字本中，窅然不欲作小大觀，不可無言，為申幽解。」並且賦詩一首，申說幽微的深意：「一往翔駒氣若龍，風雲舉足自相從。寸心寧逐天倪返，變化由來未出宗。」先標出龍馬精神，風虎雲龍，氣象干雲，隨後卻說內心寧願回歸自然之道，萬變不離其宗。

過了八年之後，洪武十一年戊午（一三七八），同列明初十大才子的徐賁（一三三五—一三九三）在徐麒的行笥中，看到倪雲林的圖詠，發現其中題跋，都是逝去的故友，「不勝今昔之慨」，也題了一首詩：「幽人丘壑心，英士風雲色。出處萬里遠，觸機在深寂。領此未發意，相看兩不拂。雲林有高真，玄扉鍊靈液，往來挾飛仙，不與人群習。遙望故人子，一見能洞別：丹佳影猶含，叢蘭茁方出，錫之以珍名，授之以微密。先天返吾宗，小景圖太極；華篇遂成林，風雅東南絕。忽焉數載餘，語語既冥合。鴻聲啟後人，遺詠慕前哲。作者慨莫從，來者欣未息；瑛帶轉難窮，珍重千秋業。」從這首詩裏，我們多少可以窺知元末明初知識精英，生活在動盪年代所處的困境，對出處仕進採取消極的態度。作為徐麒的長輩，在稱讚少年英華的同時，不經意流露出明哲保身的想法，暗示歸隱才是處身之道。青少年時期的徐麒是否能夠讀出前輩詩中的弦外之音，我們是無法知道了，但是，後來世事的發展卻殘酷地「為申幽解」，印證了詩句對仕進的憂懼。倪瓚與楊維禎退隱山林，得以善終；高啟與徐賁捲入官場的起伏，最後都遭到明太祖的殘殺。

徐麒是徐霞客高祖徐經（一四七三——一五〇七）的高祖，也就是上溯八世的祖先。從徐麒出生（一三六一）到徐霞客逝世（一六四一），徐家九代人恰好經歷了明朝的三個世紀，也與明朝興衰的命運類似，經歷了從興盛到逐漸衰敗的歷程。從南京國子監祭酒陳敬宗（一三七七——一四五九）在正統十二年（一四四七）所寫的〈明故徐徵君（麒）墓誌銘〉來看，徐家在元明之際就已經相當富裕，徐麒更是經營有方，而且樂善好施，喜歡交往文人畫家，經常舉辦雅集：「家極豐盈，至君鬬畦連阡，原田每每，儲橐益廣，然富而好禮，見義必為，贍荒周乏，時時惟以推衣授室為念，故德流曖溢，所以淪澈乎物者甚廣。至於禮賢下士，傾蓋之契，久要之誠，互極其綢繆雅意。性不嗜酒，無歌聲舞影之歡，惟良朋登訪，必展瑤席，飛彩毫，相與酬酢觴詠，徹晝夕而無怠色。蓋其灝氣襲人，和風鼓物，有非恆情可能者，是以宇內播揚，咸仰之為山斗。」

徐麒在明初建國的洪武期間，曾被地方推舉到中央，奉詔到西南羌蜀地區，做過安撫邊區少數民族的工作，受到朝廷的嘉許。但是，他並不棧戀官場升遷，以家計浩繁，需要處理為由，請求回到家鄉做徵收賦稅的工作，辭去朝廷頒獎，急流勇退。他被安排回到家鄉工作，正好配合明初國家草創急需稅收的政策，也符合前輩的稱許與期望，退居鄉里，明哲保身，卻是當時極為少見的。陳敬宗寫的墓誌銘就說：「回想我高皇之朝，得請告歸里者，自君而外，未能一二見也。」此後的徐家，在江陰地區擔負徵收賦稅的任務，「上下相安於樂利」，奠定了穩定的社會基礎，一直保持富裕鄉紳的地位。徐麒的兩個兒子景南與景州，都能繼承父業，在明代前期的永樂、宣德、正統年間，得到政府的眷顧，累積了豐厚的資產。

徐景南的兒子徐頤（一四二三—一四八三），曾接受詔令，擔任過中書舍人的職位，在文華殿當差，有過親仰龍顏的榮耀，使徐家的地位更上一層樓。但是，他依然遵循謹慎篤實的家風，按着祖父徐麒處世的方法，在朝中工作了一段時間之後，就以奉養雙親為由，辭官歸隱家鄉，繼續富裕鄉紳的低調生活。他繼承祖輩回饋家鄉的策略，通過各種善舉，捐賦稅，救災荒，修橋鋪路，維持了徐家樂善好施的名聲。李東陽（一四四七—一五一六）任翰林院侍讀學士的時候，曾為徐頤寫墓誌銘，就說，「家舊多貲，君益勤儉，治生業，增產拓地，殆無虛歲。乃以其羨賑凶貸之，而薄其息入以為常。及其子元獻舉鄉貢，喜甚。會當徵逋穀，貧不能償者數千石，悉捐之。縣南通衢有永安橋，當潮沖圮弗治，君發私財修之，工役頗鉅。其餘葺治橋道，多至不可數。」最後總結為銘文：「大江之陰，山高水深，君居其間，不聞足音。有田有廬，有服與簪，亦有行義，邦人所欽。西順之鄉，梧塍之里，生斯葬斯，終復其始。著銘刻石，作者太史，九原有知，以慰汝子。」稱譽有加，卻也符合事實。

徐頤的長子徐元獻（一四五五—一四八三），十分好學，為江陰徐家走向顯赫帶來了希望。徐頤為了培養兒子，特別延聘名師張亨父為西席，教導進學之道。徐元獻不負眾望，於一四八〇年，二十六歲的時候中舉，嶄露頭角。徐元獻在南京中舉，房師就是李東陽，聽好友張亨父說過元獻成長的過程，知道徐頤注意元獻的培養，管束甚為嚴厲：「余嘗聞亨父言，君（徐頤）教子嚴甚：不侈服，不重肉；館於後圃，左右圖籍，不令與闤市相接，而日躬課覈，至夜分乃罷，故元獻弱冠成舉子，及古文歌詩，皆有名。」當時正在南京侍奉父親疾病的倪岳（一四四四—一五〇一），也是張亨父在翰林院的好友，與南京秋闈的考官羅璟、李東陽則是一四六四年考取進士的同年友，又認識徐元獻的叔父徐士亨，對江陰徐家頗有好感。他原來就聽張亨父說過，教導過的學生最優秀的就是徐元獻，而徐頤教子有方。一四八〇年南京秋闈的結果，證實了長輩的期望，倪岳從兩位考官之處得知，徐元獻在南京鄉試中脫穎而出，名列第三，因此寫了〈賀經元徐尚賢序〉。這篇文章明確指出，江陰徐家累世豐碩，富甲江南，而徐元獻讀書有成，科舉得勝，可以光大門楣，給家族帶來的榮耀是無可限量的。文章雖長，卻條理分明：

予嘗聞翰林檢討張先生亨父言，其及門授經之士，惟江陰徐氏之子元獻尚賢者，尤精敏嗜學。加其尊翁一庵篤於教子，朝夕課督其業不少置，將來大有成者，其可望矣。予歸侍先君尚書大人之疾，家居最久，士夫往來江南者益眾，由是而稔聞其賢；益知亨父之所稱許者不茍也。乃成化庚子秋，洗馬羅先生、侍講李先生皆予同年友也，奉命來考南畿。試既畢事，輒以小錄見示，其第三名則元獻也。及見二先生而詢其取士之實。則曰：「明經考古，雖平居從容，執書策，伸紙濡墨，或不能精鑿若是，況夫風簷寸晷之下者乎？得士如此，則是行為不虛矣！」嗚呼！聞與見異情，以其所聞，參其所見，然後士之實可知也。何則？稱譽多溢美，而照察無遁形；二者無一謬焉，予於是而嘉元獻之所以成今日之名者有本也。元獻之大父梅雪翁，承累世豐碩之業，以貲甲於江南，而敦詩說禮，著為家法。至一庵績學勵行，以翰墨重縉紳間。薦授中書舍人，入直文華便殿，日近清光，薦承寵渥。無幾即謝事歸，徜徉山水間，以詩酒自娛。四方文學之士，有重名者，恆禮教家塾，以訓子弟，而躬考其成。由是弟士亨以《書經》舉順天京闈鄉試第一，累遷荊門守，有清白之譽。今茲元獻復以《易經》擢魁多士。世美相承，若徐氏者，可謂甚盛矣。夫貴不期驕而驕自至，富不期侈而侈自至；雖有聰明之資，而驕侈之心乘之，求學之有成難矣。況敢顒望文明之顯赫，衣冠之蟬聯，以振耀於時者哉？況一門競秀，兩魁繼擢，方出於貴富之族者哉？是非負卓然出群之識，軒然大用之志，不汩沒於庸眾之習，而超詣乎聖賢之指，詎能不蹈昔人之戒，而克副乎士夫之所期也？元獻榮薦而歸，足慰一庵平日教成其子之心，可謂能以志養者矣。不日偕計上春官，進對大廷，享有祿位，推是以往，宜無所不至。然予竊有告焉：夫處貴者宜思其恭，處富者宜思其儉。恭以事乎上，接乎人，則無失德；儉以處乎己，刑乎家，則無失事。二者交勉焉，於以迓天庥而延世德，則元獻之責也。而徐氏盛大之族，其所以望於賢子孫者固宜然哉？非徒以是張而大之而已。昔者一庵往來於先君所有年，而予亦嘗交士亨於京師，且亨父於予又同年而契者，故於元獻之捷，其所以為之而喜者不一也。請以是規致贈言之義。若夫誇詡歆豔之詞，非所先也。

倪岳的文章說到江陰徐家累世富裕，雖富有卻尚未貴顯，然而發展的前景則無可限量，主要講了幾點：

一、徐家累世積德，讀書上進，早已是名滿江南。

二、徐元獻才學俱備，名實相副，是因為家學淵源，祖父徐景南、父親徐頤都是富而好禮的飽學之士。

三、徐元獻的叔父徐士亨中順天鄉試，已經任官荊門。

四、徐元獻中舉，繼叔父之後取得功名，「不日偕計上春官，進對大廷，享有祿位，推是以往，宜無所不至。」期望能夠考中進士，讓徐家成為顯赫世族。

五、看來徐氏一族已經踏上盛大之途，還盼徐氏子孫節儉恭敬：「處貴者宜思其恭，處富者宜思其儉。恭以事乎上，接乎人，則無失德；儉以處乎己，刑乎家，則無失事。」

倪岳的期望與告誡，顯示徐家的顯達與興旺指日可待，然而世事難料，居然功虧一簣，遭到了「盛極必衰」的厄運。徐元獻雖然科場得意，得到許多前輩的關懷，卻因身體羸弱，無法支撐讀書過度劬勞的負擔，還沒考上進士就去世了，享年二十九歲。徐元獻英年早逝，給徐家帶來沉重的打擊，年過花甲的父親更是難以承受，白髮人送黑髮人，情何以堪，六個月後徐頤逝世，可能就是因為殤子之痛。徐元獻過世，留下了一個兒子徐經。徐經早年喪父，倒是聰慧穎悟，讀書有成，科舉順利，二十五歲就通過鄉試，成了舉人。沒想到在弘治十二年己未（一四九九）的春闈會試，卻引起了滔天大禍，身陷囹圄，聲名掃地，以至於齎志以歿。

三、他棄了科舉

徐經（一四七三——一五〇七）是徐霞客的高祖父，十歲連喪父祖兩代至親，還好有富裕家庭的支持，得以專心攻讀經書，致力科考。年方二十五歲，通過弘治八年乙卯（一四九五）的南京鄉試，表現出色，繼承早逝父親的未竟之志。雖未連捷進士，但已經一鳴驚人，聲名遠播，譽為江南著名的才子，與蘇州的青年才俊如祝允明（一四六〇——一五二六）、文徵明（一四七〇——一五五九）、唐寅（一四七〇——一五二四）等人交好，意氣風發。隔了三年之後，弘治十一年戊午（一四九八），唐寅在南京鄉試大放異彩，奪得解元鰲頭，接着就與徐經一道，參加次年春天在北京舉行的會試。徐經家財萬貫，帶着僕從與優伶，一路炫富，與唐寅聯袂入京，引人側目，當然也引人嫉妒。會試期間，就有給事中華昶聽聞其中有鬻題之弊，事牽賄賂，遂彈劾主考程敏政，引發了弘治年間的科場大案，其中牽扯到官場鬥爭，惹得龍顏大怒，致使唐寅與徐經不但被黜退功名，還下詔獄拷打逼供。最後是彈劾者與被劾者一概貶斥丢官，唐寅與徐經則身敗名裂，斷絕了仕進的希望。這一樁科場大案，真相究竟如何，徐經是否賄賂買題，唐寅是否參與其事，在當時已是謠言滿天，撲朔迷離。朝廷的處置方法卻很簡單，真實情況無關緊要，平息事端才是上策，於是，懲罰一切涉嫌人等，原告被告一起挨打。唐寅與徐經還沒涉足官場，就成了一場鬥爭的犧牲品，斷送了一生的前途。

《明史·文苑》唐寅有傳，其中說到唐寅：「舉弘治十一年鄉試第一。座主梁儲奇其文，還朝示學士程敏政，敏政亦奇之。未幾，敏政總裁會試，江陰富人徐經賄其家童得試題。事露，言者劾敏政，語連寅，下詔獄。」尤侗《明史擬稿》所述相同，指出參劾者是華昶。王鴻緒《明史稿》則說「寅友人都穆搆其事」。三者資料來源相同，可知科場大案是由都穆肇其端，給事中華昶揭發彈劾。然而，事實究竟如何，是真有賄賂，還是誣陷，正史沒有細究，含糊其辭，讓讀者得到徐經賄賂買題的印象。

地方志與唐寅友人的記載，則力辯唐寅之冤。《吳縣志》記載：「弘治戊午，試應天第一。旁郡有富子，亦舉於鄉，慕寅，載與俱北。既入試二場後，有仇富子者，抨於朝，言與主司有私，並連寅。詔亟捕富子與寅付獄，逮主司出，同訊於廷。富子既承，寅不復辨，同被黜。」祝允明寫的〈唐子畏墓誌並銘〉說得最詳細：「戊午，試應天府，錄為第一人。己未，往會試，時旁郡有富子，亦已舉於鄉，師羨子畏，載與俱北。既入試，二場後，有仇富子者，抨於朝，言與主司有私，並連子畏。詔馳敕禮闈，令此主司不得閱卷，亟捕富子及子畏付獄。詔逮主司出，同訊於廷。富子既承，子畏不復辨，與同罰，黜掾於浙藩。歸而不往。或勸少貶，異時亦不失一命，子畏大笑，竟不行。」從這些較為原始的資料，我們還是不能確知到底是否真有賄賂情事，只知道唐寅與徐經在會試之時，被人陷害，下了詔獄，廷訊之時，徐經認了罪，就此結案，褫奪功名。唐寅也就認了，從此浪蕩江湖。

唐寅與徐經打入天牢並經廷訊的這一段經歷，到底具體發生了甚麼，史書沒有記載。但是，從唐寅寫給摯友文徵明的信，自比司馬遷寫信給任安，說得披肝瀝血，我們或可揣摩一二。信中說到他榮獲解元之後的遭遇：「方斯時也，薦紳交遊，舉手相慶；將謂僕濫文筆之縱橫，執談論之戶轍。歧舌而讚，並口而稱；墻高基下，遂為禍的。側目在旁，而僕不知；從容宴笑，已在虎口。庭無繁桑，貝錦百疋；讒言萬丈，飛章交加。至於天子震赫，召補詔獄。身貫三木，卒吏如虎；舉頭搶地，洟泗橫集。而後崑山焚如，玉石皆燬；下流難處，惡惡所歸。」明確說到，在獄中用了重刑，拷打逼供。想來是受刑不過，屈打成招的。

關於徐經到底是否賄賂，是否向程敏政的童僕買題，也始終是個謎團，無法辨明真相。可以確知的是，有人告訐，有人彈劾，有人下獄，有人動刑，有人受不了刑因而認罪。有趣的是，認罪之後，罪犯卻沒有判刑，輕輕發落了。告發舞弊案的給事中華昶，卻遭到降職貶斥的處分。其中奧妙何在呢？對於這段痛苦經歷，徐家後世不願多談，地方志卻有簡要的記述。乾隆本《江陰縣志》說：

徐經，字直夫，中弘治乙卯科。父元獻，成化庚子科第三人。經與吳門唐寅，以才名相引重。寅發弘治戊子（午）解元，公車北上，與經偕行。為都穆所忌，蜚語誣以賄主司程敏政家僮預得試題。實因戊子（午）鄉試主司梁儲奇寅文，還朝攜以示人，敏政亦奇之。忌者妒兩人才，因經家富，遂飾成萋菲。言官風聞，劾之，下詔獄，分別謫遣。

光緒本《江陰縣志》也說：

徐經，字直夫，同年十五舉子之一。與吳門唐寅，並以才名相引重。寅領戊午解，經與俱北上。吳門都穆惡之，蜚語流聞京師，經竟與寅同鐫名。歸益肆力詩文，著《貴感集》。黃傅贈詩曰：「夏商人物徐直夫，周漢以來人世無。窮年對坐不見客，閉户反觀恆喪吾。四壁芸香時落蠹，千倉紅朽食無魚。迂余老眼亦空爾，公是公非敢厚誣。」

這一樁科場大案，摧毀了唐寅飛黃騰達的美夢，造成了遊戲人生的風流才子，落魄江湖，最後貧病交加，艱苦困蹇，鬱鬱而終。對富甲一方的江陰徐家，則是影響深遠，刻骨銘心，更可能改變了家族對仕進的態度。徐經在科場案後，發配回籍，背負着屈辱，生活了八年，逝世的時候才三十五歲。累世積德的徐家，在徐元獻與徐經兩代的科舉進學上，灌注了大量的心血與極高的期望，卻收穫了早殤的挫折，蒙受了舞弊的屈辱。科場大案成了揮之不去的陰影，籠罩着徐氏家族，一直到徐霞客搜集家族資料，刻石裝帙，印成《晴山堂帖》，都可以感到家族對徐經一案的難言之隱。徐霞客請董其昌為自己父母合葬寫墓誌銘，提供了家族資料，寫成〈明故徐豫庵隱君暨配王孺人合葬墓誌銘〉，是這樣敍述江陰望族徐家的：

澄江以徐氏為望族。自其始祖本中以布衣奉高皇帝命使蜀，辭官歸里，朝士高之，賦詩送別，為國初盛事。本中歸而出粟賑恤，為德於鄉。及其沒也，當世名公，若魏文靖、王文端、胡忠安、葉文莊輩，皆哀輓銘誄，語無虛美，大書深刻，傳播海內：大江之南，以碑板不朽先德者，由徐氏風之也。數傳而有豫庵隱君，及仲子弘祖，復能修本中之事，以高隱好義稱。

表彰徐氏祖先，大大讚揚徐麒（本中）之後，其餘一概不提，直接就跳到徐霞客的父親徐有勉（豫庵），並且稱讚徐弘祖（霞客），而讚詞則是「復能修本中之事，以高隱好義稱」。徐氏家族希望人們看到的是「高隱好義」，是富而好禮，不願意再提家族曾經努力科舉發跡的隱痛了。徐霞客英華早現，陳函輝寫的〈霞客徐先生墓誌銘〉說他，「童時出就師塾，矢口即成誦，搦管即成章」，卻從不熱衷科舉，也沒有來自父母與家族的壓力，反而遊蹤遍天下，成為一代最偉大的旅行家，想來是跟徐家的科舉陰影有關的。

四、為行遠登高而生

按照徐霞客好友陳函輝寫的〈霞客徐先生墓誌銘〉與近代地質學家丁文江的〈徐霞客先生年譜〉，徐霞客的遊蹤遍佈大江南北，深入西南邊區，從一六〇七年開始遊歷名山大川，大概情況如下：

一六〇七（萬曆三十五年，丁未）：遊歷太湖，登眺東洞庭山、西洞庭山。

一六〇九（萬曆三十七年，己酉）：遊歷齊魯燕冀，上泰山，拜訪孔孟故里，入北京。

一六一三（萬曆四十一年，癸丑）：遊歷浙東，渡海至珞珈山（普陀山），南遊天台山、雁蕩山、青田石門、縉雲仙都峰。

一六一四——一六一五（萬曆四十二年甲寅到萬曆四十三年乙卯）：遊歷南京、揚州，以及江南各地。

一六一六（萬曆四十四年丙辰）：春初遊歷黃山、齊雲山，夏至武夷山，秋天訪浙東紹興一帶名勝，遊杭州西湖。

一六一七（萬曆四十五年丁巳）：遊歷宜興善權（善卷）洞、張公洞等地。

一六一八（萬曆四十六年戊午）：秋天到九江，遊廬山，遍歷五老峰，再遊齊雲山、黃山，登九華山。

一六二〇（泰昌元年庚申）：遊歷浙江，溯錢塘江，遊衢州江郎山，至福建仙遊九鯉湖，觀九漈瀑布。

一六二三（天啟三年癸亥）：由徐州、開封，登嵩山，宿少林寺。經潼關，登華山，再翻越秦嶺，沿丹江南下，至太和山（武當山）。

一六二四（天啟四年甲子）：是年徐霞客母八十歲，奉母遊常州荊溪、句曲（茅山）。

一六二五（天啟五年乙丑）：是年母卒，家居守孝三年。

一六二八（崇禎元年戊辰）：由浙江江山，越仙霞嶺入福建。經蒲城、建寧、延平（南平）、永安、漳平，到漳州。於漳浦訪喪母守制的黃道周。再南下廣東，訪鄭鄤於羅浮。

一六二九（崇禎二年己巳）：遊北京，登薊州盤山。

一六三〇（崇禎三年庚午）：二月訪鄭鄤於常州，至丹陽見黃道周。七月再遊福建，過仙霞嶺，經延平、沙縣、永安，到漳州。

一六三一（崇禎四年辛未）：到蘇州訪文震孟。

一六三二（崇禎五年壬申）：三月再遊天台、雁蕩，四月底三遊雁蕩。七月與黃道周遊太湖洞庭山。

一六三三（崇禎六年癸酉）：自北京赴五台山，遊恆山。秋天三訪漳州，與黃道周相聚。

一六三六（崇禎九年丙子）：遊歷浙江、江西。自此開始萬里遠征，由浙江經過江西、湖南、廣西、貴州，到雲南，旅途長達四年，至一六四〇（崇禎十三年庚辰）歸返江陰家鄉。

一六三七（崇禎十年丁丑）：遊歷湖南，登南嶽衡山，經永州、郴州，再赴廣西桂林、陽朔，經柳州，到南寧。

一六三八（崇禎十一年戊寅）：由廣西入貴州，經獨山、都勻、貴陽，再經普安入雲南，經曲靖，到昆明，再由昆明西行赴雞足山。

一六三九（崇禎十二年己卯）：由雞足山赴麗江、大理、永昌、騰越，再返雞足山。

一六四〇（崇禎十三年庚辰）：自雲南東歸江陰。

一六四一（崇禎十四年辛巳）：徐霞客卒於江陰。

徐霞客是是中國有史以來最為特立獨行的探險家，行跡遍歷中國大地山川。說到名垂青史的大探險家，一般教科書總會提到漢代的張騫與明代的鄭和。前者鑿空西域，開闢了絲綢之路，後者飄洋過海，帶領明朝海軍艦隊叱吒在印度洋，抵達東非海岸。張騫與鄭和的事跡，昭著史冊，開闢東西交通的門戶與通道，是歷史書上的「偉大的旅行家」、「傑出的探險家」。徐霞客能夠與他們媲美，也當得起這樣的美譽嗎？

表面上看，徐霞客作為旅行家或探險家的地位，並非經國之大業，沒有改變歷史的豐功偉績，似乎遠遜張騫與鄭和。但是，我們也不要忘了，張騫與鄭和的遠遊，都是奉了朝廷使命，作為中華帝國的使節，跋涉萬里，遠渡重洋，執行重大的國防外交決策，是攸關國家安全的任務，不是個人自由意志的行為。徐霞客的遊歷遠行則不同，完全是個人的選擇，是個人自由意志的展現，與政府決策絲毫沾不上邊，既不是為了領受欽命去開疆闢土，也不是為了招徠遠方的朝貢，只是為了滿足自己的好奇，為旅行而旅行，為探險而探險，要讓自己的身軀體會大地所承受的風霜雨露，讓自己的腳掌親吻山河大地的每一寸泥土與流水，振衣千仞崗，濯足萬里流。

不因執行任務，不因奉了欽命，不因外鑠的因素，無關國計民生，不求功利，不求聞達，只是從個人的信念出發，為了自己的愛好，追求自己純粹的興趣，堅持不懈，這是甚麼樣的心理？是甚麼樣的人生態度呢？這與現代意義的科學家求真、藝術家求美、哲學家探求思辨邏輯，文學家摸索文字的完美秩序，在本質上是否屬於同一種精神追求？徐霞客遊覽山川的認真與執着，以個人的實存為出發點，審視山河大地的容顏，以自己的生命來實踐，體驗宇宙的奧祕，顛沛必於是，樂趣在其中，仰不愧於天，俯不怍於人，是否接近現代人肯定自我個性的展現？還是遠祧莊子逍遙遊的精神，超乎世間現實，類似想象的「真人」，可以上天下地，遨遊天際？不過，我們絕對不能忘記，徐霞客以遊歷天下為畢生職志，幾乎「上窮碧落下黃泉」，是實實在在的生命實踐，一步一個腳印，與莊子飄渺不羈的神遊玄想，是完全不同的。

徐霞客身後留下的《徐霞客遊記》，記錄了他遊歷的所見所聞所思，是本私人日記，生前並未出版。徐霞客事母至孝，他寫下遊歷日記的初衷，是為了讓母親跟着他的足跡，通過遊歷者的眼睛，卧遊天下。他遵守「父母在，不遠遊」的古訓，母親在世的時候，主要是遊歷東南半壁江山，離家的時間不會太長。徐霞客壯遊之最，是他西南之行的「萬里遐征」，從浙江到江西，經湖南、廣西，再到貴州、雲南，歷時四年，寫了十倍於前的遊記，卻是母親逝世之後的事。或許他寫遊記已經成了習慣，白天登山涉水，晚上就在熒熒如豆的油燈下，鋪開紙筆，記下每天的經歷。他文筆優美，敍事精確，是上好的文學傑作，雖然生前未曾出版，卻成了中國文化的瑰寶，應了杜甫懷念李白的詩句：寂寞身後事，千秋萬代名。

徐霞客的事跡與他的遊記書寫，親朋好友是知道的，也在私下傳抄他的遊記。他這種隻身走天涯的獨特行徑，是遠離人跡的獨行俠作風。黃道周十分欽佩徐霞客戛然獨立的性格，曾經說他是「孤雲獨往還」，徐霞客引以為知音，與黃道周一道唱和，按着這五個字賦詩，各寫了五首詩。黃道周與徐霞客唱和，還寫了不少詩作，其中有一首七言古詩長篇，是崇禎三年（一六三〇）黃道周在丹陽見到徐霞客之後，有感而發。長詩是這麼開頭的：

天下駿馬騎不得，風鬐雪尾走白日；天下畸人癖愛山，負鐺瀉汗煮白石。
江陰徐君杖履雄，自表五嶽之霞客。鳶肩鶴體雙瞳青，汗漫相期屢不失。
事親至孝猶遠遊，欲乞琅玕解夜織。萬里看餘墓下棲，擔囊脱屩鶩烏啼。
入門吹燈但嘆息，五年服闋猶麻鞵。貴人驛騎不肯受，掉頭畢願還扶藜。

自言蚤歲適雁宕，縋藤級綆還上下。天台石梁平如兆，青霞括蒼白於掌。
中年復走西鐘山，焦飯十日支霜盤；道逢採藥授雲餐，帝子欲為歌路難。
匡廬老僧亦下拜，雞足道人分沆瀣。磨頭豆覈石泉茶，夜中日出嘯滄海。
聽君言下何蕭然？引人攀嶺捫青天。所探幽奇既如此，豈有人嶽當君憐？
東魯仲尼去千歲，西羌大禹死何在？書生抱劄空咿唔，即化喬松安足賴！

詩後有陳仁錫、文震孟、項煜、鄭鄤等人的題跋。這幾個人的關係非常有趣，陳仁錫是天啟二年壬戌科（一六二二）的探花，文震孟是該科的狀元，鄭鄤與黃道周都是該科的進士，而項煜則是次科天啟五年的進士。曾任天啟朝宰輔的文震孟，是文徵明的曾孫，與江陰徐家是世交，也是黃道周與徐霞客的好友，他的題跋說：「霞客生平無他事，無他嗜，日遑遑遊行天下名山。自五嶽之外，若匡廬、羅浮、峨眉、嵾嶺，足跡殆遍。真古今第一奇人也。」明確指出，徐霞客除了旅行，不幹別的事，也沒有其他嗜好，整天栖栖遑遑，足跡遍佈名山大川，實在是古今第一奇人。

說徐霞客是特立獨行的旅行家，如何突出他在歷史文化上的獨特性呢？我想了一個詞，是徐霞客「用腳思想」。說他用腳思想，其實一點都不誇張，因為他的思想講究驗證，與實證科學的邏輯脈絡相近，是和他「行萬里路」的經歷有關。陳函輝寫的墓誌銘說：「霞客不喜讖緯術數家言。遊蹤既遍天下，於星辰經絡、地氣縈迴，咸得其分合淵源所自。云昔人志星官輿地，多以承襲附會。即江河二經，山脈三條，自紀載來，俱囿於中國一方，未測浩衍，遂欲為崑崙海外之遊。」明白指出，徐霞客不喜歡無法驗證的說法，拒絕相信讖緯方術的迷信傳統，難怪三百多年後受到胡適、丁文江等人的推崇，譽為闡揚科學思想的偉大地理學家。

徐霞客實證思想的來源，就是一雙走遍千山萬水的腳，不管山高路遠，不顧艱難險阻，不畏風霜雨露，不怕毒蛇猛獸，一路向前。徐霞客策劃西南遠遊的時候，曾寫信給陳繼儒，說出他的畢生志願，就是要用自己的一雙腳掌，拚死探知中國山川大地的地理真相。他說，「嘗恨上無以窮天文之杳渺，下無以研性命之深微，中無以砥世俗之紛沓，惟此高深之間，可以目摭而足析。」徐霞客思考自己的生命意義，排除了對宇宙奧祕的玄想、對心性精微的探索、對世俗紅塵的紛雜誘惑，定位在「目摭而足析」，就是張大遊歷者的眼睛，用腳來分析思想。

徐霞客用腳思想，與古代大多數知識人不同，卻也並不違背中國文化傳統。《中庸》就說，「君子之道，譬如行遠必自邇，譬如登高必自卑。」徐霞客能夠行遠登高，可算是儒者的最高典範。

一　遊天台山日記[1]　浙江台州府

本篇導讀——

《遊記》原稿散逸，保存下來的日記開頭，是這篇初遊天台山日記（後遊為一六三二年）。這次時間從明萬曆四十一年三月三十日（一六一三年五月十九日）到四月初九。後來，新曆五月十九日成了國定「中國旅遊日」。

這年徐霞客二十七歲，已婚，未育。三月春末，陰雨連綿，他初次到了天台山。

天台山是浙江歷史名勝，離江蘇人徐霞客家鄉較近，他一生共三次進天台山。首次遊天台，他走得很急，差不多十天工夫，手腳並用，遊歷了幾乎天台全部景觀，每每遇到美景，他也放慢手腳，一坐就是好久。這次詳記的景點有：石梁飛瀑，寒岩、明岩，華頂山，國清寺，雙闕、瓊台。大致路線為：寧海—天封寺—華頂—石梁—萬年寺—桐柏—桃源—寒明岩—赤城山—國清。

我們先見他騎馬從寧海西門出來，直奔天台山。他過梁隍山、筋竹嶺、彌陀庵，接着是天封寺、天台主峰華頂峰，然後是他不願離去的「石梁飛瀑」，再走十五里到萬年寺。還有桐柏、桃源、寒明岩、赤城山、國清寺等名勝，之後往溫州雁蕩山去了。

除了尋覓名勝風光外，更多是考察並記錄所到之處的山勢、水文、植被和地方風土人情。往後日子，時雨時晴，有時騎馬，有時搭船，山路崎嶇，更多是步行。沿途是四百年前的水土風貌、人物情形、社會樣態。

徐霞客五湖四海遊歷營造的世界，從仙山天台開始。

石梁懸瀑，選自《鴻雪因緣圖記》，清麟慶撰著，汪春泉等繪圖，清道光刊本

寧海西門—梁隍山

癸丑之三月晦[2]自寧海出西門[3]。雲散日朗，人意山光，俱有喜態。三十里，至梁隍山。聞此地於菟夾道[4]，月傷數十人，遂止宿焉。

注釋

1 **天台**（粵：胎；普：tāi）山：佛國仙山，位於今浙江台州市天台縣北，州縣因山而得名，東北臨舟山群島，屬仙霞嶺支脈。牛郎織女傳説由此出，濟公出生地。佛教天台宗、道教南宗的發祥地。《山海經》已有記載，歷代文人墨客筆墨無數，如〈遊天台賦序〉（東晉，孫綽）。天台山多懸崖、峭壁、飛瀑等，古有大八景、小八景、十景多種説法。中國最早茶葉種植地之一，盛產雲霧茶。植被多樣，有華鼎雲錦杜鵑等名種。天台十景（元，曹文暉）：赤城棲霞、雙澗迴瀾、華頂歸雲、石橋雪瀑、寒岩夕照、桃源春曉、瓊台夜月、清溪落雁、螺溪釣艇、南山秋色。

2 **癸丑**：明萬曆四十一年，公元一六一三年。晦：農曆每月的末一天。

3 **西門**：寧海古西門。出西門有到天台的卵石官道，沿路名勝甚多。

4 **於菟**（粵：烏逃；普：wū tú）：老虎的別稱，此處應指華南虎。

譯文

癸丑年三月三十日　從寧海縣城西門出城。天空陰雲盡散，陽光明媚，人的心情、山中的景物，都有喜悅之態。走了三十里，到達梁隍山。聽說此地猛虎夾道，一月內就傷害數十行人，我們只好停宿旅舍。

賞析與點評

「雲散日朗，人意山光，俱有喜態」，天氣、人意、山光，彼此不分，都有喜態。四百年前，沒手機，也沒多少噪音，山裏也沒生硬的建築。山、水、天空、人，相互間親密友好，人和他們在一起遊玩時，很開心。

松門嶺——筋竹嶺筋竹庵——彌陀庵

四月初一日　早雨。行十五里，路有歧，馬首西向台山，天色漸霽。又十里，抵松門嶺，山峻路滑，捨騎步行。自奉化來[1]，雖越嶺數重，皆循山麓；至此迂迴臨陟[2]，俱在山脊。而雨後新霽，泉聲山色，往復創變，翠叢中山鵑映發，令人攀歷忘苦。

又十五里，飯於筋竹庵。山頂隨處種麥。從筋竹嶺南行，則向國清大路[3]。適有國清僧雲峰同飯，言此抵石梁，山險路長，行李不便，不若以輕裝往，而重擔向國清相待。余然之，令擔夫隨雲峰往國清，余與蓮舟上人就石梁道[4]。行五里，過筋竹嶺。嶺旁多短松，老幹屈曲，根葉蒼秀，俱吾閶門盆中物也[5]。

又三十餘里，抵彌陀庵。上下高嶺，深山荒寂恐藏虎，故草木俱焚去。泉轟風動，路絕旅人。庵在萬山坳中[6]，路荒且長，適當其半，可飯可宿。

注釋

1 奉化：今浙江寧波南部奉化市，南連寧波寧海縣，西部處天台山脈與四明山脈交接地帶，多崇山峻嶺，有蔣介石故居。

2 陟（粵：即；普：zhì）：登高。

3 國清：天台國清寺，隋文帝時建（五九八），隋智顗僧在此創天台宗，唐貞元年間，日本高僧最澄來此學佛法，回精度比睿山創日本天台宗，追天台國清寺為祖庭。十一世紀，高麗僧義天求法國清寺，天台宗入朝鮮半島。現存佛寺十八座，名跡有：天台五祖章安灌頂所植「隋梅」；隋塔，楊廣為紀念智顗僧所立磚塔；王羲之、柳公權、黃庭堅、米芾、朱熹等摩崖石刻手跡；紀念國清三隱高僧寒山、拾得、豐干的寒拾亭、豐干橋；等等。

4 **蓮舟**：江陰迎福寺僧人。**上人**：對僧人的尊稱。《遊記》其他章出現的靜聞僧是蓮舟的徒弟。

5 **閶門**：江蘇蘇州城西北門。這裏借指蘇州。

6 **坳**：山間凹下的地方。

譯文

四月初一日　早上一直下雨。前行十五里，路旁有岔道，勒馬從西面向天台山進發，天色漸晴。

又走了十里路，抵達松門嶺。山高路滑，只好捨馬步行。從奉化來的道路，雖然經過數重山嶺，都是順着山麓；到這裏後，無論迂迴、曲折或臨水、登高，都在山脊上。雨後新晴，秀美的山色、叮咚的流泉聲，隨處都有，反覆變化出新的景觀，與綠叢中怒放的杜鵑花相互輝映，令人忘卻攀登跋涉的辛苦。

又前行十五里路，在筋竹庵裏休息、用飯。山頂上到處都種了麥子。從筋竹嶺向南走，就是通往國清寺的大路。恰好有國清寺僧人雲峰同桌吃飯。他說：從這條路到石梁，山勢險峻，路途漫長，不便攜帶行李。不如輕裝上路，讓擔夫將重的行李先擔去國清寺等着。我同意他的建議，讓擔夫挑着行李跟雲峰先去國清寺，我和蓮舟上人一起從石梁道動身。

走了五里，翻過筋竹嶺。山嶺附近有很多又老又矮的松樹，樹幹都彎彎曲曲，樹根蒼勁，松葉秀麗，好像蘇州人家栽種的盆景似的。

又走了三十多里，抵達彌陀庵。在險峻的山嶺裏上下攀爬，深山非常荒涼寂靜（害怕猛虎躲藏草木中傷人，所以燒掉了路邊的草木）。泉水轟鳴，勁風動地，路上沒有其他行人，顯得荒涼而漫長。彌陀庵坐落在萬山坳中，恰巧正當中途，行人可在此用飯或住宿。

賞析與點評

和尚做嚮導，在《遊記》出現的頻率很高。頭天入山，在筋竹庵吃飯，碰見國清寺雲峰僧，雲峰建議：這段路不好走，要不宏祖你讓挑夫擔行李跟他去國清寺，宏祖和朋友去石梁瀑布。徐霞客接受了和尚的建議。後又和雲峰在國清寺商議怎麼遊山，和尚還做嚮導。

在下文桃源護國寺段，當地農夫和徐霞客交談了起來。《遊記》裏徐霞客和當地人交流，問路做嚮導的也多。

天封寺

初二日　飯後，雨始止。遂越潦攀嶺[1]，溪石漸幽。二十里，暮抵天封寺[2]。卧念晨上峰頂，以朗霽為緣。蓋連日晚霽，並無曉晴。及五更夢中，聞明星滿天，喜不成寐。

注釋

1　潦（粵：老；普：lǎo）：古通「澇」，積水。

2　天封寺：徐霞客兩次遊天台的第一個落腳處，一九六七年毀於一場三天三夜的大火，遺址在今天台縣石梁鎮天封村處，古樹、古石基尚存。

譯文

初二日　吃完飯後，雨才停止。於是越過路上的積水，攀登山嶺，溪流、山岩越來越顯得清澈、幽靜。走完二十里，傍晚抵達天封寺。睡在床上，惦記着明晨攀登峰頂的事，若有緣分則雨停天朗，因為連日來都是晚上雨後轉晴，沒有一天是天亮時放晴。直到五更夢寐中聽聞僕人說，滿天都是明亮的星星，歡喜得無法再入睡。

賞析與點評

古代文士尚中庸，在藝術作品裏，少吐露強烈的情緒。看來這兩天在天台山裏走，景物讓他很開心。想着明天天氣好，可以攀爬天台主峰華鼎峰，興奮得半夜睡不着。當時徐霞客二十七歲，也屬青年心情，形諸文字光彩燦爛。

華頂庵——太白堂、黃經洞——絕頂

初三日　晨起，果日光燁燁[1]，決策向頂。上數里，至華頂庵；又三里，將近頂，為太白堂，俱無可觀。聞堂左下有黃經洞，乃從小徑。二里，俯見一突石，頗覺秀蔚。至則一髮僧結庵於前[2]，恐風自洞來，以石甃塞其門[3]，大為歎惋。

復上至太白[4]，循路登絕頂[5]。荒草靡靡，山高風冽，草上結霜高寸許，而四山迴映，琪花玉樹，玲瓏彌望[6]。嶺角山花盛開，頂上反不吐色，蓋為高寒所勒耳[7]。

注釋

1 燁燁（粵：頁；普：yè）：火焰旺盛貌。

2 髮僧：留着頭髮修行的僧人。

3 甃（粵：晝；普：zhòu）：砌。

4 太白：即太白堂，傳為李白讀書處。

5 絕頂：華頂峰，為天台山絕頂，海拔一千零九十八米。峰下有善興寺，即華頂寺。

6 琪花玉樹：古代傳說中的奇花異樹。這裏說峰頂草木結霜如花，好像用珠玉雕成一般。彌望：滿眼。

7 勒：約束、限制。

譯文

初三日　清晨起床，果然見陽光如火光一般熾烈，（於是）決定向山頂前進。向上爬了數里，到達華頂庵；再走三里，接近頂端就是太白堂了，沿途都沒有值得觀賞的景物。聽說太白堂左下方有黃經洞，於是從小路前去遊覽。二里路後，俯身看見一塊突出的石頭，非常秀麗華美。到了才知是一位髮僧在黃經洞前構的庵，恐防風從洞裏吹出來，就用石頭砌塞洞門，我大為感歎而惋惜。

只好再上太白堂，然後順山路登上天台山絕頂的華頂峰。峰頂上，荒草隨風倒伏，因山高而寒風凜冽，草上結霜一寸多厚，迴顧峰下四周山巒，滿眼都是奇花異樹，玲瓏明晰。山腳下山花盛開，峰頂上反而不開花，大概是因為高處寒冷造成的。

賞析與點評

十景之一華頂歸雲，徐霞客上去時是初夏，山上仍有寒霜結草，舉目四山盡是盛開的花朵。在群山花朵爛漫中，他發現峰頂的花沒開，山腰的反倒開了。他思考一番，覺得這可能是因山高不同造成的溫度差異吧。

華頂庵—上方廣—曇花亭、下方廣、石梁飛瀑—石門、斷橋、潭—珠簾水—仙筏橋石梁卧虹

仍下華頂庵，過池邊小橋，越三嶺。溪迴山合，木石森麗，一轉一奇，殊慊所望[1]。

二十里，過上方廣[2]，至石梁[3]，禮佛曇花亭，不暇細觀飛瀑。下至下方廣，仰視石梁飛瀑，忽在天際。

聞斷橋、珠簾尤勝，僧言飯後行，猶及往返，遂由仙筏橋向山後。越一嶺，沿澗八九里，水瀑從石門瀉下，旋轉三曲。上層為斷橋，兩石斜合，水碎迸石間，匯轉入潭；中層兩石對峙如門，水為門束，勢甚怒；下層潭口頗闊，瀉處如閾[4]，水從坳中斜下。三級俱高數丈，各極神奇，但循級而下，宛轉處為曲所遮，不能一望盡收。又里許，為珠簾水，水傾下處甚平闊，其勢散緩，滔滔汩汩。

余赤足跳草莽中，揉木緣崖，蓮舟不能從。暝色四下[5]，始返。停足仙筏橋，觀石梁臥虹，飛瀑噴雪，幾不欲臥。

注釋

1 慊（粵：愜；普：qiè）：滿足。

2 上方廣：天台方廣寺有上、中、下三寺。今上寺已不存，中寺有曇花亭，下寺有明代五百銅鑄羅漢群。

3 石梁：山腰銜接兩山的天然石梁，是「天生橋」（徐霞客在考察昆明時所定義的地理名詞，為後代沿用）。水有兩源，東為金溪，西為大興坑溪，合流後向下飛墜。周邊風景集中，為天台山風光「眉目」。

4 閾（粵：域；普：yù）：門檻。

5 暝色：夜色。

沿舊路下山到華頂庵，經過池邊的小橋，翻越三座山嶺。溪水瀠洄，山巒重重，樹木繁密秀麗，岩石光彩煥發，每轉一個地方都有一處奇景，使人大飽眼福。走了二十里，經過上方廣，到達石梁，在曇花亭敬佛，已無暇仔細觀賞石梁飛瀑的奇景。往下走到下方廣，仰視石梁飛瀑，忽然覺得它是從天際傾瀉而下。聽說斷橋、珠簾水尤其著名，僧人說吃過飯再去還來得及往返，於是由仙筏橋先去山後。翻過一座山嶺，沿溪澗走了八九里，只見流水形成瀑布從石門飛瀉而下，迴旋流轉，匯入三個潭。

上層是斷橋，有兩塊巨石傾斜相接，溪水迸流兩石之間，浪花飛濺，匯合後流轉入潭；中層有兩塊巨石對峙如窄門，溪水為窄門所約束，水勢很洶湧；最下面的一層，潭的出口很寬闊，而溪水傾瀉處有如受到門檻阻隔，只能從低窪的地方傾斜而下。三級瀑布都高達數丈，各級的景觀都很神奇，但溪流順台階而下流，彎轉的地方被溪灣所遮掩，不能一覽無餘。又走了一里，就是珠簾水，溪水傾瀉而下的地方平坦寬闊，水勢緩慢，湧流不息。

我光着腳跳進草莽中，攀援樹木，沿着山崖前行，弄得蓮舟上人跟隨不上。夜色降臨時才返回。駐足仙筏橋，在朦朧的夜色中觀賞彩虹般的天然石橋，瀑布飛濺有如噴雪一樣奇妙，幾乎使人不想入睡。

賞析與點評

徐霞客在天台行色匆匆，來到石梁瀑布卻不願走了。到這裏，結合上文，可以見到《遊記》的一些行文風格：按時間先後順序，以旅遊路線為總綱，移步換景，且每天都有日記。這容易使人有親切的代入感。

另外，徐文並不是我們平時隨意的日記，而是嚴肅的地理考察報告書和優美的散文。文中大量精確的景點名稱和線路，可見他來之前已經做足功課，這也得益於古代地理志書種類繁多。

仙筏—曇花亭石梁—上方廣寺隔山大石—下（方廣）寺—萬年寺藏經閣、古杉、鶴—龍王堂—國清寺

初四日　天山一碧如黛。不暇晨餐，即循仙筏上曇花亭[1]，石梁即在亭外。梁闊尺餘，長三丈，架兩山坳間。兩飛瀑從亭左來，至橋乃合流下墜，雷轟河隤[2]，百丈不止。余從梁上行，下瞰深潭，毛骨俱悚。梁盡，即為大石所隔，不能達前山，乃還。

過曇花，入上方廣寺。循寺前溪，復至隔山大石上，坐觀石梁。為下寺僧促飯，

乃去。

飯後，十五里，抵萬年寺，登藏經閣。閣兩重，有南北經兩藏。寺前後多古杉，悉三人圍，鶴巢於上，傳聲嘹嚦[3]，亦山中一清響也。

是日，余欲向桐柏宮，覓瓊台、雙闕，路多迷津，遂謀向國清。國清去萬年四十里，中過龍王堂[4]。每下一嶺，余謂已在平地，及下數重，勢猶未止，始悟華頂之高，去天非遠！

日暮，入國清，與雲峰相見，如遇故知，與商探奇次第。雲峰言：「名勝無如兩岩，雖遠，可以騎行。先兩岩而後步至桃源，抵桐柏[5]，則翠壁、赤城，可一覽收矣。」

注釋

1 曇花亭：天台籍南宋宰相賈似道為父觀瀑所建。

2 隤：崩墜。

3 嘹嚦：形容聲音響亮而清遠。

4 龍王堂：今作龍皇堂，在天台縣北境。

5 桐柏：即天台山桐柏宮，道教全真派南宗祖庭，在桐柏山，三國孫權始建，盛於唐宋。

譯文

初四日　碧藍的天空萬里無雲，廣袤的群山一片墨綠。顧不上吃早餐，我們就沿着仙筏橋登上曇花亭，石橋在曇花亭外。寬一尺多，長三丈，架在兩個山坳之間。兩條飛瀑從亭的左邊流來，至橋邊匯合成一股急流向下飛墜，響聲有如雷聲轟鳴，如河堤坍塌，瀑布高達百丈以上。我從石橋上走過去，向下俯視深潭，不禁毛骨悚然。石橋盡頭，被大石所阻隔，不能通往前山，於是原路返回。經過曇花亭，進入上方廣寺。順着寺前的溪水，再爬到阻隔前山的大石上面，坐下來觀賞石橋。因為（下方廣）寺裏的僧人催促去用飯，於是起身離開。吃過飯，走了十五里，抵達萬年寺，登上藏經閣。閣有兩層，存有南北佛經兩藏。萬年寺的前後都有很多古杉，均是三人圍的粗幹，鶴群築巢樹上，傳來嘹亮的鳴叫，也是深山中的一種清雅的響聲。

這天，我原想去桐柏宮，尋覓瓊台、雙闕勝景，因路途中有許多使人迷惑的錯道，於是計劃改道國清寺。國清寺離萬年寺有四十里路，途中經過龍王堂。每走下一座山嶺，我都以為已到平地，直到接連走下好幾重山嶺，坡勢還沒有停止的跡象，這才領悟到華頂峰之高，似乎離天已經不遠了！

傍晚時分，才進入國清寺，與雲峰和尚相見，就像遇見久別的知心故友，於是和他商量探奇的順序。雲峰和尚說：「沒有比寒岩、明岩兩處更佳的名勝，雖然路程遙遠，但可以騎馬去。先遊覽寒岩、明岩，然後步行到桃源洞，再到桐柏宮，那壓翠壁、赤城兩處勝景，也可以一覽盡收了。」

賞析與點評

傳說裏，西北昆侖山是神山，西王母在大山上騎花豹、飛龍；東南沿岸則是蓬萊仙山，仙人坐白鶴在雲山裏掠過。蓬萊三島在海中，在中土則有天台、雁蕩兩處仙山，在海邊，奇山秀水、雲霧繚繞，歷代墨客隱士、佛爺仙家多或登臨或隱居於此。徐霞客在雲霧繚繞的天台山，聽聞到萬年寺藏經閣古杉裏仙鶴鳴叫。實為傳統敘述中的人間仙境。

國清寺—步頭—明岩（八寸關）石筍、仙人井、寒山拾得石—國清寺

初五日　有雨色，不顧，取寒、明兩岩道，由寺向西門覓騎。騎至，雨亦至。五十里至步頭，雨止，騎去。二里，入山，峰縈水映，木秀石奇，意甚樂之。一溪從東陽來，勢甚急，大若曹娥[1]。四顧無筏，負奴背而涉。深過於膝，移渡一澗，幾一時。三里，至明岩。明岩為寒山、拾得隱身地，兩山迴曲，《志》所謂八寸關

也[2]。入關，則四圍峭壁如城。最後，洞深數丈，廣容數百人。洞外，左有兩岩，皆在半壁；右有石筍突聳，上齊石壁，相去一線，青松紫蕊，蓊蓯於上[3]，恰與左岩相對，可稱奇絕。出八寸關，復上一岩，亦左向。來時仰望如一隙，及登其上，明敞容數百人。岩中一井，曰仙人井，淺而不可竭。岩外一特石，高數丈，上岐立如兩人，僧指為寒山、拾得云。

入寺，飯後雲陰潰散，新月在天，人在迴崖頂上，對之清光溢壁。

注釋

1 東陽：即今浙江金華東陽市。一溪，即始豐溪。曹娥：曹娥江，源自天台山北麓，往北流經新昌、嵊縣、上虞入杭州灣。

2 寒山、拾得：唐代詩僧。寒山曾隱居天台山寒岩，往還於天台山國清寺，和拾得友好。拾得原是孤兒，由國清寺僧豐干收養為僧，故名拾得。寒山、拾得合稱「和合二仙」，寒山、拾得、豐干合稱「天台三隱」。《志》：指《大明一統志》。下同。

3 蓊蓯（粵：湧窗；普：wěng cōng）：草木茂盛貌。

譯文

初五日 雖有下雨的跡象，也全然不顧。選擇了去寒岩、明岩的道路，由國清寺去西門尋找坐騎。乘馬來到，雨也下起來了。冒雨走了五十里後到達步頭，雨也停了，把乘馬打發走。

步行二里後，進入山中，山峰倒映在縈繞流動的溪水之中，樹木秀麗，岩石奇異，心情非常快樂。一條溪水從東陽流來，水勢很湍急，流量大小與曹娥江相似。四處都沒找到渡人的竹筏，只好由僕人背着涉水過溪。溪水深過膝蓋，渡過一條溪澗，將近花去一個時辰。

又走了三里路，到達明岩。明岩是寒山、拾得兩位高僧隱居之地，兩座山迂迴曲折，即《大明一統志》所說的八寸關。入關後，則四圍陡峭的石壁有如城牆。最後面有一個山洞，深有數丈，寬敞得能容納數百人。洞外，左邊有兩座石岩，都懸在半壁間；右邊有石筍高聳，頂頭與石壁高相等，只有一線之差。石筍頂上青松和紫色的花苞生長茂盛，恰好與左邊的石岩相對峙，可稱奇絕。走出八寸關，再登上一座石岩，也是方向朝左。來的時候，仰望就像相隔一線縫隙，待攀登到石岩頂上，才知道此地寬敞得可容納數百人。石岩中間有一口井，叫仙人井，井雖淺卻不會枯竭。石岩外又有一塊奇特的石頭，有數丈高，上部分叉，就像兩個站立的人，有僧人說這就是寒山、拾得的化身。

回到寺裏。晚飯後，陰雲散盡，新月掛在夜空，人站立迴崖頂上，欣賞月光在岩壁上流轉不息的美景。

初六日　凌晨出寺，六七里至寒岩。石壁直上如劈，仰視空中，洞穴甚多。岩半有一洞，闊八十步，深百餘步，平展明朗。循岩右行，從石隘仰登。岩坳有兩石對聳，下分上連，為鵲橋，亦可與方廣石梁爭奇，但少飛瀑直下耳。還飯僧舍，覓筏渡一溪。循溪行山下，一帶峭壁巉崖，草木盤垂其上，內多海棠、紫荊，映蔭溪色。香風來處，玉蘭芳草，處處不絕。已至一山嘴，石壁直豎澗底，澗深流駛，旁無餘地。壁上鑿孔以行，孔中僅容半趾，逼身而過，神魄為動。

自寒岩十五里至步頭，從小路向桃源[1]。桃源在護國寺旁，寺已廢，土人[2]茫無知者。隨雲峰莽行曲路中，日已墮，竟無宿處，乃復問至坪頭潭[3]。潭去步頭僅二十里，今從小路，反迂迴三十餘里宿，信桃源誤人也！

注釋

1 桃源：天台城西桃源坑，一溪隨山曲折，宋人遍植桃樹於此，溪畔有雙女峰。傳漢代劉晨、阮肇入此地採藥遇仙，不歸，因而得名。「桃源春曉」為「天台十景」之一。

2 土人：即當地人。

3 坪頭潭：即今平鎮，在天台縣西境，始豐溪北岸。

初六日　淩晨從寺裏出發，走了六七里，到達寒岩。石壁筆直向上有如刀劈一般，仰視空中，有很多洞穴。岩壁半中腰有一個洞穴，寬八十步，深一百多步，洞內平坦而明亮。順着石岩往右走，從狹窄的石道向上攀登。山岩的低窪處有兩塊岩石相對聳立，下面分開而上面相連，即是鵲橋，可以與上方廣寺的石橋互爭奇異，但少了飛濺的瀑布直瀉罷了。

返回僧人的住處用飯，（然後）找到竹筏渡溪，順溪行到山下。這一帶都是峭壁巉崖，崖上草木盤結下垂，夾雜很多海棠樹、紫荊藤，濃蔭倒映溪中，更顯得優美。香風飄送玉蘭花等芳草的味道，處處都有，綿綿不絕。走到一個山嘴處，岩壁直插澗底，澗水深而湍急，沒有行走的餘地。岩壁上鑿有石孔用來通行，石孔僅僅能容下半隻腳，身體緊貼岩壁而過，使人驚心動魄。

從寒岩走十五里就到步頭，從小路前往桃源洞。桃源洞在護國寺旁，寺廟已成廢墟，當地人都茫然不知。

跟隨雲峰和尚在草莽蜿蜒的山路上行走，太陽下沉，竟還找不到住宿的地方，一直問路到達坪頭潭。從坪頭潭到步頭僅有二十里路，現在從小路走，反而迂迴三十多里，才得以住下來，確實是桃源洞誤人了。

賞析與點評

桃源在天台山記出現了三次：國清寺雲峰和尚建議徐先去寒明岩，再去桃源；在桃源附近，見護國寺已廢；還有下文會提到的，在瓊台雙闕頂，拿桃源景色來比較。他來到桃源，沒記述見到桃源甚麼景，只在下文中拿其他景比對了一下。

他找桃源時發了聲感慨：信桃源誤人也！其實一路過來都不好走。清初的潘耒這樣記錄當時的天台山：「吳越間山高大而著名者莫如天台，以其荒遠不通舟楫，須陸行二百里乃到，非篤好山水、裹糧躡屩無由而至焉。」（《遂初堂文集》卷十三）儘管如此，徐霞客三次攀登了天台山。

坪頭潭——桃花塢——鳴玉澗——雙闕、瓊台——赤城——國清

初七日　自坪頭潭行曲路中三十餘里，渡溪入山。又四五里，山口漸夾，有館曰桃花塢。循深潭而行，潭水澄碧，飛泉自上來注，為鳴玉澗。澗隨山轉，人隨澗行。兩旁山皆石骨，攢巒夾翠，涉目成賞，大抵勝在寒、明兩岩間。澗窮路絕，一瀑從山坳瀉下，勢甚縱橫。

出，飯館中，循塢[1]東南行，越兩嶺，尋所謂「瓊台」、「雙闕」[2]，竟無知者。去數里，訪知在山頂。

與雲峰循路攀援，始達其巔。下視峭削環轉，一如桃源，而翠壁萬丈過之。峰頭中斷，即為雙闕；雙闕所夾而環者，即為瓊台。台三面絕壁，後轉即連雙闕。余在對闕，日暮不及復登，然勝已一日盡矣。

遂下山，從赤城後還國清，凡三十里。

注釋

1 塢（粵：滸；普：wù）：四面高中間低的山坳。

2 闕：古代宮門外兩邊供瞭望的樓台，中有通道，稱「闕」或「雙闕」。此處兩峰崖如一對闕樓，故名「雙闕」。常與附近一座拔地而起高峰合稱「瓊台雙闕」，月下觀兩峰四山，如仙境。「瓊台夜月」為天台十景之一。

譯文

初七日　從坪頭潭開始，在蜿蜒的山路中走了三十多里，渡過溪水進入天台山。又前行四五里，山口漸漸狹窄，有一處房舍，叫桃花塢。順着潭邊前行，潭中的水清澈碧藍，飛濺的山泉水從上注入潭中，叫作鳴玉澗。澗水順山流轉，人則順着澗水邊走。澗兩旁的山都是裸露的岩石，攢簇的山巒夾雜着翠綠的樹木，到處看到的都是可觀的景致，景致的優美大體上都在寒岩、明岩這兩岩之間。澗水窮盡處，路也就消失了。一條瀑布從山坳間傾瀉而下，水勢非常奔放。飯後，從桃花塢出來，順着山塢向東南走，越過兩座山嶺，想找所謂的「瓊台」、「雙闕」兩處勝景，竟然沒有人知道。走了數里，才訪知在山頂上。與雲峰和尚順山路攀援而上，才到達山巔。向下俯視那陡峭逼削而環轉的山岩，就像桃源洞一樣，而佈滿翠綠樹木的萬丈岩壁則勝過了桃源洞的險峻。山峰之頂斷成兩截，就是所謂的雙闕；夾在雙闕中的環形石台，就是瓊台。瓊台的三面都是絕壁，後轉就與雙闕相連結。我站在對闕之上時，天已黑了，來不及再爬上瓊台。然而，我一日內已飽覽此地優美的景致。

於是下山，從赤城的後面返回國清寺，總計旅程三十里。

赤城

初八日　離國清，從山後五里登赤城[1]。赤城山頂圓壁特起，望之如城，而石色微赤。岩穴為僧舍淩雜，盡掩天趣。所謂玉京洞、金錢池、洗腸井，俱無甚奇。

注釋

1 **赤城**：赤城山為天台山南門和標誌，又名「燒山」。典型丹霞地貌，形如城牆，赤石。四圍綠山，每當紅日升起，霞光滿山。有十八洞，以紫雲洞、玉京洞最有名。佛道共存，傳為濟公讀書處，山頂還有赤城塔。「赤城棲霞」為天台十景之一。

譯文

初八日 離開國清寺，從山後走五里路後登上赤城。赤城山頂上的圓形岩壁聳起，看起來像一座城，而岩石的顏色微微發紅。岩洞都成了和尚們的住所，凌亂不堪，天然的景趣全被掩蓋了。所說的玉京洞、金錢池、洗腸井，都沒有甚麼奇特的地方。

賞析與點評

從這章我們可以總結出《遊記》和徐霞客的一些特徵：行程明確，時間先後順序、路線總綱、移步換景，每天都寫，和佛廟和尚交好，注意對水系、山勢的地理考察，等等。

這次行程為甚麼那麼匆忙？徐霞客十八歲喪父，跟母親過。他奉行「父母在，不遠遊，遊必有方」（孔子）信條，在徵得母親同意後，在母親去世前，均短途遊，知道要去的目的地，也按照計劃安排歸程。

每天寫日記，寫得很嚴謹。清時的曾國藩，民國時期的胡適、魯迅等人，還有蔣介石、毛澤東，也是如此。似乎已經到鍛煉意志力和修養品德的境界。

二 遊雁宕山日記[1]

浙江溫州府

本篇導讀——

徐霞客一生共三次遊雁蕩山，頭尾有文字，中間無文字，這篇為頭次進雁蕩山。他從天台山下來，馬不停蹄過了黃岩，從大荊驛進雁蕩山，在雁蕩山裏遊歷了五日（四月十一到十五），從四十九盤嶺往樂清縣下山。其間遊歷了靈峰、靈岩寺四周、常雲峰、大龍湫等等，不過還是沒找到他夢寐以求的雁湖。

這次遊雁蕩山，主要目的是考察大龍湫瀑布水源——雁湖，道具是一根竹杖，旅伴是兩個僕人，另有雁蕩山裏的幾個和尚朋友兼嚮導。現在雁蕩山還有很多山爬不上去，四百年前的雁蕩山處處荒田蠻山，他帶着這些簡陋的裝備爬了五天，有些地方連山裏的和尚都不敢進，他帶着僕人就往裏走，遇到絕路，進退兩難，就用僕人長襪子做繩子攀爬，不想繩子被岩石割斷一大半，差點沒摔下萬丈絕壁。

作為職業旅行家，地理學家，他的工作做得很細緻，進到人跡罕至的深山裏，給世人留下大山深處裏的一手詳盡資料，除記下了沿途美景，還對大龍湫等處做了細緻的實地堪輿。

這次遊雁蕩山，行程匆忙，寫景不多，僅僅遊歷「三絕」（靈峰、靈岩、大龍湫）等主要景點，他所記下來的沿途，已成經典。他遇險的山尖還在，令他驚歎的山水也在，只是靈岩景區多了徐霞客的石雕像、紀念碑、紀念亭，而附近驢友在徐霞客遊雁蕩這天，會相邀徒步雁蕩霞客古道。

天台山——黃岩——八㟅

自初九日別台山，初十日抵黃岩[2]。日已西，出南門，步行三十里，宿於八㟅[3]。

注釋

1 雁宕山：即雁蕩山，主體位於溫州市東北部，於一點二億年前在環太平洋大陸邊緣火山帶中形成，為流紋岩天然博物館，同時為國家級旅遊勝地和世界地質公園。山頂有湖，中多蘆葦，秋雁南歸，多棲於此，故稱「雁蕩」。南梁昭明太子建寺於芙蓉峰，唐西域高僧諾詎那領三百弟子在此弘法，並於此坐化。宋在此建十八寺、十院、十六亭，一時鼎盛。此山奇峰怪石、飛瀑流泉、古洞畸穴、雄嶂勝門、凝翠碧潭。其中，靈峰、靈岩、大龍湫合稱「三絕」，三絕加上梅雨岩、鐵城嶂和石梁洞稱為「六勝」。至今，已開發靈峰、靈岩、大龍湫、三折瀑、雁湖、顯勝門、羊角洞、仙橋八大景區，五百多處景點。歷代文人墨客墨寶甚多。

2 黃岩：今浙江台州黃岩區。

3 嶴（粵：澳；普：ào）：浙江、福建等沿海一帶對山間平地的稱呼。

譯文

自初九日離開天台山，初十抵達黃岩。太陽已偏西，從南門走了三十里，歇息在八嶴的旅舍。

盤山嶺—大荊驛—章家樓老僧岩—石梁洞—謝公嶺—靈峰雙鸞、五老，靈峰洞—靈峰寺

十一日　二十里，登盤山嶺。望雁山諸峰，芙蓉插天[1]，片片撲人眉宇。

又二十里，飯大荊驛[2]。

南涉一溪，見西峰上綴圓石，奴輩指為兩頭陀，余疑即老僧岩[3]，但不甚肖。

五里，過章家樓，始見老僧真面目：袈衣禿頂，宛然兀立，高可百尺。側又一小童傴僂於後，向為老僧所掩耳。

自章樓二里，山半得石梁洞[4]。洞門東向，門口一梁，自頂斜插於地，如飛虹下垂。由梁側隙中層級而上，高敞空豁。坐頃之，下山。

由右麓逾謝公嶺[5]，渡一澗，循澗西行，即靈峰道也[6]。一轉山腋，兩壁峭立亙天[7]，危峰亂疊，如削如攢，如駢筍，如挺芝，如筆之卓，如幞之欹[8]。洞有口如捲幕者，潭有碧如澄靛者。雙鸞、五老[9]，接翼聯肩。如此里許，抵靈峰寺。

循寺側登靈峰洞。峰中空，特立寺後，側有隙可入。由隙歷磴數十級，直至窩頂，則窅然平台圓敞[10]，中有羅漢諸像。坐玩至暝色，返寺。

注釋

1 芙蓉：木芙蓉，這裏形容山峰秀麗。
2 大荊驛：今溫州樂清市東北隅大荊鎮。
3 頭陀：行腳乞食的苦行僧。老僧岩：又名接客僧、和尚岩。
4 石梁洞：又稱「石虹洞」，洞口有石梁橫跨，洞甚深廣。
5 謝公嶺：在樂清縣東北，古時入雁蕩山的主要通道。相傳晉代著名詩人謝靈運任永嘉太守時曾到這裏遊覽過，故名。嶺上有落屐亭，亦為紀念謝靈運而建。

6 靈峰：高約二百七十米，與右邊的倚天峰相合如掌，稱合掌峰、夫妻峰。峰前有靈峰寺，峰下有巨大的觀音洞，即《遊記》中所稱靈峰洞。洞口有天王殿，洞內倚岩建有樓房十層，頂層為觀音殿，有觀音及十八羅漢像。附近還有南、北碧霄洞、苦竹洞、鳳凰洞、長春洞、將軍洞等，極洞府之勝。

7 亙：時間或空間延續不斷。亙天：連天、接天。形容高壯闊的天空，以此來反襯陡壁的險壯。

8 卓：直立。幞（粵：服；普：fú）：古代男子的包頭頭巾，又稱幞頭。攲：通「攲」（粵：崎；普：qī），傾斜。

9 雙鸞、五老：山峰名。前者形似雙鸞起舞，後者形似五老並肩。

10 窅（粵：妖；普：yǎo）然：深遠的樣子。

譯文

十一日　走了二十里，登上盤山嶺。遙望雁宕山的各座山峰，（風景秀麗，如同）木芙蓉直插藍天，如片片花瓣般的景色撲入眼簾。

又前行二十里路，在大荊驛用飯。

向南渡過一條溪水，見西邊的山峰上點綴着一塊圓石，僕人們認定是兩頭陀岩，我懷疑那是老僧岩，但又不太像。走了五里，經過章家樓，才看到老僧岩的真面目：禿頂穿着袈裟，形象逼真地直立着，高約百尺。其旁邊有岩石像一個彎腰的小孩般跟在後面，一直被老僧所遮掩罷了。

從章家樓走出二里，在半山腰找到石梁洞。洞門向東，洞門有一條石橋，從洞頂斜插地上，有如飛虹下垂。由石橋側面的縫隙中一層層地拾級而上，上面高而寬敞。坐下休息了一陣，才下山。

由右邊的山麓越過謝公嶺，渡過一條溪澗，順着溪澗向西走，就是去靈峰的道路。剛轉過山腋，只見兩邊的岩壁陡峭筆立，直連蒼穹，險峰淩亂堆疊，有的像刀削般挺立，有的像群峰簇擁，有的像並列的竹筍，有的像挺拔的靈芝，有的像筆一般直立，有的像傾斜的幞頭。山洞洞口有的像捲起的帷帳，水潭碧綠得像澄清的藍靛。雙鸞峰如雙翼共舞的雙飛鸞，五老峰酷似五個老翁聯肩並行。在景致如此幽奇的路上走了一里多，到達靈峰寺。

沿着寺廟旁邊的山道登上靈峰洞。靈峰的中部是空的，很獨特地聳立在靈峰寺後，其側面有縫隙可以進入。從縫隙處走了數十級石磴，直達窩頂，幽暗的平台圓而寬敞，其中有十八羅漢等塑像。坐在平台上欣賞（四周美景），直到暮色降臨才返回靈峰寺。

（靈峰寺）—靈峰右趾—謝公嶺—響岩—淨名寺路口水簾谷—靈岩寺屏霞嶂，展旗峰，天柱峰，龍鼻水，獨秀峰，卓筆峰，小龍湫，玉女峰，雙鸞，安禪谷，石屏風，天聰洞

十二日　飯後，從靈峰右趾覓碧霄洞。返舊路，抵謝公嶺下。南過響岩，五里至淨名寺路口。入覓水簾谷，乃兩崖相夾，水從崖頂飄下也。

出谷五里，至靈岩寺。絕壁四合，摩天劈地，曲折而入，如另闢一寰界。寺居其中，南向，背為屏霞嶂。嶂頂齊而色紫，高數百丈，闊亦稱之。嶂之最南，左為展旗峰，右為天柱峰。嶂之右脅介於天柱者，先為龍鼻水。[1]龍鼻之穴從石罅直上[2]，似靈峰洞而小。穴內石色俱黃紫，獨罅口石紋一縷，青紺潤澤[3]，頗有鱗爪之狀。自頂貫入洞底，垂下一端如鼻，鼻端孔可容指，水自內滴下注石盆。此嶂右第一奇也。

西南為獨秀峰，小於天柱，而高銳不相下。獨秀之下為卓筆峰，高半獨秀，銳亦如之。兩峰南坳轟然下瀉者，小龍湫也。隔龍湫與獨秀相對者，玉女峰也。頂有春花，宛然插髻。自此過雙鸞，即極於天柱。雙鸞止，兩峰並起，峰際有「僧拜石」，袈裟傴僂，肖矣！

由嶂之左脅，介於展旗者，先為安禪谷，谷即屏霞之下岩。東南為石屏風，形如屏霞，高闊各得其半，正插屏霞盡處。屏風頂有「蟾蜍石」，與嶂側「玉龜」相向。

屏風南去，展旗側褶，中有徑直上，磴級盡處，石閾限之[4]。俯閾而窺，下臨無地，上嵌崆峒[5]。外有二圓穴，側有一長穴，光自穴中射入，別有一境，是為天聰洞，則嶂左第一奇也。

銳峰疊嶂，左右環向，奇巧百出，真天下奇觀！而小龍湫下流，經天柱、展旗，橋跨其上，山門臨之。橋外含珠岩在天柱之麓，頂珠峰在展旗之上。此又靈岩之外觀也[6]。

注釋

1 嶂（粵：帳；普：zhàng）：高險如屏障的山。龍鼻水：也叫龍鼻洞或龍鼻龕，位於靈岩寺右側的插龍峰下。徐霞客見到的時候，當時有水從岩石往下滴。此洞崖碑刻特多，記有八十多處，被稱為「雁山石窟」。

2 罅（粵：喇；普：xià）：裂縫。

3 紺（粵：禁；普：gàn）：紅青色。

4 褶（粵：接；普：zhě）：原指皮膚或衣服上的皺紋，這裏指由於地殼運動，岩層受到壓力形成波浪狀的構造形式。石閾：石門檻。

5 崆峒（粵：空瞳；普：kōng tóng）：山洞。

6 靈岩：亦稱屏霞嶂。壁立干霄，狀如屏風，前為靈岩寺，寺前天柱、展旗兩峰相對，稱南天門，卧龍溪從中穿出。周圍群峰環擁。

譯文

十二日　吃完飯，從靈峰寺右側山腳去尋覓碧霄洞。返回原路，到達謝公嶺下。從南邊經過響岩，走了五里，到淨名寺的路口。進去找水簾谷，此谷兩崖相夾，流水從崖頂飄下。

離開水簾谷五里，到了靈岩寺。這裏四面圍合着絕壁，摩天劈地，通過曲折的小道進去，彷彿是另外開闢出來的一個世界。

靈岩寺位居其中，向南，背後是屏霞嶂。屏霞嶂頂部整齊，岩石呈紫色，高數百丈，寬與高相稱。屏霞嶂的最南處，左面是展旗峰，右面是天柱峰。介乎屏霞嶂右脅與天柱峰當中的，最先看見龍鼻水。龍鼻水的出水洞穴，從岩石縫隙一直向上，像靈峰洞，但小一些。洞穴內的岩石的顏色都呈黃紫色，唯獨縫隙口有一縷石紋青紅濕潤，很像鱗爪的形狀。從洞頂部連貫到洞底，垂下的一端很像鼻子，鼻端的石孔可以容納手指，水就從石孔滴入石盆。這就是屏霞嶂右邊的第一奇景了。

（屏霞嶂）西南面是獨秀峰，比天柱峰小，但高度和岩石的尖銳不相上下。獨秀峰之下是卓筆峰，高度只有獨秀峰的一半，岩石的鋒銳卻與兩峰一般。南面的山坳間，轟然向下飛瀉的，就是小龍湫瀑布了。隔着小龍湫與獨秀峰相對的，是玉女峰。玉女峰頂開滿春花，像是插在髮髻的裝飾。從這裏經過雙鸞峰，就是天柱峰的盡頭了。雙鸞峰只有兩座山峰並列聳起。山峰的邊沿有「僧拜石」，身穿袈裟、形軀傴僂的樣子，很像（老僧人）。

由屏霞嶂的左脅，介於展旗峰中間的，最前面是安禪谷，安禪谷就是屏霞嶂的下岩。東南面是石屏風，形狀像屏霞嶂，高度、寬處各為屏霞嶂的一半，正好插在屏霞嶂的盡頭處。石屏風峰頂有「蟾蜍石」，與屏霞嶂側面的「玉龜石」相對。從石屏風往南，展旗峰側面的褶皺中，有小徑一直通向峰頂，石磴的盡頭，有石門檻阻隔着。俯身石門檻而窺看，下不着地，頂上緊嵌山洞。展旗峰外有兩個圓孔，側面有一個長孔，亮光從孔中射進來，別有一種境界，這就是天聰洞，是屏霞嶂左方的第一奇景。

尖峰與高山重疊，左右迴環相對，奇異的景致層出不窮，真不愧為天下奇觀！而小龍湫瀑布的水向下流，流經天柱峰、展旗峰，有石橋橫跨其上，靈岩寺的山門則面對石橋。石橋外面，可看見含珠岩在天柱峰麓，頂珠峰則在展旗峰之上。這又是靈岩寺的外觀了。

賞析與點評

這小節描述靈岩景區的山勢。

靈岩寺，始建於北宋（九七九），為當時的「東南首刹」，靈岩寺因處靈岩南麓得名。雁蕩三絕——靈峰、靈岩、大龍湫，靈岩景區在雁蕩山中央，又以靈峰寺為中心，徐霞客以屏霞嶂為座標羅列靈岩景區諸多峰巒山勢。

徐霞客以屏霞嶂作為座標，以人的身體視角來安排空間方位。靈岩寺像一個人一樣坐北朝南，靈岩寺右前是天柱峰，左前是展旗峰，右脅骨是龍鼻水，左脅骨是安禪谷，這幾點圍成半圓圈狀，靈岩寺在圓心處。屏霞嶂右邊是雙鸞峰、卓筆峰、獨秀峰、玉女峰，小龍湫在卓筆峰和獨秀峰山坳間，僧拜石在雙鸞峰頂，含珠岩在天柱峰山腳。屏霞嶂左邊是石屏風，石屏風上有蟾蜍石，和屏霞嶂的玉龜相對。展旗峰北面山腰有天聰洞，山上還有頂珠峰。

（靈岩寺）山門—板嶂岩、小剪刀峰—觀音岩、馬鞍嶺—常雲峰 道松洞、白雲庵、雲靜庵—大剪刀峰—連雲峰 龍湫

十三日　出山門，循麓而右，一路崖壁參差，流霞映采。高而展者，為板嶂岩。岩下危立而尖夾者，為小剪刀峰。更前，重岩之上，一峰亭亭插天，為觀音岩。岩側則馬鞍嶺橫亙於前[1]。鳥道盤折，逾坳右轉，溪流

湯湯，澗底石平如砥。[2]沿澗深入，約去靈岩十餘里，過常雲峰，則大剪刀峰介立澗旁[3]。剪刀之北，重岩陡起，是名連雲峰。從此環繞迴合，岩窮矣。

龍湫之瀑[4]，轟然下搗潭中，岩勢開張峭削，水無所著，騰空飄蕩，頓令心目眩怖。潭上有堂，相傳為諾詎那觀泉之所。[5]堂後層級直上，有亭翼然。面瀑踞坐久之，下，飯庵中。

雨廉纖不止[6]，然余已神飛雁湖山頂。遂冒雨至常雲峰，由峰半道松洞外，攀絕磴三里，趨白雲庵。人空庵圮，一道人在草莽中，見客至，望望去。再入一里，有雲靜庵，乃投宿焉。道人清隱[7]，卧床數十年，尚能與客談笑。余見四山雲雨淒淒，不能不為明晨憂也。

注釋

1 馬鞍嶺：綿亙於靈岩風景區和大龍湫風景區之間，為雁蕩山東、西內谷的分界。

2 鳥道：形容道路險絕。湯湯（粵：商；普：shāng）：水勢湍急的樣子。

3 介立：挺立。

4 龍湫（粵：秋；普：qiū）：此指大龍湫，在馬鞍嶺西四公里，水從高約一百九十米的連雲峰上飛墜潭中，為著名大瀑布。湫，水潭。瀑布下為深潭。

5 堂：有特殊用途的建築，四方而高的建築。諾詎那：羅漢名，又作諾矩羅，雁蕩山開山祖師。相傳諾矩那居雁蕩山芙蓉峰龍湫，觀瀑坐化。唐代僧人貫修〈諾矩羅贊〉有「雁蕩經行雲漠漠，龍湫宴坐雨濛濛」句，即指此景。

6 廉纖：形容細雨。

7 道人：修道的人，此處指和尚。

譯文

十三日　從靈岩寺山門出來，順着山腳向右走，一路上只見崖壁參差錯落，流霞與山景輝映。

頂部高峻而平展的是板嶂岩。岩下聳立而又尖又窄的是小剪刀峰。再往前，重疊的山岩之上，一座亭亭玉立的山峰直插雲天，那就是觀音岩。觀音岩側面則是馬鞍嶺橫跨在前方。陡峻的山道盤旋曲折，越過山坳右轉，溪流浩浩蕩蕩，山澗底部的石頭平坦得像細的磨刀石。沿着山澗深處前進，大約離靈岩寺十餘里，經過常雲峰，就見大剪刀峰挺立澗旁。大剪刀峰北面，（有座）重岩陡然聳起，名叫連雲峰。從這裏，山環水繞，峰迴壁合，也是岩崖的盡頭了。

大龍湫瀑布的流水，轟然下瀉，直搗潭中。山勢開展而陡峭，而流水沒有河床的承接，騰空飄蕩而下，頓時令人目眩心驚。水潭上方建有廟堂，相傳是諾詎那羅漢觀賞飛泉之處。從廟堂後面沿石級直上，有座亭子，其簷角猶如鳥兒展翅一般。（我）面對瀑布盤坐（觀賞）了很久，下山，回到庵中吃飯。

細雨紛飛不絕，然而我的心神早已飛到雁湖山頂。於是冒雨到常雲峰，從常雲峰半路的道松洞外，攀登三里多陡險的石磴，直赴白雲庵。只見人已空而庵已塌，一個和尚在草莽中，見有客人到來，看了看就走開了。再往裏走一里，有雲靜庵，於是在此投宿。清隱和尚病臥在床數十年，還能與客人談笑。我見四周峰巒烏雲籠罩、山雨淒綿不止，不免為明早的旅程擔憂。

賞析與點評

這小節主要描述大龍湫景區。

徐霞客記載的地貌細緻而精確。他怎麼做到的？古代地理方志多，雁蕩山開發早，他也用心去看。關鍵是他來雁蕩不僅僅是觀光旅遊，他是做實地研究來的。

除了記下走過的地名，他對遇到的、印象深的人物，也都記下來，白描幾筆，形象顯現，且以和尚居多。

（龍湫背）峰頂

十四日　天忽晴朗，乃強清隱徒為導。清隱謂湖中草滿，已成蕪田，徒復有他行，但可送至峰頂。余意至頂，湖可坐得。於是人捉一杖，躋攀深草中[1]，一步一喘，數里始歷高巔。

四望白雲，迷漫一色，平鋪峰下。諸峰朵朵，僅露一頂，日光映之，如冰壺瑤界，不辨海陸。然海中玉環一抹[2]，若可俯而拾也。北瞰山坳壁立，內石筍森森，參差不一。三面翠崖環繞，更勝靈岩。但谷幽境絕，惟聞水聲潺潺，莫辨何地。望四面峰巒累累，下伏如丘垤[3]，惟東峰昂然獨上，最東之常雲，猶堪比肩。

注釋

1 躋（粵：擠；普：jī）：登。

2 玉環：即今浙江台州玉環縣，係浙東南沿岸海島縣，縣以島得名。

3 丘垤（粵：疊；普：dié）：小土堆。

譯文

十四日　忽然天晴，於是強請清隱和尚的徒弟作嚮導。清隱說，雁湖中長滿了草，已成荒田，白白地到此，再無可去之處，但可以送我到峰頂。我想，只要到達峰頂，便可得以觀覽雁湖。於是每人手握一根拐杖，在深草中攀登，一步一喘，走了數里路，才到達峰頂。

四望白雲彌漫，一片白色平鋪在山峰下面。各座山峰僅露出一點峰頂，就像雲海中的朵朵鮮花，陽光輝映在峰頂，猶如盛冰的玉壺、瑤台仙界一般，讓人辨不清雲海、陸地的界限。然而，雲海中的玉環島有如一抹飄帶，彷若俯身即可拾得。向北遠望，山坳中岩壁削立，裏面石筍繁多，參差不一。三面環繞着佈滿綠樹的山崖，景致更勝靈岩寺。但此地幽深而人跡罕至，只聽見潺潺的流水聲，卻無法辨別出是從甚麼地方傳來的。遙望四周，峰巒重疊低伏，有如小土堆，唯獨東面的山峰昂然獨立挺拔，只有最東邊的常雲峰可與之媲美。

賞析與點評

雁蕩山總面積四百五十平方公里，登頂視野遼闊。雁蕩日出，歷來為遊人所喜愛，這部分是描寫雁蕩山的名段。這時，我們見到，徐霞客帶着自己強烈的喜悅之情，融入到寫景中：雲海，山海，金光燦燦，理想中神仙住的地方；在雲海中露出的山如同鮮花、彩帶飄蕩；露出大部分的巨型山脈如同小山頭伏在平地上，特別高大的山峰，就剩幾座。四周靜謐，只有泉水聲不知來自何處。由此，一堆巒石，在徐霞客眼裏似一群有靈力的仙人、童子、巨靈。

尖、二嶺、峭峰、石壁—雲靜庵—龍湫—能仁寺

導者告退，指湖在西腋一峰，尚須越三尖。余從之，及越一尖，路已絕；再越一尖，而所登頂已在天半。自念《志》云：「宕在山頂，龍湫之水，即自宕來。」今山勢漸下，而上湫之澗，卻自東高峰發脈，去此已隔二谷。遂返轍而東，望東峰之高者趨之，蓮舟疲不能從。由舊路下，余與二奴東越二嶺，人跡絕矣。

已而山愈高，脊愈狹，兩邊夾立，如行刀背。又石片棱棱怒起，每過一脊，即一峭峰，皆從刀劍隙中攀援而上。如是者三，但見境不容足，安能容湖？既而高峰盡處，一石如劈，向懼石鋒撩人，至是且無鋒置足矣！躊躇崖上，不敢復向故道。

俯瞰南面石壁，下有一級，遂脫奴足布四條[1]，懸崖垂空，先下一奴，余次從之，意可得攀援之路。及下，僅容足，無餘地。望岩下斗深百丈[2]，欲謀復上，而上岩亦嵌空三丈餘，不能飛陟。持布上試，布為突石所勒，忽中斷。復續懸之，竭力騰挽，得復登上岩。

出險，還雲靜庵，日已漸西。

主僕衣履俱敝，尋湖之興衰矣。遂別而下，復至龍湫，則積雨之後，怒濤傾注，變幻極勢，轟雷噴雪，大倍於昨。坐至暝始出，南行四里，宿能仁寺。[3]

注釋

1 足布：裹腳布。

2 斗：通「陡」。

3 能仁寺：「雁蕩十八古」規模最大的寺廟，始建於宋咸平二年（九九九），古稱「雁山第一剎」。

譯文

嚮導離開時，指着說雁湖在西面中部的一座山峰上，還需要翻過三道尖山。我依他所說，等到越過一座尖山，路已斷了；再越過一座尖山時，看到將要登臨的山頂，已經在天的中間。心想《大明一統志》說：「雁蕩在山頂，龍湫瀑布的流水，就是從雁蕩而來。」現在山的地勢逐漸下降，而上龍湫的山澗，卻是從東面的高峰發脈，離這裏已經隔了兩個山谷。於是折返向東走，望着東面山峰中最高的一座向前奔。蓮舟和尚因疲勞跟不上我，原路返回，我則與兩個奴僕向東越過兩座山嶺，人跡全無。

接着的山峰越來越高，山脊也越發狹窄，兩邊岩壁夾立，像在刀背上行走一樣。而且石片的棱角突出，每越過一道山脊，即遇到一座陡峭的山峰，都是從如刀劍般鋒利的石片縫隙中攀援而上。這樣攀越了多次，但見所經之地難以容足，又怎麼能容納下一個湖泊呢？接着就是高峰的盡頭，一座石壁如刀劈一般陡峭，我一向懼怕岩石鋒利嚇人，到這裏已經沒有鋒利的石片可以立足了！在崖上躊躇再三，不敢沿舊路返回。俯瞰南面的岩壁上有一級石階，於是叫僕人們脱下四條裹腳布接成布繩，從懸崖上垂下去，先讓一僕人順布縋下去，我再跟着他下去，心想可以找到攀援的路。下去才發現這裏僅能立足，再無餘地。遙望岩壁下面，非常陡峭，深有百丈，想要設法再攀上去，而上面的岩石也嵌在空中三丈多高的地方，不能飛越攀上去。手拉布繩試着往上攀登，布繩被凸起的石頭所勒，忽然斷裂。重新把布繩接好使它懸空，竭力騰空跳躍挽繩，得以再次攀登到上面的岩石上。脱離險境，回到雲靜庵時，日已西沉。主僕的衣服和鞋子全都破了，尋覓雁湖的興致也減退了。於是，告別清隱師徒下山，再次來到龍湫瀑布。溪水積攢了雨水後，怒濤奔騰，傾瀉而下，變幻極大，瀑布如噴雪，聲如雷鳴，水勢比昨天增大一倍。一直坐到天黑才離開，南行四里路，住在能仁寺。

賞析與點評

徐霞客的探遊極艱辛。

早上求了好久才有嚮導帶路上山，路上一步一喘，走了幾里路才到山頂。前面路荒涼，嚮導不想再走，告辭下山。徐霞客帶着僕人繼續走，為了能找到峰頂雁湖。接下去的路是尖石路，路又窄，簡直沒處放腳。明代穿布鞋，不像現在有登山鞋。他繼續往前走。

走到絕路，前面是一個懸崖。他往下看，見懸崖下露出個小平台，以為下面有路。就叫僕人脫了長長的裹腳布，綁成繩子，懸崖而下。到了小平台發現下面還是深淵，他很無奈，就再往上爬。爬到一半，繩子被岩石割斷，好在他反應快，抓住一塊石頭，不然就掉到深淵下面了。他綁好繩子，再爬上崖頂。

挺危險的。遇險的事也不僅這一次，還有去爬黃山時大雪封山，去武夷山時各種險情，還有一次在湘江甚至遇上了強盜。還有幾次斷糧，餓了很久。

四十九盤—窯嶴嶺—樂清

十五日　寺後覓方竹數握，細如枝；林中新條，大可徑寸，柔不中杖[1]，老柯斬伐殆盡矣！遂從岐度四十九盤，一路遵海而南，逾窯嶴嶺，往樂清[2]。

注釋

1 中（粵：眾；普：zhòng）：合，符合要求。

2 遵：沿着。樂清：今浙江溫州樂清市，東臨太平洋樂清灣，東北接台州市。

譯文

十五日 在能仁寺後找到好幾把方竹，細如樹枝；竹林中新長的竹條，大的直徑可達一寸，比較柔軟，不適合做手杖，老的竹條卻已砍伐殆盡了！於是，從岔道度過四十九盤嶺，一路沿着東海邊向南行，翻越窯嶴嶺，往樂清縣而去。

賞析與點評

「一路遵海而南」，雁蕩山是歷代的「海上名山」，樂清境內的雁蕩山，可以觀東海，在高山上賞海上日出。

三　遊黃山日記[1] 徽州府

本篇導讀——

明萬曆丙辰四十四年（一六一六），正月二十六，剛過完年，三十歲的徐霞客和親戚，帶上僕人，遊白嶽山、黃山、武夷山、九曲溪等地。剛從白嶽山下來，他就趕到了安徽黃山。黃山被譽為「天下第一奇山」，徐霞客讚其「薄海內外之名山，無如徽之黃山」，後人將這句話演化為「五嶽歸來不看山，黃山歸來不看嶽」。徐霞客兩進黃山，這是第一次進山的日記。

二月初二到十一日，初春，徐霞客在黃山待了十天。他從湯口進黃山北上，沐於祥符寺邊溫泉湯池，隨後逛了寺旁的蓮花庵和白龍潭。大雪封山，不得出山門一步。後冒雪攀鳥道進慈光寺，然後走大路返回宿祥符寺。次日過天都峰天門坎、蓮花峰蓮花溝，登黃山次高峰光明頂。前海探遊完，翻越平天矼到後海。

平天矼後是獅子林，偶遇山僧，給霞客煮黃粱飯，還指明山裏氣候和可觀處。徐霞客在山僧指導下，探遊接引崖和石筍矼，宿於寺廟。次日踏雪覽獅子峰、擾龍松、青龍潭諸勝，宿松谷庵。次日因霧雨彌山，攬石筍奧境未果，宿煉丹台佛庵。後由僧帶路遊「達摩面壁」、「禿顱朝天」，隨後幾日過飛來峰、百步雲梯諸勝，原路回慈光寺，繼續泡溫泉。

徐霞客在黃山找到的寺廟、山景，他都一筆筆記了下來。不過年關剛過，大雪封山，使他沒能上天都、蓮花峰。他鑿冰為蹬、踏雪覓徑，在大雪裏的黃山遊走，也因雪多了一些奇遇。

黃山素以怪石、奇峰、溫泉和雲海聞名於世，這次遊山，諸山勝景自不用說，徐霞客比較推崇雲海和怪松，也在湯口溫泉泡了兩次。

對月圖，舊傳南宋馬遠畫，現藏於台北故宮博物院

對月圖，舊傳南宋馬遠畫，現藏於台北故宮博物院

白嶽—南溪橋大溪、別溪—猪坑—虎嶺—古樓坳—高橋

初二日　自白嶽下山[2]，十里，循麓而西，抵南溪橋。渡大溪，循別溪，依山北行十里，兩山峭逼如門，溪為之束。越而下，平疇頗廣[3]。二十里，為猪坑。由小路登虎嶺，路甚峻。十里，至嶺。五里，越其麓。北望黃山諸峰，片片可掇[4]。又三里，為古樓坳。溪甚闊，水漲無梁，木片瀰㳍一溪，涉之甚難。二里，宿高橋。

注釋

1 黃山：位於安徽黃山市（古徽州府）最南部，花崗岩群峰，呈青黑色，古稱「黟山」。傳說黃帝在此煉丹，後唐玄宗改為「黃山」。經億萬年地殼運動、冰川和風化，形成今日山高谷深、怪石嶙峋的峰林群，主峰蓮花峰高一千八百六十四米，被近八十座千米高峰包圍，組合成氣勢恢宏的群山圖。其有四絕：奇松、怪石、雲海、溫泉。

黃山雲霧多、濕度大、降水多，怪石和奇松浮現在雲海裏，其壯麗景色為世人所喜愛。黃山前山雄偉，後山秀麗，雲海飄渺，自古畫家愛黃山，有「黃山畫派」，影響至今。黃山由中心向四周溝谷排列，形成眾多山谷、溪河，為長江和錢塘江的分

水嶺。因山體垂直落差大，形成很多瀑布，給黃山增添了動感。

2 **白嶽**：即齊雲山，中國四大道教名山之一，鑿於唐，古與武當、峨眉、龍虎山齊名，供奉真武大帝，以全真教為主，同時為江南正一教重地。黃山支脈，丹霞地貌，位於今黃山市休寧縣，主景為三十六奇峰、七十二怪崖，大量洞穴、溪泉、橋堂等。徐霞客曾兩次遊白嶽。

3 **平疇**：平原田地。

4 **掇**（粵：啜；普：duō）：拾取。

譯文

初二日 從白嶽山下山，走了十里，順山腳西行，抵達南溪橋。渡過大溪，順着別溪，沿着山腳北行十里，有兩座山陡削相夾如門，溪水被它約束着。越過兩山往下，田疇寬廣平坦。

二十里後，就是猪坑。從小路登虎嶺，路很險峻。十里，到達虎嶺。走了五里，越過虎嶺的山腳。北望黃山的各座山峰，小如片片山石，似乎可以拾取。

又走了三里，就是古樓坳。溪很寬，溪水暴漲卻沒有橋梁，木片遍佈溪水，很難度過。

二里後，在高橋歇宿。

雙嶺—江村—湯口—祥符寺湯池—白龍潭、丹井藥臼—庵—（祥符）寺

初三日　隨樵者行，久之，越嶺二重。下而復上，又越一重。兩嶺俱峻，曰雙嶺。共十五里，過江村。

二十里，抵湯口[1]，香溪溫泉諸水所由出者。折而入山，沿溪漸上，雪且沒趾。五里，抵祥符寺[2]。湯泉在隔溪，遂俱解衣赴湯池。池前臨溪，後倚壁，三面石甃，上環石如橋，湯深三尺。時凝寒未解，而湯氣鬱然，水泡池底汩汩起，氣本香冽[3]。黃貞父謂其不及盤山[4]，以湯口、焦村孔道，浴者太雜遝也[5]。

浴畢，返寺。

僧揮印引登蓮花庵，躡雪循澗以上[6]。澗水三轉，下注而深泓者，曰白龍潭；再上而停涵石間者，曰丹井。井旁有石突起，曰「藥臼」，曰「藥銚」[7]。宛轉隨溪，群峰環聳，木石掩映。如此一里，得一庵，僧印我他出，不能登其堂。堂中香爐及鐘鼓架，俱天然古木根所為。

遂返寺宿。

注釋

1　湯口：今名同，在黃山南緣的公路邊，是進入黃山的門戶。有湯口溫泉，又稱飄雪溫泉、湯泉、朱砂泉。

2 祥符寺：後文又稱湯寺。建於宋大中祥符六年（一〇一三）。遺址在今黃山管理處的禮堂附近。

3 鬱然：水汽旺盛的樣子。洌：清。

4 盤山：在今天津薊縣西北一二公里，號稱「京東第一名勝」。霞客亦曾親至盤山，丁文江〈徐霞客先生年譜〉考證為崇禎二年（一六二九）。

5 孔道：交通要道。遝（粵：踏；普：tà）：眾多而雜亂。

6 躡：踩踏，登。循：沿着。

7 臼（音：舅；普：jiù）：中間下凹的舂米器具。銚（粵：掉；普：diào）：一種有柄的小型燒具，形狀和現在的壺相似。

譯文

初三日 隨樵夫走了很久，翻過兩重山。下了山再上另一山，又翻過一重山。兩座山嶺都很險峻，叫雙嶺。總共走了十五里，過了江村。二十里，到達湯口，是香溪、溫泉各條溪水的源頭。折轉入山，沿着溪水逐漸上山，雪沒過了腳趾。五里後，抵達祥符寺。溫泉就在隔溪，於是都脫下衣服到溫泉洗澡。溫泉池前臨溪水，後倚岩壁，三面用石頭鑲砌，上面環架的石塊像橋一樣。溫泉水深三尺，當時冬寒還沒消退，而溫泉水氣很旺盛，水泡從池底汩汩而起，氣息清香。黃貞父說水質不如盤山的溫泉好，因為湯口、焦村是交通要道，前來洗浴的人眾多而雜亂。洗完澡，返回祥符寺。

揮印和尚帶我們上蓮花庵，順着山澗，踏雪上山。澗水轉了三次彎，往下注入深潭中，那潭叫白龍潭；再上停歇在石頭間的涵洞，洞名丹井。井旁有突起的石頭，叫「藥臼」，也叫「藥銚」。隨溪水宛轉前行，群峰環繞，樹林與山石相互掩映。在這樣的景致裏走了一里，看到一座庵，印我和尚外出，我們不能進入庵堂。只見庵堂中的香爐及鐘鼓架，都是用天然的古樹根雕鑿而成。於是返回祥符寺住宿。

初四日　兀坐聽雪溜竟日[1]。

注釋　1 兀（粵：屹；普：wù）坐：呆坐。

譯文　**初四日**　呆坐一天，聽雪滑動。

（禪符寺）——湯池、鳥道——慈光寺——（祥符寺）

初五日　雲氣甚惡，余強臥至午起。揮印言慈光寺頗近，令其徒引。過湯池，仰見一崖，中懸鳥道，兩旁泉瀉如練。余即從此攀躋上，泉光雲氣，撩繞衣裾。已轉而右，則茅庵上下，磬韻香煙，穿石而出，即慈光寺也[1]。寺舊名硃砂庵。比丘為余言：「山頂諸靜室，徑為雪封者兩月。今早遣人送糧，山半，雪沒腰而返。」[2]

余興大阻，由大路二里下山，遂引被臥。

注釋

1 慈光寺：舊名硃砂庵，明萬曆時敕封護國慈光寺，曾極盛一時。新中國建立後建為賓館，稱慈光閣。

2 比丘：俗稱和尚。靜室：指佛徒居住修持的屋舍。

譯文

初五日　霧氣令人厭煩，我勉強睡到中午才起床。揮印和尚說慈光寺很近，叫他的徒弟帶我們去遊覽。

經過溫泉，仰見一座山崖，中間懸着艱險的小道，兩旁傾瀉的泉水就像雪白的絹匹。我就從這裏攀登而上，泉水的光澤與雲氣，繚繞衣襟。後來轉向右走，就聽見茅草寺庵上下，磬鈸的聲音與裊裊的香煙，穿石而出，這就是慈光寺。以前叫作硃砂庵。和尚告訴我：「山頂的各處靜室的道路被積雪封鎖了兩個月。今早派人送糧食，到了半山，因積雪厚沒腰而返。」我的遊興大受阻礙，就從大路走了二里下山，回去拉過棉被睡覺去了。

前海慈光寺、天都峰、蓮花洞——天平矼光明頂——後海

初六日　天色甚朗。覓導者各攜筇上山[1]，過慈光寺。從左上，石峰環夾，其中石級為積雪所平，一望如玉。疏木茸茸中，仰見群峰盤結，天都獨巍然上挺[2]。數里，級愈峻，雪愈深，其陰處凍雪成冰，堅滑不容著趾。

余獨前，持杖鑿冰，得一孔置前趾，再鑿一孔，以移後趾。從行者俱循此法得度。上至平岡，則蓮花、雲門諸峰，爭奇競秀，若為天都擁衛者。由此而入，絕巘危崖[3]，盡皆怪松懸結。高者不盈丈，低僅數寸，平頂短鬣，盤根虯幹[4]，愈短愈老，愈小愈奇，不意奇山中又有此奇品也！

松石交映間，冉冉僧一群從天而下[5]，俱合掌言：「阻雪山中已三月，今以覓糧勉到此。公等何由得上也？」且言：「我等前海諸庵[6]，俱已下山，後海山路尚未通，惟蓮花洞可行耳。」已而從天都峰側攀而上，透峰罅而下，東轉即蓮花洞路也。

余急於光明頂、石筍矼之勝[7]，遂循蓮花峰而北。上下數次，至天門。兩壁夾立，中闊摩肩，高數十丈，仰面而度，陰森悚骨。其內積雪更深，鑿冰上躋，過此得平頂，即所謂前海也。由此更上一峰，至平天矼。矼之兀突獨聳者，為光明頂。由矼而下，即所謂後海也。

蓋平天矼陽為前海，陰為後海，乃極高處，四面皆峻塢，此獨若平地。前海之前，天都、蓮花二峰最峻，其陽屬徽之歙，其陰屬寧之太平[8]。

注釋

1 筇（粵：窮；普：qióng）：竹名，可以為杖，故杖也稱作筇。

2 群峰盤結：黃山有三十六大峰，三十六小峰，黃山也稱七十二峰。天都：天都峰，海拔一千八百一十米，黃山第三高峰，三大主峰中最險峻者。

3 巘（粵：眼；普：yǎn）：大小成兩截的山。

4 鬣（粵：獵；普：liè）：指松針。虯（粵：求；普：qiú）：為傳說中的一種龍，常用來比喻樹木枝幹盤曲的怪狀。

5 **冉冉**（粵：染；普：rǎn）：慢慢地。

6 **前海**：黃山多雲海，故又稱「黃海」，按方位分為東、西、南、北、天五海。平天矼，則是前海和後海分界，也是新安江水系與長江水系的分水嶺。

7 **光明頂**：在平天矼東端，日照久，故名。黃山第二高峰，高一千八百四十米，觀黃山日出最佳處之一。**矼**（粵：江；普：gāng）：又作「杠」，即石橋。**石筍矼**：石柱林立如竹筍，故名，為黃山石筍代表。

8 **寧**：寧國府，即今安徽宣城縣。**太平**：即今黃山市黃山區仙源鎮。

譯文

初六日 天氣很晴朗。找了嚮導，各自拿着笻竹上山，經過慈光寺。從左面上登，石峰環繞相夾，其間的石級被積雪填平，看上去就像白玉一般。稀疏的樹木披滿茸茸的雪花，從中仰視黃山，群峰盤根錯節，唯獨天都峰巍然向上挺立。走了數里，石級越來越險峻，積雪也越來越深，陰暗處的積雪已凍結成冰，堅硬溜滑，不易立足。

我獨自向前，以竹杖鑿冰，挖了一個孔安放前腳，再挖一個孔，以移動後腳。隨行的人都沿用這方法通過此處。往上走到平岡，看見蓮花、雲門等山峰爭奇競秀，就像天都峰的護衞者。從這裏進去，懸崖峭壁上，都是怪異的松樹懸空盤結，高的不過一丈，矮的只有幾寸，平頂山的松樹針短葉，盤根錯節而枝幹如虯，越老越粗短，越小越怪異，不料這奇山中還有這種奇異的品種呵！

松石交錯之間，一群和尚彷彿慢慢地從天而降，都合起掌說：「被雪阻隔在山中已經三個月，現在因為找食物勉強走到這裏。你們為甚麼可以上山來？」又說：「我們前海各庵的僧人，都已下山；後海的山路尚未通行，只有蓮花洞的路可以走了。」後來我們就從天都峰的側面攀援而上，從山峰的縫隙下山，向東轉就是通往蓮花洞的路了。

我急着遊覽光明頂、石筍矼的勝景，於是順着蓮花峰向北走，屢次上下，才到天門。兩面崖壁夾立，中間的寬度只能擦肩而行，高數十丈，仰面打量，陰森得令人毛骨悚然。裏面的積雪更深，鑿冰開路向上攀登，過了這裏就到平頂了，這就是人們所說的前海了。從這裏再上一峰，就到平天矼。平天矼上兀立獨聳的地方，就是光明頂。從平天矼向下，就是所謂的後海了。

大概平天矼的南面是前海，北面是後海，它是最高的地方，四周都是險峻的山坳，唯獨這裏有如平地。前海的前面，數天都、蓮花兩座山峰最險峻，其南面是徽州的歙縣，北面是寧國府的太平縣。

賞析與點評

山腳雪已厚，千米高山上雪更厚，還積雪成冰。路絕，徐霞客鑿冰窟窿當階梯，一步步往上爬，涉險成功。途中碰見群僧下山，他們是在山上寺裏被困了三個月，下山找食物。雪已夠厚了，再往上爬簡直是生存大冒險。一路艱險，大雪漫漫裏碰見黃山四絕之一的黃山松，精神又為之一振。

除偶遇美景，他登黃山更關心黃山地貌。在黃山最高區域，他發覺此處山峰有些特別：峰頂有一塊平地，而平地四周都是懸崖深谷。他不知道這是怎麼回事，就沒去推論，只描述出黃山怪石的一個種類。

現代地質學家研究出來這種地貌是千萬年前地殼運動，平地抬升成了高山，經風吹雨淋，就成了山頂有平地、四周圍峽谷的山峰，這也是黃山奇特峰群形成的原因之一。

平天矼——（智空）庵——光明頂 頂前石、怪松

余至平天矼，欲望光明頂而上。路已三十里，腹甚枵[1]，遂入矼後一庵。庵僧俱踞石向陽。主僧曰智空，見客色飢，先以粥餉。且曰：「新日太皎，恐

非老晴。」因指一僧謂余曰：「公有餘力，可先登光明頂而後中食，則今日猶可抵石筍矼，宿是師處矣。」

余如言登頂，則天都、蓮花並肩其前，翠微、三海門環繞於後，下瞰絕壁峭岫[2]，羅列塢中，即丞相原也。頂前一石，伏而復起，勢若中斷，獨懸塢中，上有怪松盤蓋。余側身攀踞其上，而潯陽踞大頂相對[3]，各誇勝絕。

注釋

1 枵（粵：囂；普：xiāo）：空虛，空腹。

2 峭岫：陡峭的峰巒。

3 潯陽：徐霞客之叔翁。

譯文

我到了平天矼，想朝光明頂攀登而上。走了三十里路，肚子很餓，於是到平天矼後面的庵裏。庵裏的和尚都朝南方盤坐石上。主持和尚法名智空，看見我神色飢餓，先用粥糜款待。還說：「初升的太陽太明亮，恐怕晴天不能持久。」因此指着一位和尚對我說：「如果您還有餘力，可以先登光明頂然後再吃中飯，那今天還可以抵達石筍矼，歇息在這位禪師的處所。」

我照他說的登上光明頂，只見天都、蓮花兩峰在前方並肩而立，翠微、三海門環繞在後面，向下鳥瞰，陡峭的峰巒，羅列在山坳中，那就是丞相原了。光明頂前的一塊石頭，低伏後又突起，山勢如同中斷一樣，孤獨地懸在山坳中，石上被怪異的松樹覆蓋着。我側身攀登到巨石上盤坐，潯陽叔則盤坐在光明頂上與我相對，互誇景致的絕美。

（智空）庵—獅子林（霞光）庵—接引崖—石筍矼

下入庵，黃粱已熟。

飯後，北向過一嶺，躑躅菁莽中，入一庵，曰獅子林[1]，即智空所指宿處。主僧霞光，已待我庵前矣。

遂指庵北二峰曰：「公可先了此勝。」從之。俯窺其陰，則亂峰列岫，爭奇並起。循之西，崖忽中斷，架木連之，上有松一株，可攀引而度，所謂接引崖也[2]。度崖，穿石罅而上，亂石危綴間，構木為室，其中亦可置足，然不如踞石下窺，更雄勝耳。

下崖，循而東，里許，為石筍矼。矼脊斜亙，兩夾懸塢中，亂峰森羅，其西一面，即接引崖所窺者。矼側一峰突起，多奇石怪松。登之，俯瞰壑中，正與接引崖對瞰，峰迴岫轉，頓改前觀。

注釋

1 菁莽：菁，盛開的花。莽，叢生的草地。獅子林：黃山北部有獅子峰，形如臥地的雄獅，獅首有丹霞峰，腰有清涼台，尾有曙光亭。獅子張口處有寺廟稱獅子林，後毀，原址在今北海賓館處。

2 接引崖：應即今始信峰。

譯文

下山入庵，飯已經熟了。

吃完飯向北走，經過一座山嶺，在茂密的草莽中徘徊，走進一座庵廟，庵名獅子林，就是智空指點的歇宿之處。主持和尚法名霞光，已在庵前等着我了。他指着庵廟北面的兩座山峰說：「徐公可以先去參觀這兒的勝景。」我聽他的話。俯身窺視山峰的北面，只見峰巒羅列雜亂，爭奇似的並列着。順着兩峰西行，山崖忽然中斷，架木橋連接兩端，上面有一棵松樹，可以攀引度過，即是所謂的接引崖了。過了接引崖，穿石縫向上爬。亂石點綴其間非常危險，以木頭建屋，也可立足其中，然而不如坐在石上，往下窺探看到的景致更為壯麗。

下了接引崖，順小路東行一里多，就是石筍矼。石筍矼的山脊傾斜交接，兩壁相夾懸於山坳中，亂峰林立，西面就是在接引崖上見到的地方。石筍矼的側面有一座山峰突起，上面很多奇石怪松。登上去俯瞰山谷，正好與接引崖對視，峰迴山轉，頓時改變了我之前的觀感。

（獅子林）庵

下峰，則落照擁樹，謂明晴可卜，踴躍歸庵。霞光設茶，引登前樓。西望碧痕一縷，余疑山影。僧謂：「山影夜望甚近，此當是雲氣。」余默然，知為雨兆也。

譯文

下山，只見餘輝簇擁着樹林，預兆着明天的晴朗，（大家）都跳躍歡呼着返回獅子林庵。

霞光主持沏好茶，帶我登上前樓。遠遠看到西邊一縷碧痕。我以為是山峰的影子。霞光說：「山影在夜晚看起來很近，這應當是霧氣。」我沉默無語，心知這是下雨的預兆。

接引崖擾龍松

初七日　四山霧合。少頃，庵之東北已開，西南膩甚[1]，若以庵為界者，即獅子峰亦在時出時沒間。

晨餐後，由接引崖踐雪下。塢半一峰突起，上有一松裂石而出，巨幹，高不及二尺，而斜拖曲結，蟠翠三丈餘，其根穿石上下，幾與峰等，所謂「擾龍松」是也[2]。

注釋

1 膩：凝滯。

2 蟠：環繞，盤曲。「擾龍松」是一株長在石峰頂上的老松，有「帝松」、「黃山第一松」之稱。此景今名「夢筆生花」。

譯文

初七日　四周的山都被霧遮住了。一會兒，庵廟東北面的霧已經散開，西南方的霧還很濃膩，如果以庵廟為界，就連獅子峰也在霧中時隱時現。

早餐後，從接引崖踏雪而下。山坳的半腰有一座山峰突起，上面有棵松樹破石而出，樹幹粗壯，卻不到二尺高，斜着拖延出去，彎曲糾結，翠綠的樹冠盤結三丈多長，樹根穿裂石岩上下，長度幾乎與山峰等高。這就是「擾龍松」了。

案山——石筍矼

攀玩移時[1]，望獅子峰已出，遂杖而西。是峰在庵西南，為案山[2]。二里，躡其巔，則三面拔立塢中，其下森峰列岫，自石筍、接引兩塢，迤至此[3]，環結又成一勝。登眺間，沈霧漸爽[4]，急由石筍矼北轉而下，正昨日峰頭所望森陰徑也。群峰或上或下，或巨或纖，或直或欹，與身穿繞而過。俯窺輾顧[5]，步步生奇，但壑深雪厚，一步一悚。

注釋

1 移時：片刻。

2 案山：劃地分界的山峰。

3 迤：有版本為迤邐（粵：已理；普：yǐ lǐ），曲折連綿。

4 爽：開朗。

5 輾顧：低頭環顧。

譯文

攀玩了一段時間，看着獅子峰顯露，於是拄着手杖西行。這座山峰在獅子林庵的西南方，是案山。走了二里，登上山頂，三面挺立在山坳中，山下峰巒雜列，從石筍矼、接引崖兩個山坳曲折連綿到這兒，環曲盤結又成一處勝景。登高遠眺時，濃霧漸漸退散，急忙從石筍矼的北面折轉而下，正是昨天在峰頂看見的陰森小徑。

群峰有高有低，有大有小，有的直有的歪，路過時擦身穿繞而過。低頭輾轉回顧，每一步都有新奇的景觀；但是谷深雪厚，一步一驚心。

「天窗」—「僧坐石」—「天牌」—鯉魚石、白龍池—松谷庵舊基—松谷庵—青龍潭—松谷庵

行五里，左峰腋一竇透明[1]，曰「天窗」。又前，峰旁一石突起，作面壁狀，則「僧坐石」也。

下五里，徑稍夷[2]，循澗而行。忽前澗亂石縱橫，路為之塞。越石久之，一闕新崩，片片欲墮，始得路。仰視峰頂，黃痕一方，中間綠字宛然可辨，是謂「天牌」，亦謂「仙人榜」。

又前，鯉魚石；又前，白龍池。

共十五里，一茅出澗邊，為松谷庵舊基。再五里，循溪東西行，又過五水，則

松谷庵矣[3]。再循溪下，溪邊香氣襲人，則一梅亭亭正發，山寒稽雪[4]，至是始芳。抵青龍潭，一泓深碧，更會兩溪，比白龍潭勢既雄壯，而大石磊落，奔流亂注，遠近群峰環拱，亦佳境也[5]。

還餐松谷，往宿舊庵。

余初至松谷，疑已平地，及是詢之，須下嶺二重，二十里方得平地，至太平縣共三十五里云。

注釋

1 竇（粵：豆；普：dòu）：通水的孔穴。

2 夷：平坦。

3 松谷庵：在黃山北部疊障峰下。原名松古草堂，後建為禪林。

4 稽（粵：溪；普：jī）：留止。

5 「抵青龍潭」句：黃山北部松谷溪中有五個龍潭，即青龍、烏龍、黃龍、白龍、油龍。五潭顏色各異，深淺不同。松谷庵就在附近。

譯文

走了五里，左邊山峰腋部有一個透光的孔穴，叫「天窗」。又前行，山邊有一塊突起的石頭，一副面壁的樣子，這就是「僧坐石」了。

往下走了五里，道路稍見平坦，順着山澗前行。忽見前面山澗的石頭凌亂縱橫，堵塞了道路。越過亂石走了很久，見到一塊岩石剛崩開缺口，石片搖搖欲墜，才找到路。仰望峰頂，有一塊黃色的方形痕跡，中間的綠色字清晰可辨，這叫「天牌」，也叫「仙人榜」。

又前行，到鯉魚石；再往前，是白龍池。

總共走了十五里，溪邊出現了一間茅廬，這是松谷庵的舊址。再走五里，順着溪邊向東西方走，又過了五條溪，就到達松谷庵了。再順着溪邊往下走，溪邊香氣襲人，是一棵挺拔的梅樹正在開花，山谷嚴寒到處積雪，到這裏（鮮花）才吐蕊芬芳。到達青龍潭，這是一汪深綠的潭水，還匯合了兩條溪水，比白龍潭的氣勢更雄壯，而且岩石高大雄壯，奔流狂亂地注入潭中，遠近的群峰環形拱衞着，也是一處勝景。

回到松谷庵就餐，住在松谷庵的舊址。

我初到松谷庵時，以為已經抵達了平地，到這裏問了人，說是還要往下走過二重山，二十里（山路）後才能到平地，到太平縣共三十五里，云云。

獅子林—庵

初八日　擬尋石筍奧境[1]，竟為天奪，濃霧迷漫。抵獅子林，風愈大，霧亦愈厚。

余急欲趨煉丹台[2]，遂轉西南。三里，為霧所迷，偶得一庵，入焉。雨大至，遂宿此。

注釋

1 奧境：幽深之境。

2 煉丹台：黃山最高觀景台，位於黃山煉丹峰，海拔一千八百米。傳為黃帝煉丹處，故名。

譯文

初八日　準備去找石筍矼的幽深之境，不料竟然被天公奪去了樂趣。濃霧瀰漫（山野），抵達獅子林時，風更大，霧也更加濃厚。

我急想趕往煉丹台，於是轉向西南方。走了三里，因濃霧迷路，偶然看見一座庵堂，就進庵暫避。大雨下了起來，只能住在這裏。

賞析與點評

黃山四絕，有一絕是雲海。黃山多霧，雲氣盤旋在山腰，形成雲海奇景，如同蓬萊仙境，為歷代畫家和現當代攝影愛好者所追逐。徐霞客這次在黃山十天，大雪又大霧，他給我們描述了雲海的奇特，不過他的爬山登任務頂也因大霧有所不便。

如「泉光雲氣，撩繞衣裙」、「山影夜望甚近，此當是運氣」、「四山霧合」、「竟為天奪，濃霧迷漫」、「為霧所迷」等等。黃山霧讓徐霞客喜憂參半，他除了讚許，也有黃山山中生活的實錄，顯得更親切。

庵——翠微、丹台——庵

初九日　逾午少霽。

庵僧慈明，甚誇西南一帶峰岫[1]，不減石筍矼，有「禿顱朝天」、「達摩面壁」諸名。

余拉潯陽踄亂流至壑中，北向即翠微諸巒，南向即丹台諸塢，大抵可與獅峰競駕，未得比肩石筍也。

雨踵至，急返庵。

注釋

1 西南一帶峰岫：此處應指黃山西海群峰（西海大峽谷），是黃山景區中最深邃、秀麗的區域之一，其中丹霞峰前有「達摩面壁」。

譯文

初九日 午後，天色稍晴。庵裏的慈明和尚，非常讚賞西南一帶的峰巒，認為不遜色於石筍矼，有「禿顱朝天」、「達摩面壁」等名勝。我拉着潯陽叔踏過亂流來到山谷，北面就是翠微峰等各峰巒，南面就是煉丹台等山坳，景致大致與獅子峰並駕齊驅，不能與石筍矼媲美。雨點接踵而至，急忙返回庵中。

初十日

飛來峰—（煉丹）台—天門—「海螺石」—大悲庵—悟空上人處

策杖二里，過飛來峰，此平天矼之西北嶺也。其陽塢中，峰壁森峭，正與丹台

環繞。

二里，抵台。一峰西垂，頂頗平伏。三面壁翠合遝[1]，前一小峰起塢中，其外則翠微峰、三海門，蹄股拱峙。登眺久之。

東南一里，繞出平天矼下。雨復大至，急下天門。兩崖隘肩，崖額飛泉，俱從人頂潑下。

出天門，危崖懸疊，路緣崖半，比後海一帶，森峰峭壁，又轉一境。「海螺石」即在崖旁，宛轉酷肖，來時忽不及察，今行雨中，頗稔其異[2]，詢之始知。

已趨大悲庵，由其旁復趨一庵，宿悟空上人處。

注釋

1 合遝（粵：踏；普：tà）：重疊。

2 稔（粵：nam^{5}；普：rěn）：本指莊稼熟，引申為熟悉。

譯文

初十日　早上，大雨如注，午時雨勢稍停。拄手杖走了二里，經過飛來峰，這是平天矼西北面的山嶺。其南面的山塢中，崖壁陡峭，正好與煉丹台相互環繞。

二里路後，抵達煉丹台。一座山峰向西垂伏，峰頂平坦，三面的樹木與岩石紛亂重疊，前面一座小峰巒從山坳突起，外面的翠微峰、三海門像蹄與腿一般拱立着。登上峰頂眺望了很久。

往東南走了一里，從天平矼繞到山下。大雨又下了起來，急忙走下天門。兩旁窄得僅有肩寬，崖頂的飛泉，都從人頭上潑下來。

離開天門，危立的山崖懸空重疊，道路沿着山崖半腰延伸，堪比後海一帶的峰巒峭壁，又換了一種景觀。「海螺石」就在山崖旁，花紋盤曲酷似海螺。來時匆匆，不及細看，現在走在雨中，對它的奇妙有點眼熟，問了別人才知道的。

後來去大悲庵，從旁邊再去另一庵，歇息在在悟空上人的處所。

百步雲梯—蓮花峰—湯院—湯口—芳村—東潭

十一日　上百步雲梯[1]。梯磴插天，足趾及腮，而磴石傾側崟岈，兀兀欲動[2]，前下時，以雪掩其險，至此骨意俱悚。上雲梯，即登蓮花峰道。又下轉，由峰側而入，即文殊院、蓮花洞道也。

以雨不止，乃下山，入湯院，復浴。由湯口出，二十里，抵芳村，十五里，抵東潭，溪漲不能渡而止。

黃山之流[3]，如松谷、焦村，俱北出太平[4]；即南流如湯口，亦北轉太平入江；惟湯口西有流，至芳村而巨，南趨岩鎮，至府西北與績溪會[5]。

注釋

1 百步雲梯：位於黃山西北麓峭崖上，石壁上有一百多級石蹬道。

2 岭岈（粵：焊牙；普：hán yà）：中間空而深闊。兀兀：高聳特出。

3 黃山之流：松谷之水源自黃山往北流，即今淒溪河。焦村之水源自黃山往西流，再折北，即今秧溪河。湯口之流亦往北，即今麻河。湯口西之流明稱新安江，今又稱西溪。績溪從績溪縣來，明代稱為楊之水，即今練江。岩鎮應即今岩寺，在歙縣西境。黃山是長江和錢塘江的分水嶺。

4 太平：即今黃山市黃山區主體。

5 府西北：指明徽州府西北，今屬黃山市歙縣。

譯文

十一日　登上百步雲梯。雲梯的台階直插雲天，爬石階時腳趾幾乎碰到臉腮，而且石階歪斜、中間空隙大、旁邊就是高深的山谷，似乎在動。先前下山時因積雪掩蓋了險要，現在才覺得毛骨悚然。爬完雲梯，隨即登上通往蓮花峰的路。又向下轉，由蓮花峰的側面前進，就是去文殊院、蓮花洞的通道。

因為雨勢不停，於是下山，去溫泉院，再次沐浴。由湯口出來，走了二十里抵達芳村，十五里抵達東潭，因為溪水暴漲不能渡過而停。

黃山的溪流，如松谷溪、焦村溪，都流往北面的太平縣；即便是南流的湯口溪，也都向北轉流到太平縣後，再流入長江；只有湯口西邊有條溪流，到芳村聚成巨流，向南流去岩鎮，再流到徽州府西北面與績溪會合。

四　遊武彝山日記[1]

福建建寧府崇安縣

本篇導讀——

出黃山，徐霞客沿水路向南探遊，部分日記沒傳下來，我們現在能看到的日記是，他在福建上了岸，選的首站是武夷山。此後，十七年裏，他陸陸續續進福建五次，留下一萬多字旅閩日記，在多方面給福建留下了寶貴的實地堪輿資料。

武夷山脈分開了浙江和福建，武夷山則是位於福建崇安城南的一片低山，面積六十多平方公里，武夷溪在其中穿過三十六座峻峰。從一六一六年二月二十一日到二十三日，共三天，徐霞客乘船和陸行相交替，看兩岸風景，山水迴環相抱，共九曲，每曲溪水峰巒、寺廟、林木均不同。置身山中時，更清晰地看到山裏的山民和古跡等等。這篇遊記為徐霞客閩遊系列的開篇，除細緻描繪山水勝景，也是古代不可多得的地理學實地勘察記錄，並作出自己的評判。換現在說法，是篇成熟的丹霞地貌科學勘察報告書，科學性和文史性皆佳，且具有極高的文學藝術審美價值。

這篇散文，記下了諸多山水勝景的名稱，並對這些風景進行了細緻的描寫，峰、岩、瀑布、一線天、架壑舟、寺廟、書院、仙洞、武夷山茶等等，也可見到徐霞客在這方面的用心和造詣。武夷山的特別在於它是丹霞地貌，這篇遊記對此進行了詳細的觀察和忠實的記錄。

我們看到徐霞客從一座古城門走出來後，找了一艘船，泛舟武夷九曲。一開始就被大王峰、幔亭峰給震懾住——現在在大王峰山腳立了徐霞客的雕像和一座「徐霞客進山處」的石牌坊。隨後，我們一時看到徐霞客在船上，一時見他在陸地上，一時他又爬上了山腰。徐霞客觀察描寫細緻，總結出福建丹霞地貌的特徵。主要表現是風化和流水沖蝕、重力下陷崩塌而成的瀑布、方山峰林、崩塌洞穴等：「兩崖夾峙，壁立參天，中通一線，上下尺餘，人行其間，毛骨陰悚！蓋三峰攢立，此其兩峰之罅」，「峭壁高騫」，「峰攢石裂，峰然成洞」。他還帶我們看了岸邊神祕而古老的懸崖棺葬（架壑舟）。等等。

除其他篇都能見到的深山藏古廟、宏祖驢友勇闖險關等情節外，我們細讀那些緩慢而略拗口的文字，隨之領略九曲兩岸的丹霞山貌，奇特雄壯的山聳立着，和溫婉的河水形成鮮明的比照，這拗口似乎出自當時人對大自然奧妙的驚嘆和無法描摹。

崇安南門——大溪、武彝溪——第一曲幔亭峰、大王峰、水光石，獅子峰、觀音岩——二曲鐵板嶂、翰墨岩，兜鍪峰、玉女峰——三曲會仙岩，小藏峰、大藏峰、架壑舟——四曲釣魚台、希真岩，雞棲岩、晏仙岩——五曲卧龍潭，大隱屏、接筍峰、文公書院，更衣台、天柱峰——六曲仙掌岩、天游峰，晚對峰、響聲岩——曹家石

二月二十一日[2] 出崇安南門，覓舟。西北一溪，自分水關，東北一溪，自溫嶺關，合注於縣南，通郡、省而入海[3]。順流三十里，見溪邊一峰橫欹，一峰獨聳。余咤而矚目，則欹者幔亭峰，聳者大王峰也[4]。峰南一溪，東向而入大溪者，即武彝溪也[5]。沖祐宮傍峰臨溪[6]。余欲先抵九曲，然後順流探歷，遂捨宮不登，逆流而進。流甚駛，舟子跣行溪間以輓舟[7]。

第一曲，右為幔亭峰、大王峰，左為獅子峰、觀音岩。而溪右之瀕水者，曰水光石，上題刻殆遍。

二曲之右，為鐵板嶂、翰墨岩，左為兜鍪峰、玉女峰[8]。而板嶂之旁，崖壁峭立，間有三孔作「品」字狀。

三曲，右為會仙岩，左為小藏峰、大藏峰。大藏壁立千仞，崖端穴數孔，亂插木板如機杼[9]。一小舟斜架穴口木末，號曰「架壑舟」[10]。

四曲，右為釣魚台、希真岩，左為雞棲岩、晏仙岩。雞棲岩半有洞，外隘中宏，

橫插木板，宛然塒桀[11]。

下一潭深碧，為卧龍潭。其右大隱屏、接筍峰，左更衣台、天柱峰者，五曲也。文公書院正在大隱屏下[12]。

抵六曲，右為仙掌岩、天游峰，左為晚對峰、響聲岩。迴望隱屏、天游之間，危梯飛閣懸其上，不勝神往。而舟亦以溜急不得進[13]，還泊曹家石。

注釋

1 武彝山：即武夷山，其廣義指贛閩交界處山脈，約長五百五十公里。狹義（即文中所指）係福建武夷山市（古崇安縣）南郊山水名勝，以其奇特丹霞地貌為世所知，自古勝景是武夷溪九曲沿岸風光，有三十六峰、七十二洞、九十九岩和一百零八景點。同時武夷山人文歷史豐富，為三教勝地，道佛儒三教古建築遺存甚多，如武夷宮、三十六小洞天、妙蓮寺和朱熹紫陽書院等。還有古閩族文化的船棺、古漢城遺址等勝跡。

2 二月二十一日：霞客遊黃山後，即經江西東部，取道廣信、鉛山，過分水關入福建崇安。遊武彝山的時間在萬曆四十四年，即一六一六年。

3 崇安：即今福建崇安。分水關：在武夷山西北的分水嶺上，為贛、閩二省的交界處。溫嶺關：在武夷山西北的溫嶺附近，位於贛、閩二省的交界處。郡：指建寧府城，治所在今福建建甌；省：指福建省城福州。

4 **大王峰**：又名天柱峰，雄踞在武彝溪口，是進入武彝山的第一峰，有木梯和岩壁踏腳石孔可攀到峰頂。

5 **大溪**：明代又稱崇溪，即今崇陽溪。**武彝溪**：明代又稱九曲溪、清溪，發源於三保山，經星村入武彝山，盤折九曲，約七點五公里，到武彝宮前匯入崇溪。

6 **冲祐宮**：又稱武夷宮、萬年宮，在大王峰南麓。歷代帝王祭祀武夷神君處，當地道教活動中心之一。

7 **駛**（粵：洗；普：shǐ）：馬快跑。**舟子**：船夫。**跣**（粵：洗；普：xiǎn）：光着腳。

8 **兜鍪**（粵：dau^{1}謀；普：dōu móu）：古代士兵的頭盔。峰以形似而得名。

9 **機杼**（粵：柱；普：zhù）：織布機。

10 **架壑舟**：又稱「架壑船」、「船棺」、「仙船」、「仙脱」、「仙函」等，為古代當地的一種葬具，俗稱船棺葬、崖墓。葬具似船，用整木鑿成，存放於懸崖隙洞人跡難到的地方。一九七八年福建省博物館在北山白岩距谷底五十一米的洞內取下船棺一具，經碳十四測定，距今已三千四百年。

11 **塒**（粵：時；普：shí）：牆壁上挖洞做成的雞巢。**榤**（粵：傑；普：jié）：雞隻棲息的小木樁。

12 **文公書院**：宋孝宗淳熙年間，朱熹在五曲平林州築武夷精舍，從事著述講學，長達十年之久。南宋末年擴建，稱紫陽書院。明代改稱朱文公祠。南宋許多學者效仿朱熹，在武夷九曲築舍講學，人文薈萃，南宋時期武夷山已被譽為「道南理窟」。

13 溜：水流。

譯文

二月二十一日　離開崇安縣南城門，找了一艘船。西北的一條溪水從分水關流來，東北的一條溪水從溫嶺關流來，在縣南匯合，經過郡、省再流入大海。我們順流而下三十里，見溪旁有一座山峰橫斜，另一座山峰獨立高聳。我感到驚詫而凝目注視，原來橫斜的是幔亭峰，高聳的是大王峰。山峰南面有一條溪流，向東而流入大溪，就是武彝溪了。冲祐宮依山傍水。我想先去九曲，然後順溪流探勝，於是捨棄攀登冲祐宮，逆流而上。流水很急，縴夫們赤腳行走在溪裏輓船前進。第一曲，右邊是幔亭峰、大王峰，左邊是獅子峰、觀音岩。而溪流右邊臨溪水的岩石叫水光石，上面幾乎刻滿題字。二曲的右邊是鐵板幛、翰墨岩，左邊是兜鍪峰、玉女峰。而鐵板幛的旁邊，崖壁陡立，中間有三個孔穴，呈「品」字。三曲的右邊是會仙岩，左邊是小藏峰、大藏峰。大藏峰壁立千仞，山崖頂端有幾個孔，像織布機一樣胡亂插着許多木板。一葉小舟斜架在孔穴口木板的末端，名叫「架壑舟」。

四曲的右邊是釣魚台、希真岩，左邊是雞棲岩、晏仙岩。雞棲岩的半山有石洞，外面狹隘而其中寬宏，橫插着的木板，彷彿是雞隻在雞巢中棲息的木樁。下面有一汪深綠的潭水，叫卧龍潭。它的右邊有大隱屏、接筍峰，左邊有更衣台、天柱峰的，就是五曲了。文公書院正好在大隱屏峰下面。抵達六曲，右邊有仙掌岩、天游峰，左邊是晚對峰、響聲岩。來回望大隱屏、天游峰之間，只見高閣懸掛山峰之上，階梯險峻，令我不禁神往。船隻因為急流而不能進去，只好返還，停泊在曹家石。

賞析與點評

武夷溪貫穿武夷山景區，形成九曲景觀。徐霞客先搭船走完九曲，隨後以河為敍述線索，構建武夷山行記，抑或丹霞地貌勘探報告書。

此處是一曲到六曲的景觀。每曲分左右手兩邊的山峰講述，條理明晰，所記山峰名勝，精確且條目多，遇到重要人文建築也順道提出來。要不是作者遊九曲前就懂得這些山峰的名字和名勝，要不就是寫日記時查考記錄。雖說題為遊記、日記，實則是嚴謹的文章。

登陸，入雲窩[1]，排雲穿石，俱從亂崖中宛轉得路。窩後即接筍峰。峰駢附於大隱屏，其腰橫兩截痕，故曰「接筍」。循其側石隘，躋磴數層，四山環翠，中留隙地如掌者，為茶洞。洞口由西入，口南為接筍峰，口北為仙掌岩。仙掌之東為天游，天游之南為大隱屏。

諸峰上皆峭絕，而下復攢湊[2]，外無磴道，獨西通一罅，比天台之明岩，更為奇矯也。從其中攀躋登隱屏，至絕壁處，懸大木為梯，貼壁直豎雲間。梯凡三接，級共八十一。級盡，有鐵索橫繫山腰，下鑿坎受足。攀索，轉峰而西，夾壁中有岡介其間，若垂尾，鑿磴以登，即隱屏頂也。有亭有竹，四面懸崖，憑空下眺，真仙凡敻隔[3]。

仍懸梯下，至茶洞。仰視所登之處，嶄然在雲漢[4]。

注釋

1 雲窩：在五曲接筍峰和六曲仙掌峰間，新建有八亭散佈岡頭或溪邊，四周被群峰環繞，還有盤山石徑往來諸勝。雲窩景區是武夷精華區之一。

2 攢（粵：全；普：cuán）湊：湊集。

3 敻（粵：慶；普：xiòng）：遠。

4 嶄（粵：斬；普：zhǎn）然：高峻。《遊記》中有的地方作「嶄嶄」。雲漢：銀河。

譯文

登陸走進雲窩，排開雲霧經過石岩，都從散亂的岩崖中輾轉才能找到路。雲窩後就是接筍峰。接筍峰並列依附於大隱屏，其腰間橫向留有兩截痕跡，所以叫「接筍峰」。順着其側面的狹小岩石，攀上幾層石階，只見四面山巒都是樹木蒼翠，中間空出一塊有如手掌平坦的地方，就是茶洞。茶洞口從西面進入，洞口南面是接筍峰，北面是仙掌岩。仙掌岩的東面是天游峰，天游峰的南面是大隱屏。各座山峰的頂端都極其陡峭，而下面又都聚集一處，外面沒有石階，唯獨西面有一道通行的縫隙，比天台山的明岩更奇特雄偉。從這兒攀爬大隱屏，遇到極險峻的峭壁，架上大木作梯子，緊貼着岩壁直豎雲霧之間。木梯用三根大木相接而成，共八十一級。梯級窮盡，有鐵鏈索橫繫於山腰處，下面鑿了石坎可供踩踏。攀着鐵鏈轉向西面的山峰，兩邊岩壁中有山脊介於其間，好像下垂的尾巴，上面鑿有石階用以登高，就是大隱屏的峰頂了。峰頂有亭子、翠竹，四面都是懸崖峭壁，憑空向下眺望，真正是仙凡遠隔。仍舊從懸架的梯子下山，到了茶洞。仰望所攀登上去的地方，高峻得就像在天河裏。

隘口北崖，即仙掌岩。岩壁屹立雄展，中有斑痕如人掌，長盈丈者數十行。循崖北上，至嶺，落照侵松，山光水曲，交加入覽。南轉，行夾谷中。谷盡，忽透出峰頭，三面壁立，有亭踞其首，即天游峰矣[1]。

是峰處九曲之中，不臨溪，而九曲之溪，三面環之。東望為大王峰，而一曲至三曲之溪環之。南望為更衣台，南之近者，則大隱屏諸峰也，四曲至六曲之溪環之。西望為三教峰，西之近者，則天壺諸峰也，七曲至九曲之溪環之。惟北向無溪，而山從水簾諸山，層疊而來，至此中懸。其前之俯而瞰者，即茶洞也。自茶洞仰眺，但見絕壁干霄，泉從側間瀉下，初不知其上有峰可憩。其不臨溪而能盡九溪之勝，此峰固應第一也。

立台上，望落日半規[2]，遠近峰巒，青紫萬狀。台後為天游觀。亟辭去，抵舟已入暝矣。

注釋

1　天游峰：在五曲隱屏峰後，分上天游和下天游，天游觀在下天游。上天游頂的一覽亭在懸崖邊，是九曲視野廣闊的絕佳觀景台，其三面被武夷溪環繞，諸峰四周拱衛，景觀琳琅滿目。

2 規：圓形。

譯文

隘口北的石崖就是仙掌岩。岩壁屹立雄偉，岩壁中間的斑痕如人掌，長度超過一丈的有數十行。

順着山崖往北攀爬，到達嶺上，餘暉侵染松林，山光靚麗，澗水曲迴，交織入目。南轉後，在狹窄的山谷中行走。山谷盡頭，忽然透出一座山的頂峰，三面峭壁林立，山頂上建了亭子，那就是天游峰了。

天游峰處於九曲溪的中央，但不靠近溪水，而九曲溪從三面環繞着它。東看是大王峰，有一曲到三曲的溪流環繞着。向南眺望是更衣台，離南邊最近的，就是大隱屏等各座山峰，由四曲到六曲的溪流環繞着。向西眺望是三教峰，離西邊最近的，則是天壺峰等各座山峰，七曲至九曲的溪流環繞着它們。只有北面沒有溪流，而山巒從水簾峰等各座山嶺層疊延伸而來，到這裏懸在半空。之前我俯身鳥瞰的地方，就是茶洞。從茶洞仰望，只見峭壁直插雲霄，泉水從旁邊傾瀉而下，最初不知道上面還有山峰可供歇息。若想不親臨九曲溪卻能飽覽九曲溪的美景，這山峰當然應該位列第一峰了。

站立峰台上，遠望落日已成半圓形，遠近的峰巒，紛呈青紫色。峰台後面是天游觀。我急忙請辭，回到船上已經天黑了。

仙掌——第七曲三仰峰、天壺峰、小桃源、北廊岩，城高岩——第八曲鼓樓岩、鼓子岩、鼓子庵、吳公洞、三教峰，大廩石、海蚱石

二十二日　登涯[1]，辭仙掌而西。余所循者，乃溪之右涯，其隔溪則左涯也。

第七曲，右為三仰峰、天壺峰，左為城高岩。三仰之下為小桃源，崩崖堆錯，外成石門。由門傴僂而入，有地一區，四山環繞，中有平畦曲澗，圍以蒼松翠竹，雞聲人語，俱在翠微中。出門而西，即為北廊岩，岩頂即為天壺峰。其對岸之城高岩矗然獨上，四旁峭削如城。岩頂有庵，亦懸梯可登，以隔溪不及也。

第八曲，右為鼓樓岩、鼓子岩，左為大廩石、海蚱石。余過鼓樓岩之西，折而北行塢中，攀援上峰頂，兩石兀立如鼓，鼓子岩也。岩高亙亦如城，岩下深坳，一帶如廊，架屋橫欄其內，曰鼓子庵。仰望岩上，亂穴中多木板橫插。轉岩之後，壁間一洞更深敞，曰吳公洞。洞下梯已毀，不能登。望三教峰而趨[2]，緣山越磴，深木蓊蓯其上。抵峰，有亭綴其旁，可東眺鼓樓、鼓子諸勝。山頭三峰，石骨挺

然並矗。從石罅間躡磴而升，傍崖得一亭。穿亭入石門，兩崖夾峙，壁立參天，中通一線，上下尺餘，人行其間，毛骨陰悚。蓋三峰攢立，此其兩峰之罅；其側尚有兩罅，無此整削。

注釋

1 涯：水邊。

2 三教峰：此峰三塊岩石的崖腳緊湊相連，意為儒、道、釋三教鼎立，又稱紗帽岩、品字岩、筆架峰、金錠峰等。

譯文

二十二日　登陸，離開仙掌岩向西走。我順着走的，是溪流的右岸，隔溪則是左岸。

第七曲的右邊是三仰峰、天壺峰，左邊是城高岩。三仰峰下是小桃源，崩裂的山崖錯落堆疊，在外邊形成一道石門。由石門彎腰進入，有一片地，四周山巒環繞，中間有平坦的畦地和彎曲的澗水，蒼松翠竹圍護着庭院，雞鳴聲、人語聲，都在青山中迴蕩。出門往西走，就是北廊岩，岩頂即是天壺峰。它對岸的城高岩直立獨聳，四旁崖壁刀削般峭立如城牆。岩頂上有座庵堂，也有懸架木梯可上登，因為隔着溪水而去不了。

第八曲的右邊是鼓樓岩、鼓子岩，左邊是大廩石、海蚱石。我經過鼓樓岩的西面，轉而走向北方的山塢，攀上峰頂，有兩塊岩石直立如鼓，就是鼓子岩了。岩石的高和寬也像城墻一般，岩下深坳之處就像長廊，建了房屋橫欄在山坳裏，叫鼓子庵。仰望岩石上面，在散亂的洞穴中有許多木板橫插着。轉到岩石後面，岩壁間有一個洞穴更加深廣，叫吳公洞。洞裏的梯子已經毀壞，不能攀登。望着三教峰疾奔，沿山攀越石磴，頂上的樹木高深茂密。抵達三教峰，山峰旁邊有些亭子點綴景色，向東可以眺望鼓樓峰、鼓子岩各處勝景。山頂有三座山峰，石岩骨架挺拔並立。從石縫間踏着石磴往上登，石崖旁有一座亭子。穿過亭子進入石門，兩崖石壁對峙，崖壁高聳參天，中間僅有一線通道，上下一尺多寬，人在其間行走，不由暗自毛骨悚然。大概三座山峰圍聚而立，這是其中兩座山峰間的縫隙；其側邊還有兩道縫隙，但沒有這樣整齊陡峭。

九曲靈峰白雲洞——獅子岩

已下山[1]，轉至山後，一峰與貓兒石相對峙，盤亙亦如鼓子，為靈峰之白雲洞。至峰頭，從石罅中累級而上，兩壁夾立，頗似黃山之天門。級窮，迤邐至岩下，因岩架屋，亦如鼓子。登樓南望，九曲上游，一洲中峙，溪自西來，分而環之，至曲復合為一。洲外兩山漸開，九曲已盡。是岩在九曲盡處，重岩迴疊，地甚幽爽。岩北盡處，更有一岩尤奇：上下皆絕壁，壁間橫坳僅一線，須伏身蛇行，盤壁而度，乃可入。余即從壁坳行；已而坳漸低，壁漸危，則就而傴僂[2]；愈低愈狹，則膝行蛇伏，至坳轉處，上下僅懸七寸，闊止尺五。坳外壁深萬仞。余匍匐以進，胸背相摩，盤旋久之，得度其險。岩果軒敞層疊，有斧鑿置於中，欲開道而未就也。半晌，返前岩。更至後岩，方構新室，亦幽敞可愛。

出向九曲溪，則獅子岩在焉。

注釋

1 已：隨後。

2 就：湊近，靠近。

譯文

隨後下山，轉到山後，看見一座山峰與貓兒石互相對峙，盤旋延伸也像鼓子岩一樣，這是靈峰的白雲洞。到達峰頂，從石縫中連續地沿石級上登，兩邊崖壁相夾並立，很像黃山的天門。走完石級，輾轉到達石岩下面。也像鼓子岩一樣，利用岩石架設房屋。登樓向南眺望，九曲上游，有個小洲立於水中，溪水從西方流來，分開後再環繞小洲，到九曲再合為一股溪水。小洲外有兩座山逐漸開闊，至此九曲已是盡頭。這岩在九曲的盡頭，岩壁重疊迴環，地方非常幽靜清爽。

岩石北面的盡頭，還有一塊岩石更加奇異：上下都是陡削的石壁，石壁間橫凹的地方僅有一線寬，必須低伏身體像蛇一樣爬行，趴着石壁前進，才可以進去。我就從石壁凹處爬行，不久凹處漸漸低矮，石壁漸漸險要，於是就勢彎腰曲背；岩壁愈低矮越狹窄，於是用膝蓋爬行，像蛇一樣伏貼着，到壁坳的轉彎處，上下懸隔只有七寸，寬只有一尺五。壁凹外面的岩壁深達萬仞。我匍匐前進，胸部背部與岩石相互摩擦，盤旋了很久，才越過險要。岩果然高大寬敞，層層疊疊，其間有斧鑿的痕跡，是（古人）想要開路而沒有完成的結果。一會兒後，返回前岩。又去了後岩，剛剛建好的房屋，也很幽靜寬敞，令人喜愛。出來往九曲溪走，就見獅子岩在那裏。

八曲人面石、七曲城高岩——（六曲）雲窩，茶洞——（五曲）大隱屏紫陽書院、伏羲洞，天柱峰，更衣台——四曲御茶園、金雞岩——（二曲）玉女峰——（四曲）大藏、小藏「仙學堂」、「藏仙窟」

循溪而返，隔溪觀八曲之人面石、七曲之城高岩，蔚然奇麗，種種神飛。復泊舟，由雲窩入茶洞，穹窿窈窕[1]，再至矣，再不能去！

已由雲窩左轉，入伏羲洞，洞頗陰森。左出大隱屏之陽，即紫陽書院，謁先生廟像。

順流鼓棹，兩崖蒼翠紛飛，翻恨舟行之速[2]。已過天柱峰、更衣台，泊舟四曲之南涯。

自御茶園登岸[3]，欲繞出金雞岩之上，迷荊叢棘，不得路。乃從岩後大道東行，冀有旁路可登大藏、小藏諸峰，復不得。透出溪旁，已在玉女峰下。欲從此尋一線天，徬徨無可問，而舟泊金雞洞下，迥不相聞[4]。

乃沿溪覓路，迤邐大藏、小藏之麓。一帶峭壁高騫，砂磧崩壅[5]，土人多植茶其上。從茗柯中行[6]，下瞰深溪，上仰危崖，所謂「仙學堂」、「藏仙窟」，俱不暇辨。

注釋

1 穹窿：長曲。窈窕（粵：秒 tiu⁵；普：yǎo tiǎo）：深遠。

2 翻：反而。

3 御茶園：在武彝山四曲溪南，為元朝皇家茶園遺址，大德六年（一三〇二）創建，明嘉靖三十六年（一五五七）罷廢。武彝山向以產茶著稱，烏龍茶亦產於此，宋蔡君謨評論此茶味超過北苑龍團。今盛產岩茶，尤以「大紅袍」最名貴。

4 迴：遼遠貌。

5 高騫（粵：軒；普：qiān）：高昂着頭。磧（粵：積；普：qì）：淺水中的沙堆。

6 茗：茶的通稱。柯：樹枝。

譯文

沿溪返回，隔溪觀賞八曲的人面石、七曲的城高岩，種種美景令人心曠神怡。再次停船，從雲窩進茶洞，深遠而幽長曲折，第二次到這裏，再也不想離開！後來由雲窩向左轉，進入伏羲洞，洞裏很陰森。從左邊繞到大隱屏峰的南面，就是紫陽書院，拜謁朱熹先生的塑像。

順溪而下，兩岸青綠的樹木在眼前紛飛而過，反恨船走得太快。隨後經過天柱峰、更衣岩，在四曲的南岸停泊。

從御茶園上岸，想繞到金雞岩頂，荊棘漫山遍野，使人迷路。於是從金雞岩後面的大道往東走，希望另外有路可以爬上大藏、小藏等山峰，卻沒找到。穿過山岩到溪邊，已經在玉女峰下了。想從這裏尋找「一線天」，來回徘徊卻無人可以問路，而船停在金雞洞下，（更是）遠不可及。

於是沿溪尋覓道路，輾轉走在大藏峰、小藏峰的山腳下。這一帶峭壁高聳，沙石崩塌堵塞，當地人在上面種植了許多茶樹。從茶樹中前行，俯瞰溪水幽深，往上仰視陡峭的山崖，所說的「仙學堂」、「藏仙窟」等景致，都來不及識別。

賞析與點評

「循溪而返」，遊完九曲，他掉頭令船回去繼續，把玩細究。

（四曲）大藏架壑舟——（一曲）水光石、止止庵、禪岩，（大王峰）鶴模石、登仙石、張仙遺蛻岩、萬年宮、會真廟

已至架壑舟，仰見虛舟宛然[1]，較前溪中所見更悉。大藏之西，其路漸窮。向荊棘中捫壁而上[2]，還瞰大藏西岩，亦架一舟，但兩崖對峙，不能至其地也。

忽一舟自二曲逆流而至，急下山招之。其人以舟來受，亦遊客初至者，約余返更衣台，同覽一線天、虎嘯岩諸勝。

過余泊舟處，並棹順流而下，欲上幔亭，問大王峰。抵一曲之水光石，約舟待溪口，余復登涯，少入，至止止庵。望庵後有路可上，遂趨之，得一岩，僧誦經其中，乃禪岩也。登峰之路，尚在止止庵西。仍下庵前西轉，登山二里許，抵峰下，從亂箐中尋登仙石。石旁峰突起，作仰企狀，鶴模石在峰壁罅間，霜翎朱頂，裂紋如繪。旁路窮，有梯懸絕壁間，躡而上，搖搖欲墮。

梯窮得一岩，則張仙遺蛻也[3]。岩在峰半，覓張仙岩，皆石壁不可通；下梯尋別道，又不可得；躡石則峭壁無階，投莽則深密莫辨。傭夫在前，得斷磴，大呼得路。余裂衣不顧，趨就之，復不能前。日已西薄，遂以手懸棘，亂墜而下，得道已在萬年宮右。

趨入宮，宮甚森敞。羽士迎言[4]：「大王峰頂久不能到，惟張岩梯在。峰頂六梯及徐岩梯俱已朽壞。徐仙蛻已移入會真廟矣。」出宮右轉，過會真廟。廟前大楓扶疏[5]，蔭數畝，圍數十抱。別羽士，歸舟。

注釋

1 虛舟：空船。宛然：清晰貌。

2 捫：執持，撫摸。

3 張仙：在大王峰南壁半山腰的張仙洞，相傳為漢人張垓坐化遺體存放處。遺蛻：道家稱屍解為蛻質，後因以蛻為死的諱稱。遺蛻即屍體。

4 羽士：道士的別稱。

5 扶疏：繁茂。

譯文

到了懸棺附近，仰望很像空船，比之前在船上看見的更全面。大藏峰西邊的路漸漸到了盡頭。在荊棘叢中，扳着岩壁朝上攀登，回頭俯瞰大藏峰西邊的岩壁，也有一個懸棺，但是兩崖對立，不能到達那裏。

急然看到一隻船從二曲逆流到此，急忙下山招喚他們。船主把船駛到岸邊接我們，原來他也是初來此地的遊客，約我同返更衣岩，一起遊覽一線天、虎嘯岩等勝景。

經過我停船的地方，兩隻船一同順流而下，打算爬上幔亭峰，探尋大王峰。抵達一曲的水光石，約好船夫在溪口等。我再上岸，稍向前行，到止止庵。看見庵後有路可以上山，於是往上走，看到一座石岩，僧人在上面念經，這就是禪岩了。登上大王峰的路，還在止止庵的西面。於是到止止庵前向西轉，爬了二里多，抵達大王峰下，從亂竹林中找登仙石。岩石旁的山峰突起，擺出仰首企盼的姿態；鶴模石在山峰岩壁的縫隙之間，紅頂白羽，裂開的紋路有如圖畫。旁邊的路已經到了盡頭，有梯子架在峭壁之間，踩着梯子上登，搖搖欲墜。

梯子盡頭有一座山岩，那是張仙遺棄形骸的地方。山岩在山峰的半山腰。（接着）尋覓張仙岩，四面都是石壁，不能通過。走下梯子另尋其他通道，也沒有找到。想要攀踩岩石過去卻都是峭壁，沒有石階；置身深密的草叢中不能辨別方向。雇來的挑夫走在前面，找到中斷的石磴，就大叫說找到路。我不顧衣服被撕破，急忙跑過去，靠近一看，結果又不能往前走。日已西沉，於是用手攀着懸垂的荊棘，胡亂從空中墜落，找到道路時已在萬年宮右邊了。奔赴萬年宮，宮中樹木茂盛而寬敞。道士迎着我說：「很久以前就不能上去大王峰頂了，只有上張仙岩的梯子還在。攀上峰頂的六級梯子及上張仙岩的梯子，都已腐壞。張仙的遺骸已經移到會真廟了。」出了宮右轉，經過會真廟。廟前的楓樹高大繁茂，濃蔭有數畝地寬，樹圍有數十抱粗。告別道士，返回船上。

赤石街會真觀（武彝君、徐仙遺蛻）——幔亭峰換骨岩——三姑峰突泉——石門——水簾洞

二十三日　登陸，覓換骨岩、水簾洞諸勝。命移舟十里，候於赤石街，余乃入會真觀，謁武彝君及張仙遺蛻[1]。出廟，循幔亭東麓北行二里，見幔亭峰後三峰駢立[2]，異而問之，三姑峰也。換骨岩即在其旁，望之趨。

登山里許，飛流汩然下瀉[3]。俯瞰其下，亦有危壁，泉從壁半突出，疏竹掩映，殊有佳致。然業已上登，不及返顧，遂從三姑又上半里，抵換骨岩，岩即幔亭峰

後崖也。岩前有庵。從岩後懸梯兩層，更登一岩。岩不甚深，而環繞山巔如疊嶂。土人新以木板循岩為室，曲直高下，隨岩宛轉。循岩隙攀躋而上，幾至幔亭之頂，以路塞而止。

返至三姑峰麓，繞出其後，復從舊路下，至前所瞰突泉處。從此越嶺，即水簾洞路；從此而下，即突泉壁也。余前從上瞰，未盡其妙，至是復造其下。仰望突泉又在半壁之上，旁引水為碓[4]，有梯架之，鑿壁為溝以引泉。余循梯攀壁，至突泉下。其坳僅二丈，上下俱危壁，泉從上壁墮坳中，復從坳中溢而下墮。坳之上下四旁，無處非水，而中有一石突起可坐。

坐久之，下壁循竹間路，越嶺三重，從山腰約行七里，乃下塢。穿石門而上，半里，即水簾洞[5]。危崖千仞，上突下嵌，泉從岩頂墮下。岩既雄擴，泉亦高散，千條萬縷，懸空傾瀉，亦大觀也！其岩高矗上突，故岩下構室數重，而飛泉猶落檻外。

注釋

1 武彝君：武彝山因有神人武彝君所居而得名。武彝名著於漢代，相傳他於八月十五日上山，置幔亭，化虹橋，大會鄉人宴飲。

2 騈：兩馬並駕一車。

3 汩然：亂、急速貌。

4 碓（粵：對；普：duì）：一種舂穀的器具。這裏指利用水力的水碓。

5 水簾洞：武夷山七十二洞首穴，洞門前垂下兩道百米瀑布，崖壁石刻甚多。

譯文

二十三日　登陸，尋覓換骨岩、水簾洞等勝景。

叫船家把船划到十里外，在赤石街等候。我進入會真觀，參拜武彝君神像及張仙遺體。出了廟，順着幔亭峰東邊山腳往北走了二里，看見幔亭峰後有三座山峰並立着，驚奇地問人，原來是三姑峰。換骨岩就在旁邊，望着換骨岩疾奔。登山一里多，就見飛流汩汩地往下傾瀉。俯瞰山下，也有危立的岩壁，泉水從岩壁的半腰湧出，與稀疏的竹林相映，景色不錯。但是已經登上三姑峰，來不及返回半山，於是從三姑峰又再爬半里，抵達換骨岩，換骨岩就是幔亭峰的後崖。換骨岩前面有座庵舍。從換骨岩後面架的兩層懸梯再登上另外一山岩。山岩不太深邃，環繞着山頂有如重疊的山峰。當地人用木板沿岩壁修築房屋，修築的路線曲折高低不等，順應山勢變化。沿着岩壁縫隙攀登而上，幾乎要到幔亭峰的峰頂了，因為道路被阻塞而停止。

返回三姑峰的山腰，從峰後繞出來，再從舊路下山，到達先前俯瞰突泉的地方。從這裏越過山嶺，就是通向水簾洞的路；從這裏下去，就是湧出泉水的岩壁。我先前在山上鳥瞰，未能完全品味它的美妙。現在再去泉下，仰望湧流的流泉，還是在半壁之上。有人在旁邊利用泉水推動石碓舂米，還架了梯子，在岩壁上鑿渠引導泉水。我順着梯子爬上岩壁，來到泉下。那凹進去的地方只有二丈寬，上下都是峭壁，泉水從上面的岩壁掉入凹處，滿溢後再從凹處往下墜落。凹處的四面八方，無處不是水，而中央有一塊石頭突起來可供坐下。

在石頭上坐了很久，才下山沿着竹林間的小路，翻越三重山嶺，大概從半山腰走了七里，才出了山塢。

穿過石門往上，半里後，就是水簾洞。危崖高達千仞，上面突起，下面凹嵌，泉水從峰頂下墜。山岩既雄偉寬闊，泉水也只能從高處散漫地飄落，千條萬縷的，懸空向下傾瀉，也是一大奇觀呀！那山岩高聳並向上突起，所以山岩下建了幾間房屋，而飛流直下的泉水就像灑落欄杆之外一般。

石門——赤石街——杜轄岩——赤石街大溪——崇安

先在途聞「睹閣寨」頗奇，道流指余仍舊路[1]，越山可至。余出石門，愛塢溪之勝，誤走赤石街道。

途人指從此渡小橋而南，亦可往。從之，登山入一隘，兩山夾之，內有岩有室，題額乃「杜轄岩」，土人訛為「睹閣」耳。再入，又得一岩，有曲檻懸樓，望赤石街甚近。遂從舊道，三里，渡一溪，又一里，則赤石街大溪也[2]。下舟，掛帆二十里，返崇安。

注釋

1 道流：指道士。

2 赤石街：今仍作赤石，在武夷山市街道南部，崇溪與武彝溪的匯流處。

譯文

之前在路上聽説「睹閣寨」很奇特，道士告訴我沿舊路，翻過山就到了。我離開石門，非常喜愛山塢和溪流的美景，不小心走到通往赤石街的路。路人告訴我從這裏過了小橋向南走，也可通往「睹閣寨」。我聽他的話，登山進入一個險要的山峽，兩座山夾着通道，裏面有山岩和房屋，題額是「杜轄岩」，當地人誤稱「睹閣」而已。再進去些，又看到一座山岩，有曲折的欄杆和高懸的樓房，看起來離赤石街很近。於是沿舊路走了三里，渡過一條河，再走一里，就是赤石街大溪了。

上船，揚帆二十里，返回崇安。

賞析與點評

之前，徐霞客實地勘探了丹霞地貌的天台赤城山和安徽白嶽（齊雲山），有了一定丹霞地貌的實地經驗後，進入了福建武夷山。當然，也不排除武夷山作為文化聖地的吸引力。徐霞客在文中描述了很多丹霞地理特徵，成為丹霞地貌地理勘探報告書的難得原始材料。

丹霞地貌是紅砂礫岩經風力、水力等剝離、侵蝕、坍塌，形成奇特山峰、岩石的地貌。武夷山的丹霞地貌發育典型，武夷溪曲折穿流而過，形成九個形態各異的小景區，兩岸紅色的柱形山、塊狀山和單面山上長着各式翠綠的植物，雄偉、誇張、怪誕，無論是岩石還是瀑布，像一座「紅色奇石」的盆景公園。

如，「水簾洞」——「穿石門而上，半里，即水簾洞。危崖千仞，上突下嵌，泉從岩頂墮下。岩既雄擴，泉亦高散，千條萬縷，懸空傾瀉，亦大觀也！」流水沖擊不同質地的岩層，容易形成凹凸不平的額狀崖，武夷山水簾洞即是典型。

此外，還有受坍塌形成的丹霞赤壁（壁立千仞；透隙而上，一石方整），風和水切割形成的方山、石峰群（一峰橫欹，一峰獨聳）。還有懸棺葬地的扇形洞穴、暗洞等。

諸如此類。丹霞地貌觀察細致描述豐富。

五　遊廬山日記[1]

江西九江府

本篇導讀——

一六一六年，徐霞客在黃山、武夷山等作短途遊。一六一七年，徐霞客原配去世，他就沒外出探遊，在家休整了一年。一六一八年，他和兩個堂兄三人行，再登黃山，然後去了江西九江府的廬山。萬曆四十四年，徐霞客三十一歲，八月十八日到二十三日六天內，徐霞客在廬山裏。留下大量關於廬山的山石溪水植物的詳細描述，有些記載現在已變遷，更顯珍貴。他重點記下的景觀有：東林寺、竹林寺、漢陽峰、五老峰、三疊瀑布、文殊台、三峽澗、石門谷等等。

一開始，徐霞客和族兄——徐雷門、徐白夫乘小船入山，經開龍河，宿於廬山北山腳的東林寺。第二天往山裏走，在雨霧中穿行，有些不知如何是好。剛好碰見一個當地人，遂問路。徐霞客見那人張口就回答，思路還很清晰，就請他做導遊，探訪更險奇的風景。山霧撲面而來，和導遊在山裏走了五里路，到了石門。導遊帶他從石縫小路中穿過石門，俯瞰腳下的深澗山險水兇，卻又如雪花竹筍，令他「耳目為之狂喜」。

石門後，路絕。徐霞客和導遊開始用藤蔓做繩子往上爬，後面實在不行，就用了背上來的梯子。手腳並用，走了兩里多路到獅子岩。路平坦些，到了天池護國寺，寺裏有朱元璋的御筆石碑。徐霞客喜歡碑刻，特別是深山老林裏的古代碑刻。此後，走了文殊台、大林寺、升仙台、佛手岩、大林寺等處。徐霞客找對了導遊，也吃得了那份爬山的苦。民國以前，他是唯一抵達石門、天池寺的廬山遊記作者。

次日，從住的天池寺去文殊台，俯視鐵船峰、長江遠景。廬山靠長江南岸，山脈連綿。徐霞客看到廣闊的長江南岸山脈，興致很高，又去了趟險峻的石門。

石門寺裏的容成和尚在寺門口等他，對這位不畏艱險探勝的書生很是喜歡，就帶着他逛了石門附近的諸峰。

徐霞客想繼續往更高的山峰看看山脈的走向。於是往廬山巔峰漢陽峰爬去。到了仰天坪，他俯視廬山部分山脈走向。天差不多黑了，去漢陽峰不夠時間。躊躇間偶遇一僧，僧給宏祖指路——慧燈和尚的竹影寺（慧燈是這個和尚的師傅，在磨豆腐分發給徒弟們）。

徐霞客在慧燈處一起享用了豆腐，與眾人交流。慧燈徒弟挺多，有其他山裏的僧人，有山下的村民，他們有的和慧燈一起住，有的在山洞裏搭棚靜修。還有徒弟來自遙遠的雲南雞足山。這估計給宏祖提供了不少資訊。後又逛了慧燈庵廟四周的山峰，聽說幾十里外的五老峰比漢陽峰更奇險耐看，於是徐霞客改道往五老峰。

走了三十里，來到五老峰。詳盡觀察五老峰，感嘆此峰「雄曠之極」。新建的寺廟裏和尚向徐霞客推薦三疊泉瀑布，於是他又往遊三疊瀑布以及三峽澗、白鹿洞、香爐峰等處。

自古名山僧侶多。僧侶們與山川為伴，自是名山勝景的知音。故而他們也與酷好訪幽探奇的徐霞客，惺惺相惜，給予大量的幫助。

山之陰為九江府。山之陽為南康府。[2]

注釋

1 廬山：也稱匡廬，傳周時賢人匡俗在此建廬居住，故稱匡廬、廬山，位於江西九江市北部。東靠鄱陽湖，南靠滕王閣，北靠長江，西靠京九鐵路。為平地而起孤立山脈，主峰漢陽峰，高一千四百七十四米。山以「雄」、「奇」、「險」、「秀」名於世，計有群峰間的岡嶺二十六，谷壑二十，岩洞十六，怪石二十二，瀑布二十二，溪潭三十二，有名字的山峰一百七十一。

廬山冬暖夏涼，自古係避暑勝地，曾是民國政府的「夏都」。在廬山牯嶺有「廬山別墅群」共六百多棟，匯集一百多年來世界各國所建別墅。另外，廬山有佛教、道教和儒家建築群，其為佛教淨土宗首創地，道教寺廟傳說眾多，朱熹在此創辦了白鹿洞書院。近代以來也修建了天主教、伊斯蘭教、基督教等很多清真寺、教堂。歷代關於廬山的藝術作品甚多，如五代荊浩〈匡廬圖〉、唐李白〈望廬山瀑布〉、明沈周〈廬山高圖〉等。

2 陰，陽：古人習慣稱山的北面為陰，南面為陽。相反，水的南面稱陰，北面稱陽。

龍開河李裁縫堰——西林寺——東林寺虎溪橋、三笑堂

戊午[1]，余同兄雷門、白夫，以八月十八日至九江。易小舟，沿江南入龍開河，二十里，泊李裁縫堰。

登陸，五里，過西林寺，至東林寺[2]。寺當廬山之陰，南面廬山，北倚東林山。山不甚高，為廬之外廓。中有大溪，自東而西，驛路界其間，為九江之建昌孔道[3]。寺前臨溪，入門為虎溪橋，規模甚大，正殿夷毀，右為三笑堂。

注釋

1 戊午：明萬曆四十六年，公元一六一八年。這年滿族後金努爾哈赤在興京誓師對明朝宣戰，並連克數城。

2 東林寺：在廬山西北麓，東晉高僧慧遠創建，為佛教淨土宗發祥地。唐代高僧鑒真曾到過東林寺。現虎溪橋、三笑堂等皆能看到。西林寺：距東林寺不遠，尚存一座

唐代六面七層古塔。蘇軾〈題西林壁〉詩云：「橫看成嶺側成峰，遠近高低各不同。不識廬山真面目，只緣身在此山中。」

3 建昌：今江西撫州市南城縣。

譯文

戊午年八月十八日，我和族兄雷門、白夫到了九江。換小船，沿長江南行，進入龍開河，二十里後，停在李裁縫堰。

登陸，五里，經過西林寺，到達東林寺。東林寺位於廬山的北面，南邊面對廬山，北邊倚靠東林山。山不算太高，屬於廬山的外廓。山中有條大溪，從東向西流，驛路介於東西之間，是九江到建昌的交通要道。東林寺前門靠近溪水，進門就是虎溪橋，規模很大，正殿已經夷為平地，右邊是三笑堂。

廣濟橋—報國寺—石門—獅子岩—天池寺聚仙亭、文殊台—披霞亭—白鹿升仙台高帝御製周顛仙廟碑、佛手岩訪仙台遺址、「竹林寺」—大林寺寶樹

十九日　出寺，循山麓西南行。五里，越廣濟橋，始捨官道，沿溪東向行。又二里，溪迴山合，霧色霏霏如雨。一人立溪口，問之，由此東上為天池大道，南

轉登石門，為天池寺之側徑。余稔知石門之奇，路險莫能上，遂倩[1]其人為導，約二兄徑至天池相待。

遂南渡小溪二重，過報國寺，從碧條香靄中攀陟五里，仰見濃霧中雙石屼立[2]，即石門也。一路由石隙而入，復有二石峰對峙。路宛轉峰罅，下瞰絕澗諸峰，在鐵船峰旁，俱從澗底矗聳直上，離立咫尺，爭雄競秀，而層煙疊翠，澄映四外。其下噴雪奔雷，騰空震蕩，耳目為之狂喜。門內對峰倚壁，都結層樓危闕。徽人鄒昌明、畢貫之新建精廬，僧容成焚修其間。

從庵後小徑，復出石門一重，俱從石崖上，上攀下躡，磴窮則挽藤，藤絕置木梯以上。如是二里，至獅子岩。岩下有靜室。

越嶺，路頗平。再上里許，得大道，即自郡城南來者[3]。歷級而登，殿已當前，以霧故猶不辨。逼之，而朱楹彩棟，則天池寺也[4]，蓋毀而新建者。由右廡側登聚仙亭[5]，亭前一崖突出，下臨無地，曰文殊台。出寺，由大道左登披霞亭。亭側岐路東上山脊，行三里。由此再東二里，為大林寺；由此北折而西，曰白鹿升仙台[6]；北折而東，曰佛手岩[7]。

升仙台三面壁立，四旁多喬松，高帝御製周顛仙廟碑在其頂[8]，石亭覆之，制甚古。佛手岩穹然軒峙，深可五六丈，岩端石歧橫出，故稱「佛手」。循岩側庵右行，崖石兩層，突出深塢，上平下仄，訪仙台遺址也。台後石上書「竹林寺」三字[9]。竹林為匡廬幻境，可望不可即；台前風雨中，時時聞鐘梵聲[10]，故以此當之。時方雲霧迷漫，即塢中景亦如海上三山[11]，何論竹林？

還出佛手岩，由大路東抵大林寺。寺四面峰環，前抱一溪。溪上樹大，三人圍，非檜非杉，枝頭著子累累，傳為寶樹[12]，來自西域，向有二株，為風雨拔去其一矣。

注釋

1 倩：通「請」。

2 屼立：高聳禿立。

3 郡城：指九江府城。

4 天池寺：明代稱護國寺，覆以鐵瓦，受到特別尊崇，日軍佔領時被毀。即今廬山大天池處。山上有一方池，池水終年不涸。池旁有長亭，附近還有天池塔、天心台等遺跡，寺西平台即文殊台。

5 廡：堂下周圍的廊屋。

6 白鹿升仙台：今名御碑亭，在仙人洞西北錦繡峰上，洪武二十六年（一三九三）朱元璋〈御製周顛仙人傳〉石碑今存，高約四米，覆以石亭。

7 佛手岩：岩石參差，像人手伸出，因名。中有「一滴泉」，終年滴水不斷。清代為道士主持，改祀呂洞賓，因改稱仙人洞。至今仍稱仙人洞。

8 周顛仙廟碑：傳說明太祖（高帝）朱元璋建都南京，派使者來廬山尋訪周顛仙（當時一個瘋和尚，據說曾幫助過朱元璋），得知他已在此乘白鹿升天，於是建亭立碑，張揚此事。《明史・方伎傳》有傳。另外，金庸《倚天屠龍記》裏有明教五散人之一的周顛，朱元璋也在該小說裏，係明教五行旗洪水旗小頭目。

9 竹林寺：現僅有竹林小徑稱「仙路」，石上刻「竹林寺」三字，但四周無寺，此即傳說中的「竹林隱寺」。

10 鐘梵聲：鐘指佛寺中的敲鐘聲，梵指僧人的誦經聲。

11 海上三山：傳說中的蓬萊、方丈、瀛洲三神山。

12 「溪上樹大」句：西域僧晉曇詵手植寶樹在大林寺舊址旁（文中所提大林寺五公里外如琴湖下），徐霞客當時見到一棵奇特的樹，另一棵不存。他也把不準是甚麼樹，就說「傳為寶樹」。

譯文

十九日 離開東林寺，順山腳往西南走。走了五里，越過廣濟橋，不走官道，沿溪向東走。又走了二里，山水迂迴縈繞，霧色濃厚得有如紛飛細雨。有一個人站立溪口邊，向他問路，得知由這裏往東上山就是天池大路，南轉上石門，就是通往天池寺的小路。我深知石門的風景奇絕，只是道路險峻沒法上去，於是請那人為嚮導，約了兩位兄長直接到天池寺等待。

於是向南渡過兩條小溪，路過報國寺，在茂密的叢林裏攀爬了五里，仰望濃霧中有一對石峰高聳挺立，那就是石門。一路從石岩的縫隙進入，又有兩座石峰對立着。道路順着山峰的縫隙曲折迴旋，俯瞰峭壁下鐵船峰旁溪澗和山峰，都從澗底直上雲天，林立的山峰相距不過咫尺，爭雄競秀，煙霧繚繞，翠綠的山峰層層迭起，四方八面煙嵐瀰漫。山下的溪水，水花澎湃如噴雪，聲如奔雷，騰空起伏震盪，耳朵和眼睛因為得到極大的享受而欣喜不已。石門內對立的雙峰靠着岩壁，都建了層層危樓。徽州人鄒昌明、畢貫之新建的精舍，容成和尚在裏面焚香修行。從庵後的小路，再穿過一道石門。都是在山崖上下攀爬，沒有石磴就挽藤攀援，沒有藤條則架木梯登上去。這樣走了二里，到達獅子岩。獅子岩下有靜室。

翻過山嶺，路很平坦。再往上走一里多，踏上大道，就是從郡城南面來的那條路。爬完石階，一座大殿屹立眼前，之前因為霧濃無法看清。近看之下，只見那雕梁畫棟的，就是天池寺，大概是毀壞後新建的。從右邊走廊的側面登上聚仙亭，亭前面有一座山崖突起，往下看不到地，叫作文殊台。

出了寺，從大路的左邊登上披霞亭。亭子旁邊有條朝東的岔路可上山脊，走了三里，由這裏向東再走二里，就是大林寺；由這裏折向北面往西，叫作白鹿升仙台；折向北面再往東，叫作佛手岩。

升仙台的三面，岩壁直立，四周有很多高大的松樹，高皇帝（朱元璋）御製的「周顛仙廟碑」在岩頂，被石亭蓋着，樣式很古樸。佛手岩穹隆而高高地屹立着，深達五六丈，岩石的前端有一塊橫伸的石頭，所以叫作「佛手岩」。順着佛手岩側面的庵舍向右走，山崖分兩層，中間突成山坳，上平下窄，是訪仙台的遺址。台後面的岩石上寫着「竹林寺」三個字。竹林寺是廬山的幻境，可望而不可即；每值風雨，台前常常聽見佛寺的鐘聲和誦經聲，因此稱為訪仙台。恰逢雲霧迷漫，即使是山塢中的景色，也像海上的蓬萊、方丈、瀛洲三座神山一樣虛幻，更何況竹林寺！

離開佛手岩，沿大路往東走就到大林寺了。山峰四面圍繞着寺廟，寺前面環抱着一條溪。溪上有棵大樹，樹圍有三人粗，不是檜樹也不是杉樹，枝頭果實累累。據說是寶樹，來自西域，原來有兩棵，其中一棵被暴風雨摧毀了。

天池—石門—神龍宮—金竹坪—天池案山

二十日　晨霧盡收。

出天池，趨文殊台。四壁萬仞，俯視鐵船峰，正可飛鳥[1]。山北諸山，伏如聚蟻。匡湖洋洋山麓[2]，長江帶之，遠及天際。因再為石門遊，三里，度昨所過險處，至則容成方持貝葉出迎[3]，喜甚，導余歷覽諸峰。

上至神龍宮右，折而下，入神龍宮。奔澗鳴雷，松竹蔭映，山峽中奧寂境也。循舊路抵天池下，從歧徑東南行十里，升降於層峰幽澗；無徑不竹，無陰不松，則金竹坪也。諸峰隱護，幽倍天池，曠則遜之。

復南三里，登蓮花峰側，霧復大作。是峰為天池案山，在金竹坪則左翼也。峰頂叢石嶙峋，霧隙中時作窺人態，以霧不及登。

注釋

1 舃（粵：式；普：xì）：古代一種複底鞋。飛舃：指似神仙來去。

2 匡湖：廬山北部為起伏低矮丘陵，再北即長江中部平原，兩處加起來的地域裏散佈着眾多湖泊。

3 貝葉：即貝多樹葉，形如棕櫚，產於印度，雲南西雙版納也有。其葉可當紙，佛教徒常用以寫經，故亦稱佛經為貝葉。

譯文

二十日　早上霧氣全消，離開天池寺，疾奔文殊台。四壁高萬仞，俯看鐵船峰，正好可供脫鞋化仙飛去。山北的各座山巒，低矮得就像聚在一起的螞蟻。廬山（山北諸）湖於山腳浩浩延伸數十里，長江就像它的衣帶一樣，江水遠流天際。因此再次去石門遊玩，走了三里，越過昨天經過的險要處，到達時僧人容成剛拿着佛經出來迎接，（他）很高興，帶我逐一遊覽各個山峰。

攀爬到神龍宮的右邊再轉身往下，進入神龍宮。奔流如雷鳴，松竹相互掩映，這是山峽深處最寂靜的地方。沿舊路到了天池寺下面，從岔路向東南方走了十里，在層疊的山峰和幽深的溪流中上下攀爬；每條路上都有竹子和松樹的地方，就是金竹坪了。各山峰隱隱相護，比天池寺倍加幽深，卻沒那兒寬敞。再往南走了三里，登上蓮花峰的側面，霧氣再次大作。蓮花峰是天池寺的延伸，位於金竹坪的左翼。峰頂上的岩石峻峭成叢，在霧氣的空隙中（似）不時地窺視人的神態。因大霧迷漫，不能攀爬到峰頂。

仰天坪——曬穀石——慧燈龕

越嶺東向二里，至仰天坪，因謀盡漢陽之勝。漢陽為廬山最高頂，此坪則為僧廬之最高者。坪之陰，水俱北流從九江；其陽，水俱南下屬南康[1]。余疑坪去漢陽當不遠，僧言中隔桃花峰，尚有十里遙。

出寺，霧漸解。從山塢西南行，循桃花峰東轉，過曬穀石，越嶺南下，復上則漢陽峰也。先是遇一僧，謂峰頂無可托宿，宜投慧燈僧舍，因指以路。未至峰頂二里，落照盈山，遂如僧言，東向越嶺，轉而西南，即漢陽峰之陽也。

一徑循山，重嶂幽寂，非復人世。里許，蓊然竹叢中得一龕[2]，有僧短髮覆額，破衲赤足者[3]，即慧燈也，方挑水磨腐。竹內僧三四人，衣履揖客，皆慕燈遠來者。復有赤腳短髮僧從崖間下，問之，乃雲南雞足山僧[4]。燈有徒，結茅於內，其僧歷懸崖訪之，方返耳。余即拉一僧為導，攀援半里，至其所。石壁峭削，懸梯以度，一茅如慧燈龕。僧本山下民家，亦以慕燈居此。至是而上仰漢陽，下俯絕壁，與世敻隔矣。

暝色已合，歸宿燈龕。燈煮腐相餉，前指路僧亦至。燈半月一腐，必自己出，必遍及其徒。徒亦自至，來僧其一也。

注釋

1 南康：即今江西九江市星子縣。

2 龕（粵：堪；普：kān）：供有佛像的小屋。

3 衲：原意為縫補。舊時僧徒的衣服常用許多碎布補綴而成，因以「衲」為僧衣的代稱。

4 雞足山：在雲南賓川城西北八十里，中國十大佛教名山之一。徐霞客有《雞足山志》傳世。

越過山嶺向東走了二里路，到達仰天坪，因打算盡遊漢陽峰所有的名勝。漢陽峰是廬山的頂峰，仰天坪則是僧人廬舍的最高處。仰天坪的北面，九江府的溪水都向北流；仰天坪的南面，南康府的溪水都往南流。我懷疑仰天坪離漢陽峰應該不太遠，僧人説中間隔着桃花峰，還有十里路之遙。

離開寺廟，霧漸漸散去。從山塢往西南走，順着桃花峰東轉，經過矖縠石，越過山嶺向南走，再往上走就是漢陽峰了。最初遇到一位僧人，説是峰頂沒有可以住的地方，最好住在慧燈和尚的僧舍，並為我們指路。往峰頂走了不到二里時，餘輝滿山，於是照僧人所説，向東越過山嶺，轉向西南，就是漢陽峰的南面了。一條小徑順山延伸，重巒幽寂，不復人間。走了一里多，在茂盛的竹林中看到一個佛龕，有個和尚短髮覆額，赤腳，穿着破爛僧衣，那就是慧燈和尚了，他正在挑水磨豆腐。竹林中還有三四個和尚，穿戴整齊地向客人作揖，他們都是慕慧燈大名從遠處來的。又有一個赤腳短髮的和尚從山崖間走來，問了才知道是雲南雞足山的和尚。慧燈有個徒弟，在山裏蓋了茅屋，那位和尚去懸崖拜訪他，剛剛回來。我就拉着一位和尚作嚮導，攀爬了半里，到慧燈（那個）徒弟的住所。石壁陡峭筆削，架梯子過去，茅屋就像慧燈和尚的一樣。這和尚本來是山下的百姓，也是因為仰慕慧燈才居住這裏。至此仰望漢陽峰，下瞰懸崖絕壁，真是遠離人世。夜幕攏合，回到慧燈的茅屋歇宿。慧燈和尚煮豆腐款待客人，先前為我指路的和尚也到了。慧燈和尚半個月磨一次豆腐，必定親自做，必定款待他所有的徒弟。他的徒弟也會自動來吃，來的和尚就是其中一位（指路僧）。

賞析與點評

廬山呈東北—西南走向，仰天坪為這條總界限的一部分。廬山水流大致由此東南注入鄱陽湖，西北注入長江。在仰天坪還不能看得盡興，得上最高峰漢陽峰俯瞰才能看到完整版廬山、長江、鄱陽湖圖景。

徐霞客地理報告匯報完，然後我們見到一串短促的句子，密集的路程，他急促趕往漢陽峰的腳步聲。可惜天暗了下來，他闖進了廬山深處僧舍，老師傅在磨豆腐，異常熱鬧。

漢陽峰—五老峰

二十一日　別燈，從龕後小徑直躋漢陽峰[1]。攀茅拉棘，二里，至峰頂。南瞰鄱湖，水天浩蕩。東瞻湖口[2]，西盼建昌，諸山歷歷，無不俯首失恃[3]。惟北面之桃花峰，錚錚比肩，然昂霄逼漢，此其最矣。

下山二里，循舊路，向五老峰[4]。漢陽、五老，俱匡廬南面之山，如兩角相向，而犁頭尖界於中，退於後，故兩峰相望甚近。而路必仍至金竹坪，繞犁頭尖後，出其左脅，北轉始達五老峰。自漢陽計之，且三十里。

余始至嶺角，望峰頂坦夷，莫詳五老面目。及至峰頂，風高水絕，寂無居者。因遍歷五老峰，始知是山之陰，一岡連屬；陽則山從絕頂平剖，列為五枝，憑空下墜者萬仞，外無重岡疊嶂之蔽，際目甚寬[5]。然彼此相望，則五峰排列自掩，一覽不能兼收；惟登一峰，則兩旁無底。峰峰各奇不少讓，真雄曠之極觀也！

注釋

1 漢陽峰：為區別於附近的小漢陽峰，通稱大漢陽峰，為廬山最高峰，海拔一千四百七十四米。峰頂有石砌的漢陽台。

2 湖口：明為縣，隸九江府，即今江西湖口縣。

3 失恃：古人稱幼而失母為失恃。這裏說群山就像幼小的孤兒，低着頭蜷縮在腳下。

4 五老峰：五老峰的絕頂被埡口所斷，分成並列的五個山峰，仰望儼若席地並坐的五位老翁，故人們便把這原出一山的五個山峰統稱為「五老峰」。

5 際目：視野。

譯文

二十一日　告別慧燈和尚，從佛龕後的小路直接攀登漢陽峰。攀援着茅草、荊棘向上，二里，到達峰頂。從南鳥瞰鄱陽湖，天水相接，景觀壯闊。東眺湖口縣，西面遙看建昌，各山無比清晰，全像幼小孤兒般低頭蜷縮着。只有北面的桃花峰，剛勁挺拔堪比漢陽峰，然而它昂首衝天，這是它極致之處。

下山走了二里，沿舊路去五老峰。漢陽峰、五老峰，都是廬山南面的山，有如兩隻角相對，而犁頭尖則介於兩者中間，退到後面，所以兩座山峰相望很近。然而路都必須先去金竹坪，繞到犁頭尖的後面，從它的左側出來，向北轉，才能到達五老峰。從漢陽開始計算路程，已有三十里。

我剛到嶺角，遙望峰頂平坦，看不清五老峰的模樣。到達峰頂，方知風很大，沒有流水，空寂而且無人居住。經過盡遊五老峰，才知道這是山的北面，同是一座山；山的南面，卻從山頂平剖，分成五支，淩空下墜萬仞，山外沒有重山疊嶂的遮擋，視野非常寬廣。然而五座山峰排列一線，彼此守望，不能一覽無餘；只能登上其中一座山峰，峰兩旁似乎深不見底！每座山峰都各有奇景，互不相讓，景觀真是雄壯至極啊！

賞析與點評

徐霞客認定漢陽峰是廬山最高峰，並登頂成功。他在峰頂開心極了：腳踩廬山，遠眺浩瀚的鄱陽湖，小山頭低伏在四圍，只有桃花峰有得一比，也不足為患（現代人測出漢陽是廬山最高峰，海拔一千四百七十三點八米）。諸峰裏，他重點提了五老峰。

五老峰是半屏山地形（單面山），一面是懸崖，一面是緩坡，由岩層斷裂抬升或風、水侵蝕而成。他在五老峰嶺頭，看不到另外幾個峰頭，往兩邊看，一面是「一岡連屬」的緩坡，一面往下看像被刀剖開一樣「下墜萬仞」——陡峭懸崖，視野開闊。

方廣寺——三疊（瀑布）、竹林寺門——方廣

仍下二里，至嶺角。北行山塢中，里許，入方廣寺，為五老新剎。僧知覺甚稔三疊之勝[1]，言道路極艱，促余速行。

北行一里，路窮，渡澗。隨澗東西行，鳴流下注亂石，兩山夾之，叢竹修枝，鬱蔥上下，時時仰見飛石，突綴其間，轉入轉佳。既而澗旁路亦窮，從澗中亂石行，圓者滑足，尖者刺履。

如是三里，得綠水潭。一泓深碧，怒流傾瀉於上，流者噴雪，停者毓黛[2]。又

里許，為大綠水潭。水勢至此將墜，大倍之，怒亦益甚。潭前峭壁亂聳，迴互逼立，下瞰無底，但聞轟雷倒峽之聲，心怖目眩，泉不知從何墜去也。於是澗中路亦窮，乃西向登峰。峰前石台鵲起，四瞰層壁，陰森逼側。泉為所蔽，不得見，必至對面峭壁間，方能全收其勝。乃循山岡，從北東轉。二里，出對崖，下瞰，則一級、二級、三級之泉，始依次悉見。

其塢中一壁，有洞如門者二，僧輒指為竹林寺門云。頃之，北風自湖口吹上，寒生粟起[3]，急返舊路，至綠水潭。詳觀之，上有洞翕然下墜[4]。僧引入其中，曰：「此亦竹林寺三門之一。」然洞本石罅夾起，內橫通如「十」字，南北通明，西入似無底止。出，溯溪而行，抵方廣，已昏黑。

注釋

1 三疊之勝：即今廬山三疊泉瀑布。在廬山東谷會仙亭旁，澗水流經大月台、五老峰崖口，分三級跌下，一級一潭。故名。泉下即觀音洞，洞下即綠水潭，潭畔岩上刻「竹影疑蹤」。此小節，徐霞客從五老峰古剎方廣寺出發。

2 毓：同「育」，生。黛：深青色。

3 粟：皮膚遇寒起的小顆粒，即雞皮疙瘩。

4 翕（粵：邑；普：xī）：凹陷貌。

譯文

下山走了二里到達嶺角。在北方的山塢中走了一里多後，到達方廣寺，這是五老峰新建的佛寺。知覺和尚非常熟悉三疊泉的勝景，他說道路極其艱難，催我快走。往北走了一里，道路到了盡頭，渡過澗水。沿澗岸往東西方走，澗水鳴轉着灌注亂石之中，兩邊都有山夾峙着，叢竹茂密，枝條修長，時時仰望都能見到竹林空隙處露出的岩石如在綠色中飛動，點綴其間；越深入景色越美。不久後，澗旁的路也到了盡頭，只好從澗中的亂石堆中往前走，圓石滑腳，尖石則刺破鞋子。這樣走了三里，見到綠水潭。一汪深綠的潭水，上面的澗水澎湃地傾瀉而下，奔流有如噴雪，貯存潭中的水則呈青黑色。又走了一里多，就是大綠水潭。水勢至此將要下墜，流量比之前多了一倍，更加洶湧澎湃。潭前的峭壁胡亂地聳立着，迴環交錯挺立。鳥瞰則似乎無底，只聽到轟雷般的水聲幾乎要震倒峽谷，令人心驚眼花，不知道泉水流向何處。至此澗中的路也到了盡頭，於是爬上西面的山峰。峰前石台崛起，俯看四周層層崖壁，陰森狹窄。泉水被崖石掩蔽，無法看見，一定要到對面的峭壁之間，才能盡覽全貌。於是沿着山岡，從北向東轉。走了二里到對面的山崖俯視，才依次看清第一級、第二級、第三級的流泉。岩石的山塢中的一面崖壁上有兩個像門一樣大小的洞，知覺和尚就指着洞說是竹林寺的大門。不一會兒，北風從湖口吹來，冷風使身上起了雞皮疙瘩，急忙返回舊路，直至綠水塘。詳細地觀察綠水潭，上面有洞凹陷下墜。知覺和尚帶我到裏面，說：「這也是竹林寺三門之一。」然而山洞本來是石縫隙相夾而成，洞內橫通有如「十」字，南北通透明亮，往西進入則好像沒有盡頭一樣。出了洞，沿溪岸而行，抵達方廣寺時，天已昏黑。

犁頭尖—楞伽院—棲賢寺—三峽澗—白鹿洞—萬松寺—開先寺鶴峰堂

二十二日　出寺，南渡溪，抵犁頭尖之陽。東轉下山，十里，至楞伽院側。遙望山左脅，一瀑從空飛墜，環映青紫，夭矯滉瀁[1]，亦一雄觀。五里，過棲賢寺，山勢至此始就平。以急於三峽澗，未之入。里許，至三峽澗。澗石夾立成峽，怒流沖激而來，為峽所束，迴奔倒湧，轟振山谷。橋懸兩岩石上，俯瞰深峽中，迸珠戛玉[2]。過橋，從歧路東向，越嶺趨白鹿洞[3]。路皆出五老峰之陽，山田高下，點錯民居。橫歷坡陀[4]，仰望排嶂者三里，直入峰下，為白鶴觀。又東北行三里，抵白鹿洞，亦五老峰前一山塢也。環山帶溪，喬松錯落。出洞，由大道行，為開先道。蓋廬山形勢，犁頭尖居中而少遜，棲賢寺實中處焉；五老左突，下即白鹿洞；右峙者，則鶴鳴峰也，開先寺當其前。

於是西向循山，橫過白鹿、棲賢之大道，十五里，經萬松寺，陟一嶺而下，山寺巍然南向者，則開先寺也[5]。從殿後登樓眺瀑，一縷垂垂，尚在五里外，半為山樹所翳，傾瀉之勢，不及楞伽道中所見。惟雙劍嶄嶄眾峰間，有芙蓉插天之態；香爐一峰，直山頭圓阜耳。從樓側西下壑，澗流鏗然瀉出峽石，即瀑布下流也。瀑布至此，反隱不復見，而峽水匯為龍潭，澄映心目。

坐石久之，四山暝色，返宿於殿西之鶴峰堂。

注釋

1 夭矯：屈曲、飛騰貌。滉漾：蕩漾貌。

2 迸（粵：並；普：bèng）：濺射。戛（粵：gat^3；普：jiá）：打擊。迸珠戛玉：形如珠濺射，聲如擊玉響。

3 白鹿洞：唐代江州刺史李渤曾在這裏讀書，並隨身養一白鹿，因此得名白鹿洞。宋代設書院，與睢陽、嵩陽、嶽麓齊名，為當時著名的書院。朱熹知南康軍時，也在這裏聚徒講學。歷代屢有修建。

4 坡：一作「陂」，山旁稱坡。陀：岩際稱陀。坡陀：不平坦。

5 開先寺：在廬山南麓鶴鳴峰下，創建於南唐。一七〇七年康熙敕書「秀峰寺」，因改名。歷代名人碑刻甚多。

譯文

二十二日　離開方廣寺，從南面渡溪，抵達犁頭尖的南面。東轉下山，走了十里，到達楞伽院的旁邊。遙望山峰左側半腰，一條瀑布從空中飛墜而下，環映出四周的青青紫紫、肆意擺動，也是一道雄壯的景觀。

走了五里，經過棲賢寺，山勢至此開始趨向平緩，因為急着去遊覽三峽澗，沒有去棲賢寺。

一里多，到達三峽澗。溪澗由夾立的石壁形成的峽口和洶湧的水流沖激而成，水勢受到峽口的箝制，奔騰迴旋，轟鳴聲在山谷中震盪。一條橋懸架在兩邊的岩石上，俯視深峽中，水花有如珍珠濺射，聲音鏗鏘如玉。

過了橋，從岔路向東走，翻過山嶺奔向白鹿洞。道路都從五老峰的南面延伸出去，山田高下不一，民居錯落散佈。一路走遍坎坷，遙看層巒疊嶂的地方還差三里。直接走到山峰之下，就是白鶴觀。又向東北走了三里，抵達白鹿洞，這也是五老峰前的一個山塢。環山的溪流有如飄帶，高大的松樹雜錯參差。離開白鹿洞，在大道上走，這是去開先寺的路。

大概廬山的形勢，犁頭尖處於中間而稍偏，棲賢寺處於中間地區，五老峰向左突出，下面就是白鹿洞；右邊峙立的，則是鶴鳴峰了，開先寺正當其前。於是沿山向西面橫穿過通往白鹿洞、棲賢寺的大道，走了十五里，經過萬松寺，登上一座山嶺後下山，巍然向南的那間寺廟，就是開先寺了。從大殿後面登樓遠眺瀑布，一縷縷下垂的水簾，還在五里之外，一半被山樹遮蔽了，傾瀉的水勢，比不上在楞伽道上看見的。只有雙劍峰在眾峰中間，呈現芙蓉插天的姿態；香爐峰，簡直成了圓頭的山丘。從樓側向西面走下山溝，溪水清脆地流出峽口，這就是瀑布的下游了。瀑布到此反而隱而不復再現，而峽水匯聚為龍潭，澄澈得能映出人的心境和眼睛。在石頭上坐了很久，四山都昏暗了，才返回西殿的鶴峰堂歇宿。

賞析與點評

「蓋廬山形勢，犁頭尖居中而少遜，棲賢寺實中處焉；五老左突，下即白鹿洞；右峙者，則鶴鳴峰也，開先寺當其前。」徐霞客似乎站在天上總觀廬山的形勢。

想想整個廬山的概貌，然後他就往開先寺走去。可見他對廬山的輿圖、遊記等材料十分熟悉，登山前已經計劃好路線和重點景觀。

接下去，我們看到更多是徐霞客對山勢的梳理，風光美景不多，但也描摹動人。棲賢寺、開先寺、五老峰等等，這些地理學家看來是地理方位的精確關鍵點，文史學家看來是歷史悠久的名勝典故，說不定風水方位圖也在裏面。經他講述，地理、文學和風水熔於一爐。

這年他才三十出頭，遊記文筆裏隱含着深厚的文化背景。

開先寺—（馬尾泉）—文殊台文殊塔、對崖瀑布—雙劍峰黃岩寺—開光寺

二十三日　由寺後側徑登山。越澗盤嶺，宛轉山半。隔峰復見一瀑，並掛瀑布之東，即馬尾泉也。

五里，攀一尖峰，絕頂為文殊台。孤峰拔起，四望無倚，頂有文殊塔。對崖削立萬仞，瀑布轟轟下墜，與台僅隔一澗，自巔至底，一目殆無不盡。不登此台，不悉此瀑之勝。

下台，循山岡西北溯溪，即瀑布上流也。一徑忽入，山迴谷抱，則黃岩寺據雙劍峰下。

越澗再上，得黃石岩。岩石飛突，平覆如砥[1]。岩側茅閣方丈，幽雅出塵。閣外修竹數竿，拂群峰而上，與山花霜葉，映配峰際。鄱湖一點，正當窗牖[2]。

縱步溪石間，觀斷崖夾壁之勝。

仍飯開先，遂別去。

注釋

1 砥：磨刀石。

2 鄱湖：鄱陽湖，廬山東接鄱阳湖，為我國最大的淡水湖。牖（粵：友；普：yǒu）：窗戶。

二十三日　由開先寺後的小路登山。越過溪澗，盤旋於山嶺，輾轉來到半山。隔着山峰又看見另一條瀑布，並掛在瀑布東面的，就是馬尾泉了。

走了五里，攀上一座尖峰，極頂之處就是文殊台。一座孤峰拔地而起，四面沒有倚靠，峰頂有文殊塔。對面的崖岩削立，高達萬仞，瀑布向下墜落發出轟轟的響聲，與文殊台只隔着一條澗水，從崖巔到崖底，景色一覽無遺。不登文殊台，就不知道這條瀑布的美好。

離開文殊台，沿着山岡的西北面追溯溪源，即是瀑布的上流。一條小路忽然伸入，環抱着山谷，黃岩寺正高踞在雙劍峰之下。

越過溪澗再向上攀登，到達黃石岩。岩石飛突奇異，有的平滑如磨刀石。岩側的茅屋一丈見方，幽雅脱俗。閣外面有幾枝修竹，遠看像在群峰之上輕輕擺動，與山花、秋葉，輝映於山峰之間。遠眺鄱陽湖只有一點點大，正對着（岩閣）窗戶。在溪澗、岩石間肆意遊覽，觀賞斷崖、夾壁的種種景致。

回去後，仍在開先寺用飯，飯後就告別離開了。

六　遊九鯉湖日記

福建興化府仙遊縣[1]

本篇導讀——

此次到福建是一六二〇年六月初，上一次是一六一六年遊武夷山，這些年來徐霞家事國事生變故。大明王朝動盪，薩爾滸大戰後，遼東以北地區歸後金所得。徐霞客原配過世，第二任妻子生子，一六二〇這年，他七十多的老母親生大病，一直沒見好轉。

父母在不遠遊，遊必有方。老母在堂，所以他只做有計劃、按時回家的短途遊。九鯉湖祈夢始於唐宋，明盛極一時。母親有病，徐霞客去九鯉湖的九仙祠為母祈夢。他計劃去九鯉湖瀑布，順道也賞其他景觀。

端午節後一天（五月初六），家鄉荔枝熟時，他約上叔父徐芳若，帶上僕人，同往九鯉湖。經浙江、福建兩省，先後遊江郎山、九鯉湖、石竹山三處，其中九鯉湖着墨多，往返共計六十三天。

五月二十三遊浙江江山縣江郎山，江郎山像個大假山拔地而起，徐霞客移步換景，走一段、換個角度，江郎山的景觀就自行變化一次。

六月初七到九鯉湖所在地福建興化（莆田）。九鯉湖在城外三十里外深山，徐霞客出西門走十五里到九鯉湖下游莒溪，稍事停歇後入山。徐霞客為尋沿途佳境，決定爬石道上山。此路不通，夏日暴曬，苦不堪言。硬着頭皮上嶺頭，誤打誤撞進入一片山間空地，過一橋進九鯉湖。周邊有九仙祠、石鼓、元珠、古梅洞諸景，夜裏進祠為母親的健康「祈夢」。

次日沿小路下山，探九漈（閩語，瀑布）勝景。一到四漈路通，詳寫。五到九漈因路不通，略寫。一漈氣勢如雷霆急速墜落；二漈擊石飛舞；三四漈珠簾玉箸靠得近，形態如名字一樣，半空紛灑。水澗除瀑布外，其他山石土木，各得其妙。徐霞客流連往返，不捨得離去。他叔叔累了，在澗口坐着等他，徐霞客只能一個人遊山。他們一行人出澗五里後，才見住戶。當地人也驚訝於他們能從九漈澗底出來。

初十，離莆田進漁溪。十一爬石竹山，叢崖如劈。隨後返江陰。

徐霞客對九鯉湖評價很高，覺得廬山的三疊泉、雁蕩山的大龍湫都比不上九漈，並將九漈和武夷山、玉華洞，合稱福建「三絕」。

浙、閩之遊舊矣。余志在蜀之峨眉、粵之桂林，及太華、恆嶽諸山；若羅浮、衡嶽，次也；至越之五洩，閩之九漈，又次也[2]。然蜀、廣、關中，母老道遠，未能卒遊[3]；衡湘可以假道，不必專遊。計其近者，莫若由江郎三石抵九漈。遂以庚申[4]午節後一日，期芳若叔父啟行，正楓亭荔枝新熟時也[5]。

注釋

1 興化仙遊縣，九鯉湖：興化，今莆田。仙遊縣，位於莆田西南部，古越國地，唐清源縣。明戚繼光在此殲擊海盜倭寇萬餘人，史稱「仙遊大戰」，為明抗倭關鍵戰役。《郡縣釋名．福建》記錄：「何氏兄弟，經行於雞子城，憩於嶺畔，煉丹於湖上，丹成乘九鯉魚仙去。後人號其湖曰仙湖……縣曰仙遊。」九鯉湖為山頂天然石湖，傳為西漢何氏九兄弟在此乘鯉魚飛仙得名，仙遊縣也因此得名。自古以湖、洞、瀑、石聞於世，湖邊九仙祠為閩地祈夢民俗聖地，其中長達二十多里的九漈飛瀑尤為有名。九漈飛瀑從崖頂九鯉湖飛墜而下，經斷崖峭壁，分為九級，依次為：雷轟漈、瀑布漈、珠簾漈、玉柱漈、石門漈、五星漈、飛鳳漈、棋盤漈和將軍漈。

2 太華，陝西西嶽華山。恆嶽，山西北嶽恆山。羅浮，廣東博羅道教名山。衡嶽，湖南南嶽衡山。越之五洩，浙江諸暨五洩瀑布。

3 關中：即陝西中部。卒：突然。

4 庚申：即一六二〇年，這年七月廿一明神宗駕崩。八月初一明光宗登基，年號泰昌，九月初一駕崩，在位一個月，九月初六明熹宗登基，年號天啟。故一六二〇年前八個月是萬曆，後四月是泰昌。農曆一月初一到七月三十是萬曆四十八年，八月初一到十二月二十九是泰昌元年，一六二一年為天啟元年。
5 午節：農曆五月初五端午節。楓亭：明代曾設楓亭市巡檢司。今稱楓亭鎮，在仙遊縣東南隅。

譯文

去浙江、福建遊玩已是過去的事了。我的志向是遊覽四川峨眉山和廣西桂林，以及太華山、恆山等名山；至於羅浮山、衡山，則是下一步的計劃。去浙江五洩、福建九漈，又是再下一步的計劃。但是去四川、廣西和陝西關中等地，則因為母親年邁，路程遙遠，不能突然出遊；衡山、湘江等地，可以在路經的時候順帶一遊，不必專程過去。打算去近處，最好就是從江郎山到三石，然後到九漈。於是在庚申年端午節的第二天，會合叔父芳若啟程，恰逢楓亭荔枝剛剛成熟的時節。

青湖—石門街—江郎山

二十三日　始過江山之青湖[1]。山漸合，東支多危峰峭嶂，西伏不起。懸望東支盡處，其南一峰特聳，摩雲插天，勢欲飛動。問之，即江郎山也[2]。望而趨，二十里，過石門街。漸趨漸近，忽裂而為二，轉而為三；已復半岐其首[3]，根直剖下；迫之，則又上銳下斂，若斷而復連者，移步換形，與雲同幻矣！夫雁宕靈峰，黃山石筍，森立峭拔，已為瑰觀；然俱在深谷中，諸峰互相掩映，反失其奇。即縉雲鼎湖[4]，穹然獨起，勢更偉峻；但步虛山即峙於旁，各不相降，遠望若與為一。不若此峰特出眾山之上，自為變幻，而各盡其奇也。

注釋

1 江山：即今浙江衢州江山市。青湖：在江山南部，今又作清湖。

2 江郎山：一名金純山、須郎山，屬丹霞山，在江山城南石門鎮二十五公里處。傳有江氏兄弟三人登巔化石，故名。由北到南為郎峰、亞峰、靈峰，俗稱「三爿（粵：辦；普：pán）石」，郎峰高八百二十四米。三巨石拔地而起，似刀斧劈砍而成，似竹筍直插天穹。郎峰崖壁有明代廣州理學大師湛若水崖刻「壁立萬仞」。山半有岩，山下有泉。

3 半岐其首：是說山頭分成兩個，下面還連在一起。

4 縉雲：今浙江麗水縉雲縣，縣城東八公里有仙都山，古稱縉雲山，歷代為風景勝地，以鼎湖峰最著。鼎湖峰又名玉筍峰，東靠步虛山，西臨好溪水，高一百六十八米。峰頂有湖，故稱鼎湖。道教第二十九洞天。

譯文

二十三日　才到江山縣的青湖。山巒漸漸重合，東邊大多是峭立的山峰，猶如屏障；西邊的山峰則平緩低伏。遠眺東邊山巒盡頭，它的南邊有一座山峰特別高聳入雲，那氣勢似乎要振翅飛動。問人才知道這就是江郎山。

看着江郎山疾奔，二十里後，經過石門街。離山越來越近，忽然山峰一分為二，再分成三座；不一會，山頭又一分為二，但下面還連着，岩壁直直地向下剖去；靠近一看，則又是山頭尖銳、下面收斂，像要斷開、卻又相連，人一移動腳步，山形便變換，與雲彩一樣變化多端啊！

雁宕山有靈峰，黃山有石筍，峭立挺拔，已經是瑰麗的景觀，但都位於深山峽谷，眾多的山峰互相掩映，反而失掉了個性。至於縉雲縣的鼎湖峰，獨立高聳，氣勢更加偉峻；只是步虛山就峙立在旁邊，兩山不相上下，遠望就像一座山，比不上江郎山突出於眾峰之上，自行變化，而盡顯其特色。

六月初七日　抵興化府。

譯文　六月初七日　到達興化府。

莆郡西門—莒溪莒溪公館、石步—萬峰頂—通仙橋—雷轟漈蓬萊石、九仙祠、鯉湖、石鼓、元珠、古梅洞、九仙閣、水晶宮—第三漈—雷轟漈（第一漈）

初八日　出莆郡西門[1]，西北行五里，登嶺，四十里，至莒溪，降陟不啻數嶺矣[2]。莒溪即九漈下流。過莒溪公館，二里，由石步過溪。又二里，一側逕西向山坳，北復有一磴，可轉上山。

時山深日酷，路絕人行，迷不知所往。余意鯉湖之水，歷九漈而下，上躋必有奇境，遂趨石磴道。芳叔與奴輩憚高陟，皆以為誤。頃之，徑漸塞，彼益以為誤，而余行益勵。既而愈上愈高，杳無所極，烈日鑠鑠[3]，余亦自苦倦矣。

數里，躋嶺頭，以為絕頂也；轉而西，山之上高峰復有倍此者。循山屈曲行，三里，平疇蕩蕩，正似武陵誤入，不復知在萬峰頂上也。中道有亭，西來為仙遊道，東即余所行。

南過通仙橋，越小嶺而下，為公館，為鐘鼓樓之蓬萊石，則雷轟漈在焉。

澗出蓬萊石旁，其底石平如礪，水漫流石面，匀如鋪縠[4]。少下，而平者多窪，其間圓穴，為灶，為臼，為樽，為井，皆以丹名，九仙之遺也。平流至此，忽下墮湖中，如萬馬初發，誠有雷霆之勢，則第一漈之奇也。九仙祠即峙其西，前臨鯉湖。湖不甚浩蕩，而澄碧一泓，於萬山之上，圍青漾翠，造物之醞靈亦異矣！

祠右有石鼓、元珠、古梅洞諸勝。梅洞在祠側，駕大石而成者，有罅成門。透而上，舊有九仙閣，祠前舊有水晶宮，今俱圮。當祠而隔湖下墜，則二漈至九漈之水也。

余循湖右行，已至第三漈，急與芳叔返。曰：「今夕當淡神休力，靜晤九仙。勞心目以奇勝，且俟明日也。」返祠，往蓬萊石，跣足步澗中。石瀨平曠[5]，清流輕淺，十洲三島[6]，竟褰衣而涉也[7]。晚坐祠前，新月正懸峰頂，俯挹平湖[8]，神情俱朗，靜中渢渢[9]，時觸雷漈聲。

是夜祈夢祠中[10]。

注釋

1 莆郡：即今福建省莆田縣。

2 降陟：下而復上。不啻：不僅，不止。

3 鑠鑠：光芒閃動的樣子。

4 縠（粵：〔哭^{9}〕；普：hú）：縐紗。

5 瀨（粵：賴；普：lài）：從沙石上流過的急水。

6 十洲三島：皆古代傳說中神仙居住的地方，此處比喻仙境一樣的遍佈水中的沙洲和小島。

7 褰（粵：牽；普：qiān）：撩起，揭起。

8 俯挹（粵：邑；普：yì）：俯視。挹，通「抑」。

9 渢渢（粵：風；普：fēng）：擬聲詞，形容宏大的水聲。

10 祈夢：也稱「乞夢」、「卧游」，求神託夢，定吉凶。始於唐代，興於宋代，盛於明清。有戒齋、品茗、焚香、賞景、求夢、解夢、圓夢、還願等一整套程式。

譯文

初八日 從興化府城的西門出發，往西北走了五里，登山四十里，直到莒溪，一路上上下下，路程不止數座山嶺。莒溪就是九漈的下游。經過莒溪公館，二里，從石步渡溪。再走二里，一條小路從西延伸到山坳，北邊還有一條石階，可以繞到山上。

這時太陽酷熱，而山谷深邃，路上沒有行人，困惑得不知道該往哪裏走。我推斷九鯉湖的水是順着九漈而下的，往上攀登必有奇境，於是直奔石階道。芳叔和僕人害怕登高，都認為走錯了。不久，路漸堵塞，他們更以為走錯了，我卻越走越振奮。很快就愈上愈高了，路也高遠無比，烈日炎炎，我也覺得疲倦了。數里後，登上嶺頭，以為是頂峰了；折轉到西山，才知道還有比這山高一倍的山峰。沿山輾轉徘徊，走了三里，田野平坦遼闊，正如武陵人誤入桃花源仙境，不再知道身處萬山之巔。途中有個亭子，從西邊延伸而來的路是去仙遊縣的，東邊就是我走的路。

往南通向通仙橋，越小嶺向下，就是公館，那裏有鐘鼓樓的蓬萊石，雷轟漈也在那。

澗水源出蓬萊石旁，底下的石頭平滑得像磨石一樣，水高過石面，緩緩流淌，勻稱得如同鋪了縐紗。稍稍往下，平滑的底部出現許多小坑，小坑上的圓孔，分別稱為灶、臼、樽、井，都用「丹」字命名，是九鯉仙的遺跡。平緩的澗水流到這裏，突然往下墮入湖中，猶如萬馬初發，確實有雷霆萬鈞之勢，這就是第一漈的奇觀了。九仙祠就聳立在瀑布的西邊，面臨九鯉湖。湖水不算壯闊，卻是一片清澈碧綠，在萬山之上卻圍繞着綠樹清波，大自然造物真奇妙！祠堂的右邊有石鼓、元珠、古梅洞等名勝。古梅洞在祠堂的旁邊，由大石架空而成，石縫形成門。從石門往上，就是九仙閣的原址，祠堂前原來還有水晶宮，現在都倒塌了。

正對祠堂卻隔着九鯉湖往下墜落的水簾，就是第二級到第九級的瀑布。

我順着九鯉湖的右邊走，已經到了第三級瀑布，急忙和芳叔一齊返回。我說：「今晚應該清心養神，靜待九仙託夢。勞心遊覽名勝的事，暫待明天吧。」回到九仙祠，去蓬萊石，赤足涉水。石潭平坦寬廣，流水清淺，散佈水中的沙洲和小島如仙境一樣，撩起衣襟就越過去了。晚上坐在祠堂前，新月正好掛在峰頂，俯瞰平靜的湖水，心神都開朗起來，萬籟之中只聞颯颯的水聲，不時夾雜着雷漈瀑布的聲響。

當晚在祠堂中祈禱九仙託夢。

九仙祠—（第二漈）瀑布漈—（第三漈、第四漈）珠簾泉、玉箸

初九日　辭九仙，下窮九漈。九漈去鯉湖且數里，三漈而下，久已道絕。數月前，莆田祭酒堯俞[1]，令陸善開復鳥道，直通九漈，出莒溪。悔昨不由側徑溯漈而上，乃紆從大道[2]，坐失此奇。遂束裝改途，竟出九漈。

瀑布為第二漈，在湖之南，正與九仙祠相對。湖窮而水由此飛墮深峽，峽石如劈，兩崖壁立萬仞。水初出湖，為石所扼，勢不得出，怒從空墜，飛噴沖激，水石各極雄觀。

再下為第三漈之珠簾泉，景與瀑布同。右崖有亭，曰觀瀾。一石曰天然坐，亦有亭覆之。從此上下嶺澗，盤折峽中。峽壁上覆下寬，珠簾之水，從正面墜下；玉箸之水，從旁靄沸溢。兩泉並懸，峽壁下削，鐵障四圍，上與天並，玉龍雙舞，下極潭際。潭水深泓澄碧，雖小於鯉湖，而峻壁環鎖，瀑流交映，集奇撮勝，惟此為最！所謂第四漈也。

注釋

1 祭酒：職官，隋唐設國子監祭酒，主管國子監，至清末廢。

2 紆（粵：於；普：yū）：繞道。

譯文

初九日　離開九仙祠，往下探索九漈。九漈離九鯉湖還有數里，從第三級瀑布往下走，路早就斷了。幾個月前，莆田縣的國子監祭酒堯俞命令陸善修路，再度打通險峻的山路，直達九漈，離開莒溪。後悔昨天沒有從小路直上瀑布，只能迂迴地從大路走，所以錯過了這個奇景。於是整裝改道而行，直接離開九漈。

第二漈就叫「瀑布漈」，在九鯉湖的南邊，正對着九仙祠。湖盡頭的水都飛墜深谷，峽谷如受刀劈，兩邊的山崖峭立萬丈。水剛從湖裏流出，受岩石的阻攔，水勢受阻，憤怒地從空中墜落，浪花飛濺、沖擊石上，水勢和岩石都極其雄壯。再下去是第三漈的珠簾泉，景致和瀑布漈相同。右邊的山崖上有個亭子，叫觀瀾亭。一塊石頭名叫天然坐，也被亭覆蓋着。從這裏上嶺涉澗，在峽谷中曲折而行。峽谷兩邊的山壁從上面覆蓋着但下面寬闊，珠簾泉水從正面墜落，玉箸泉水在旁邊像沸騰的一樣湧出。兩條瀑布並列懸掛，峽谷兩壁往下陡削，四周猶如鐵壁，山高齊天，兩條瀑布像玉龍飛舞，往下傾注潭中。潭水深廣澄綠，而且清澄，雖然比九鯉湖小，但環繞峭壁，瀑布交相輝映，聚集了所有美景的遊覽勝地，只有這裏最佳！這就是第四漈了。

賞析與點評

一漈雷轟為九鯉湖進水處，水擊在變化多樣的溶洞裏，使得聲如雷；二漈瀑布離湖近，水量最大，跌進萬丈懸崖，沖擊岩石能量強大；三四漈珠簾、玉箸，一同落入白龍潭，徐霞客尤愛此泓潭。

三四漈澗底——（第五漈）石門漈

初至澗底，芳叔急於出峽，坐待峽口，不復入。

余獨緣澗石而進，踞潭邊石上，仰視雙瀑從空夭矯，崖石上覆如甕口[1]。旭日正在崖端，與頹波突浪，掩暈流輝。俯仰應接，不能捨去。

循澗復下，忽兩峽削起，一水斜迴，澗右之路已窮。左望有木板飛架危磯斷磴間[2]，亂流而渡，可以攀躋。遂涉澗從左，則五漈之石門矣。兩崖至是，壁湊僅容一線，欲合不合，欲開不開，下湧奔泉，上礙雲影。人緣陟其間，如獮猿然，陰風吹之，凜凜欲墮。

蓋自四漈來，山深路絕，幽峭已極，惟聞泉聲鳥語耳。

注釋

1 甕：口小腹大的陶器。

2 磯（粵：基；普：jī）：水邊突出的岩石。

譯文

剛到澗底，芳叔急忙離開峽谷，在峽谷口坐着等我，不再進來。我獨自沿着澗底的石道前進，坐在潭邊的石頭上，仰望兩條瀑布在空中肆意飛瀉，崖石上部的形狀像倒置的甕口。旭日剛好在崖石的頂端，日光和向下流淌的溪流、騰躍的浪珠互相輝映。我忙着上看下看，應接不暇，不忍離去。沿着山澗再往下，峽谷兩邊突然陡峭起來，一股溪水彎斜着往回流淌，澗水右邊的路已經到了盡頭。在左邊看到有塊木板淩空架在陡峭的岩石和殘階之間，橫渡溪流，就可以攀越。於是從左邊涉水而過，這就是第五漈的石門了。兩邊的山崖到這兒都朝中間緊靠，只剩一線縫隙，要合不合，要開不開，山下的泉水奔湧，山上雲霧繚繞。行人攀走其中，如同獼猴一般，寒風吹來，陰冷得幾乎要掉下山。大致從第四漈以來，山谷深邃，道路斷絕，幽峭至極，只聽得到泉水和鳥鳴的聲音。

賞析與點評

五漈石門，此處山崖險峻，四圍峭壁，水流沖過崖縫，形成一條粗長瀑布跌入深潭。

五漈——（第六、七、八、九漈）五星、飛鳳、棋盤石、將軍岩

出五漈，山勢漸開。澗右危嶂屏列，左則飛鳳峰迴翔對之，亂流繞其下，或為澄潭，或為倒峽[1]。若六漈之五星，七漈之飛鳳，八漈之棋盤石，九漈之將軍岩，皆次第得名矣。

然一帶雲蒸霞蔚，得趣故在山水中，豈必刻跡而求乎？蓋水乘峽展，既得自恣，其旁崩崖頹石，斜插為岩，橫架為室，層疊成樓，屈曲成洞；懸則瀑，環則流，瀦則泉[2]；皆可坐可卧，可倚可濯，蔭竹木而弄雲煙。數里之間，目不能移，足不能前者竟日。

每下一處，見有別穴，必穿岩通隙而入，曲達旁疏，不可一境窮也！若水之或懸或渟[3]，或翼飛疊注，即匡廬三疊、雁宕龍湫，各以一長擅勝，未若此山微體皆具也。

注釋

1　澄潭：澄，水靜止、清澈貌，又為使沉澱、清澈。沉澱成清澈的水潭。倒峽：排山倒峽而出，形容氣勢龐大。

2　瀦（粵：朱；普：zhū）：積聚。

3　渟（粵：停；普：tíng）：水停止貌。

譯文

離開第五漈，山勢漸漸開闊。山澗右邊的危崖如同屏風列開，左邊的飛鳳峰迴環相對，水流圍繞在其下縱橫交錯，有的是清澈的水潭，有的傾峽而出。至於第六漈的五星漈，第七漈的飛鳳漈，第八漈的棋盤漈，第九漈的將軍漈，都按山形命名。

既然這一帶絢麗多彩，便可在山水之中找到情趣，何必刻意追求景物的外形呢？水大概憑藉峽谷的形狀舒展，而且自然灑脱，水流旁邊崩塌的山崖，斜插的是岩岸，橫架的為石室，層疊如石樓，曲折彎轉的則成石洞；飛懸空中的為瀑布，繞石環流的則是小溪，積聚起來的則為清泉；山石都可坐可臥，泉流都能停留洗滌，雲烟不時出沒在竹木的濃蔭裏。數里之間，美景讓人目不轉睛，一整天流連忘返。

每到一個地方，看見有洞穴，我必穿過岩縫進去。道路曲折而且四通八達，不能一下子窮盡其中的妙境。至於水流，有的懸掛山崖，有的匯聚一起，有的如鳥兒騰飛，疊水噴注，即使是廬山三疊泉瀑布，雁宕山龍湫瀑布，只能各憑一個特點取勝，不像這座山，局部和整體的風光俱美。

賞析與點評

石門到九漈將軍，這段路有二十多里，懸崖深谷，山路崎嶇難走。徐霞客依舊興致很高，在懸崖峭壁間走完後面幾漈。一路走一路感嘆，廬山大疊泉瀑布和雁蕩山的大龍湫都不如這裏呀！

九漈—石步

出九漈，沿澗依山轉，東向五里，始有耕雲樵石[1]之家，然見人至，未有不驚訝者。又五里，至莒溪之石步，出向道。

注釋

1 耕雲樵石：在雲山石崖中耕作採薪。

譯文

離開九漈，順着山澗繞山轉，往東走了五里，才有農家村舍。他們見到遊客，無不感到驚訝。又走了五里，到達莒溪的石步，從來時的路離開。

初十日　過蒜嶺驛，至榆溪。聞橫路驛西十里，有石竹山[1]，岩石最勝，亦為九仙祈夢所。閩有「春遊石竹，秋遊鯉湖」語，雖未合其時，然不可失之交臂也。乘輿遂行。以橫路去此尚十五里，乃宿榆溪。

注釋

1 石竹山：也稱仙鯉山，在福州福清市城西約二十里處，傳為林玄光煉丹、騎虎和升天之地，道教名山，三教並存。石奇竹秀，有石竹寺、紫雲洞等勝景。這裏也是當地人祈夢靈驗處。

譯文

初十日　經過蒜嶺驛，到達榆溪。聽說橫路驛西邊十里，有石竹山，那裏的岩石最出名，也是向九仙祈夢的地方。福建流傳着「春遊石竹山，秋遊九鯉湖」之語，雖然現在不是遊石竹山的最好季節，卻不能錯過遊覽的機會。於是乘輿出遊。因為橫路驛距離榆溪還有十五里，就在榆溪住宿。

十一日　至波黎鋪，即從小路為石竹遊。西向山五里，越一小嶺。又五里，渡溪，即石竹南麓。循麓西轉，仰見峰頂叢崖，如攢如劈。西北行久之，有樓傍山西向，乃登山道也。

石磴頗峻，遂短衣歷級而上。磴路曲折，木石陰翳，虬枝老藤，盤結危石，欹崖之上，啼猿上下，應答不絕。忽有亭突踞危石，拔迥凌虛[1]，無與為對。亭當山之半。再折，石級巍然直上，級窮，則飛岩簷覆垂半空。再上兩折，入石洞側門，出即九仙閣[2]，軒敞雅潔。左為僧廬，俱倚山凌空，可徙倚憑眺[3]。閣後五六峭峰離立，高皆數十丈，每峰各去二三尺。峰罅石壁如削成，路屈曲罅中，可透漏各峰之頂。松偃藤延[4]，縱目成勝。

僧供茗芳逸，山所產也。側徑下，至垂岩，路左更有一徑。余曰：「此必有異。」從之，果一石洞嵌空立。穿洞而下，即至半山亭。下山，出橫路而返。

注釋

1 拔迥凌虛：立在岩石邊，挺拔高遠，駕乘虛空。

2 九仙閣：即今石竹山道院，建於唐，構於山腰懸崖間，周邊石幽竹密。以道為主，旁及儒佛。寺旁懸崖有石刻「石竹仙山，白日作夢」，閩地祈夢之所。

3 徙倚：徘徊。

4 偃：卧伏、覆蓋。

譯文

十一日 到達波黎鋪，馬上從小路去石竹山遊玩。往西朝着山走了五里，越過一座小嶺。再走五里，渡過一條溪，就是石竹山南邊的山腳。沿着山腳往西轉，仰望山頂上的崖石叢叢，如攢聚、刀劈一般。往西北走了很久，有座樓背山面西，這就是登山道了。

石階很陡，於是縮短衣服沿石階而上。石階彎轉曲折，高木叢石擋住了光線，彎曲的樹幹和老藤盤繞危石峭崖之上，猿聲上下，啼叫不斷。忽見峭石上有座亭子，淩空挺拔，沒有甚麼和它相對應。亭子位於山腰。再轉向石階而上，石階的盡頭，有飛起的岩石像屋簷一樣覆蓋在半空。又往上轉兩道彎，從石洞的側門進去，出洞就是九仙閣，屋子寬敞整潔。左邊為僧人的住房，都是靠山淩空而建，可以徘徊遠望。屋後有五六座峻峭的山峰各自聳立，都高達數十丈，每座山峰都相距二三尺，縫隙如同刀劈一樣，道路在縫隙中曲折延伸，可以通往各山峰頂。松樹卧伏，老藤蔓延，目之所睹皆勝景。

僧人送來香味四溢的茶，是山中出產的。從小路下山，到垂岩，路的左邊另有一條小路。我說：「這裏肯定有奇景。」順着小路走，果然有一個石洞鑲嵌在山腰。

穿過石洞，就到了半山亭。下山，離開橫路驛回家。

是遊也，為日六十有三，歷省二，經縣十九，府十一，遊名山者三。

譯文

這次出遊，一共用了六十三天，跨越兩個省，經過十九個縣、十一個府，遊歷了三座名山。

七　遊嵩山日記[1]

河南河南府登封縣

本篇導讀——

徐霞客從小想走完華夏五嶽，因母親年事已高，一直沒遠行，只在家鄉附近短途遊。天啟三年（一六二三），明代在位皇帝是十八歲的朱由校（萬曆帝的孫子，崇禎帝的哥哥），努爾哈赤已公開攻打明朝。是年，宏祖三十八歲。他的原配去世已久，廬山遊回家後，再婚，生子，均未出遊。他在過完年的二月初一開始籌備河南、陝西和湖北的行程，這段出遊共歷時六十七天。去河南遊嵩山前，宏祖做足了功課，此後步行十九天到鄭州，然後再去嵩山，直到二十五日奔華山而去，在嵩山短短五天裏，宏祖留下詳盡的關於嵩山歷史、自然、植被等方面的寶貴記載。

徐霞客陸行十九日，出現在鄭州黃宗店。此時仲春，小麥返青。徐霞客一路西行，過嵩山餘脉密縣地界，沿途有聖僧池、天仙院，天仙院祭祀黃帝三女，院中一株白松，給他很深印象。再過登封縣。

二十日，騎馬奔跑於華北平原，抵大梁地界，入石淙景區。石淙河在廣袤平原上流動，到石淙遇上一片怒石地，山水相諧於平原上。此後，經告成鎮，過勝跡古天文測景台不入，到中嶽廟門。沿嵩山腳進盧岩寺，讚寺中的盧岩瀑布勝於武夷山瀑布。

次日在中嶽廟拜嶽帝，登太室山，走奇險的金峰玉女溝朝頂峰峻極峰而上。一路山崖險峻，過二仙洞、白鶴觀，北向抵達峻極峰。峰頂彼時尚有三間道教真武廟、宋代御井，現已不存。下山，經無極老母洞，宿法皇寺。法皇寺產金蓮花，仰望見「嵩門待月」勝景。是日大霧彌漫，徐霞客登山，「峰頂如雨」，阻礙視野，登山濕滑。

二十二日，太室以東行。沿途有崇陽宮廢址、崇福宮、啟母石，回中嶽廟午飯。宏祖看了廢址有現今尚存的三將軍柏和唐碑，中嶽廟內的宋元古碑刻。此後朝嵩山西行。經登封縣入會善寺，過郭店暮入少林寺瑞光上人處。此路程，在佛教曹洞宗會善寺，徐霞客看了《茶榜》、《戒壇記》等古碑和寺西戒壇廢址。

次日，晴。禮佛後，登少林寺背後的少室山。由少林寺僧帶路，從寺南渡澗朝峰頂南寨攀登。經二祖庵、煉丹台，一路土山和石山交換，沿路景色有所不同。抵南寨頂摘星台，天氣晴朗，俯瞰少室群山勝景，以補登太室頂時大霧滿山的遺憾。從龍潭溝下山，上山時不是很難，下山時驚險難行，還碰到老虎的大腳印。山下有一龍潭、二龍潭。回少林。

二十到二十三這三天，徐霞客逛了太室、少室和其中的景觀，這樣，嵩山基本逛完。二十四日，則在少林寺及其周邊逛了一圈。計有甘露台、五乳峰、達摩洞、初祖庵，當然，還有他住的少林寺。吃過午飯，他就離開登封縣，出軒轅關。二十五日觀賞龍門石窟，隨後往下一站陝西太華山（華山）去了。

鄭州黃宗店—石坡聖僧池—香爐山—石佛嶺—密縣天仙院黃帝三女、白松、滴水—密縣西門—登封界耿店

余髫年蓄五嶽志，而玄嶽出五嶽上，慕尤切[2]。久擬歷襄、鄖，捫太華，由劍閣連雲棧，為峨眉先導[3]；而母老志移，不得不先事太和，猶屬有方之遊[4]。第沿江溯流，曠日持久，不若陸行舟返，為時較速。乃陸行汝、鄧間，路與陝、汴略相當，可以兼盡嵩、華，朝宗太嶽[5]。

遂以癸亥仲春朔[6]，決策從嵩嶽道始。凡十九日，抵河南鄭州之黃宗店。由店右登石坡，看聖僧池。清泉一涵[7]，渟碧山半。山下深澗交疊，涸無滴水。下坡行澗底，隨香爐山曲折南行。山形三尖攢立如覆鼎，眾山環之，秀色娟娟媚人。澗底亂石一壑，作紫玉色。兩崖石壁宛轉，色較縝潤[8]；想清流汪注時，噴珠洩黛，當更何如也！

十里，登石佛嶺。又五里，入密縣界，望嵩山尚在六十里外。

從岐路東南二十五里，過密縣，抵天仙院。院祀天仙，云黃帝之三女也。白松在祠後中庭，相傳三女蛻骨其下。松大四人抱，一本三幹，鼎聳霄漢，膚如凝脂，潔逾傅粉，蟠枝虬曲，綠鬣舞風，昂然玉立半空，洵奇觀也[9]！周以石欄。一軒臨北，軒中題詠絕盛[10]。徘徊久之，下觀滴水。澗至此忽下跌，一崖上覆，水滴歷其下[11]。

還密，仍抵西門。三十五里，入登封界，曰耿店。南向為石淙道，遂税駕焉[12]。

注釋

1 嵩山：古稱「方外」，位於河南登封縣西北，北臨黃河、洛水，南臨潁水、箕山，東連古代京都開封，西接十三朝古都洛陽。東周平王遷都洛陽，稱其為「中嶽嵩山」。嵩山古老的岩石系形成於二十三億年前。由太室、少室組成，共七十二峰，最高峰少室山連天峰一千五百一十二米，主峰太室山峻極峰一千四百九十一米。在地質和文化上，嵩山為華北萬山之祖。嵩山山峰奇異、宮觀林立，三十多位帝王、一百多著名文人親臨，自古為天上神仙對話之所。

嵩山是儒釋道勝地。道教全真派勝地，代表古遺存為太室山腳中嶽廟；佛教勝地，少室山少林寺為世人所熟悉，還有太室山積翠峰會善寺；儒家聖地，太室山峻極峰下嵩陽書院，宋代理學大師程顥、程頤、司馬光、范仲淹講學處，為中國古代四大書院之一。另外還有古代天文科學遺址元代觀星台、東漢三闕等古跡，歷代碑刻甚多。嵩山八景：嵩門待月、軒轅早行、潁水春耕、箕陰避暑、石淙會坎、玉溪垂釣、少室晴雪、盧崖瀑布。

2 **髫**（粵：條；普：tiáo）**年**：髫，小孩子頭上下垂的短髮。髫年，幼年。**玄嶽**：湖北武當山，又名太嶽太和山。

3 **劍閣**：四川劍門道，關中入川蜀的要道，連雲棧為其中一段，「劍閣崢嶸而崔嵬，一夫當關，萬夫莫開」（李白）。**峨眉**：即峨眉山。

4 **有方之遊**：「父母在，不遠遊，遊必有方。」（《論語・里仁》）方，目的地和具體方向。

5 **朝宗**：古代諸侯朝見天子，春見稱朝，夏見稱宗。此處比喻對武當山的尊崇。

6 **癸亥仲春朔**：天啟三年，公元一六二三年。仲春，春季的第二個月份。朔，農曆每月初一。

7 **涵**：此處作名詞，一涵即一潭。

8 **縝潤**：細緻而潤澤。

9 **洵**（粵：旬；普：xún）：實在，真正。

10 軒：有窗檻的長廊或小室。

11 滴歷：同「滴瀝」，水稀疏下滴。

12 稅（粵：脱；普：tuō）駕：稅通「脱」。停宿，休息。

譯文

我從小便有登覽五嶽的志願，玄嶽嵩山的名氣在五嶽之上，仰慕最深。一直都想遊覽襄陽府、鄖陽府，親臨華山，再以劍閣關的連雲棧為登峨眉山的首站；卻因母親年邁而改變計劃，不得不先去武當山，還算是不失孝道的遊歷。但是沿長江溯流而上，耗費時日，不如從陸路去、水路返回，比較省時。陸路從汝州、鄧州之間開始，路程跟從陝州、開封府走相同，卻可兼去嵩山、華山遊玩，然後朝拜武當山。

於是決定先去嵩山，在癸亥年（天啟三年，一六二三）二月初一動身。十九天後，抵達河南鄭州的黃宗店。沿黃宗店右邊登上石坡，觀看聖僧池。一池清水匯聚在半山腰，碧玉一般。山下深澗縱橫交錯重疊，山澗乾涸無水。下坡後走在澗底，順着香爐山曲折地往南。香爐山的形狀是三座尖峰並立，如同倒置的鼎，眾山環繞着，景色秀麗迷人。散亂的石頭佈滿溝谷，呈紫玉色。兩岸崖壁盤旋曲折，崖石的色澤細密華潤；不禁想像清澈的流水從澗中傾瀉而過時，水珠噴濺、綠波翻湧時，又該是何等的景致啊！

走了十里，登上石佛嶺。又走了五里，進入密縣境內，遙望嵩山還在六十里外。從岔路往東南走了二十五里，經過密縣，到達天仙院。天仙院供奉着天仙，說是黃帝的三女兒。白松矗立在祠堂後面的庭院，相傳三仙女在白松下蛻變成仙。松樹的樹圍有四人抱粗，一棵樹分出三根枝幹，鼎立着高聳入雲，樹皮柔滑如凝脂，比塗過粉還要乾淨，松枝彎曲如同蟠枝，綠色的松針迎風飛舞，昂首挺立半空，真是奇觀啊！松樹周圍有石欄。一道長廊正對着北方，廊中佈滿的詠詩題句，成為一道絕佳的勝景。我在長廊徘徊良久，才下去看滴水。山澗到這裏突然下陷，一塊崖石覆蓋在上面，水經過崖石往下滴。

返回密縣，到了城西門。走了三十五里，進入登封縣的耿店。往南是去石淙的路，於是歇宿在此。

石淙

二十日　從小徑南行二十五里，皆土岡亂壟[1]。久之，得一溪。渡溪，南行岡脊中，下瞰則石淙在望矣。

余入自大梁，平衍廣漠，古稱「陸海」[2]，地以得泉為難，泉以得石尤難。

近嵩始睹蜿蜒眾峰，於是北流有景、須諸溪，南流有潁水，然皆盤伏土磧中[3]。獨登封東南三十里為石淙，乃嵩山東谷之流，將下入於潁。一路陂陀屈曲，水皆行地中，至此忽逢怒石。石立崇岡山峽間，有當關扼險之勢。水沁入脅下[4]，從此水石融和，綺變萬端。繞水之兩崖，則為鵠立，為雁行；踞中央者，則為飲兕[5]，為卧虎。低則嶼，高則台，愈高，則石之去水也愈遠，乃又空其中而為窟，為洞。揆崖之隔，以尋尺計[6]，竟水之過，以數丈計，水行其中，石峙於上，為態為色，為膚為骨，備極妍麗。不意黃茅白葦中，頓令人一洗塵目也！

注釋

1 土岡亂壟：矮嶺亂墳。

2 大梁：在今開封市，是戰國時魏國都城大梁所在地。平衍：平坦寬廣。張衡《文選．南都賦》：「上平衍而曠蕩，下蒙籠而崎嶇。」陸海：物產富饒、地勢平坦的高地，古時特指關中一帶。

3 土磧：「磧，水中沙堆也。」（《說文解字》）

4 脅下：指崖石凹陷處。

5 鵠：俗稱天鵝，腳短、頸長。立兕（粵：四；普：sì）：古代對雌性犀牛的稱呼。

6 揆（粵：葵；普：kuí）：估計。尋：古代的長度單位，八尺為一尋。

譯文

二十日　從小路往南走了二十五里，一路都是土岡和亂墳。走了很久，才看到一條溪。過了溪，從山脊上往南，往下俯瞰就看到了石淙。

自從進入開封府，只見地勢平坦遼闊，古稱「陸海」。平地上難以找到泉水，有岩石在旁的泉水更加難得。走近嵩山才看到眾山蜿蜒起伏，北邊有景溪、須溪等河流，南邊有潁水，但這些河流都低伏盤繞在土堆沙灘中。只有登封縣東南三十里的石淙河，是來自嵩山東面山谷的流水，將往下匯入潁水。一路的地形傾斜不平，水都流在地面，到這裏忽然遇到崢嶸的巨石地。巨石聳立在高岡和峽谷間，有一夫當關、扼險制要的氣勢。水滲入巨石凹陷處，從此水石交融，變化萬千。流水環繞的兩岸崖石，如天鵝延頸而立，又如大雁一字飛行；矗立在水中央的岩石，則如犀牛飲水、猛虎卧伏。低矮的如小島，高大的如平台，岩石越高，則距離水面越遠，而中間空了的就形成石窟和石洞。估計每塊岩石的距離，要以八尺計算，追究水流漫過地面的高度，要以數丈計算。水流淌在山崖間，岩石峙立水上，其姿態顏色，肌膚骨骼，妍麗至極。想不到茅草蘆葦之中，竟有美景令人眼目一新。

賞析與點評

「竟水」句：此即嵩山八景之一的石淙會飲，在告成東門外沿石淙河前行三公里處。石淙河從北往南匯入潁河，在此匯積成潭，河邊怪石嶙峋，摩崖題刻甚多，被讚為「千仞壑」、「石淙澗」、「水營山陣」、「小桂林」等。

（告成鎮）測景台——嶽廟東華門——盧岩寺飛泉——嶽廟

登隴[1]，西行十里，為告成鎮，古告成縣地。測景台在其北[2]。西北行二十五里，為嶽廟[3]。入東華門時，日已下舂[4]，余心豔盧岩，即從廟東北循山行。越陂陀數重，十里，轉而入山，得盧岩寺。寺外數武[5]，即有流鏗然下墜石峽中。兩旁峽色，氤氳成霞。溯流造寺後，峽底矗崖，環如半規，上覆下削。飛泉墮空而下，舞綃曳練[6]，霏微散滿一谷，可當武彝之水簾。蓋此中以得水為奇，而水復得石，石復能助水不尼水[7]，又能令水飛行，則比武彝為尤勝也。徘徊其下，僧梵音以茶點餉。

急返嶽廟，已昏黑。

注釋

1 隴：通「壟」，田埂、田中高地。

2 測景台：相傳周代就在此建立了測景台，至今仍有周公廟，廟內有「圭」、「表」，原為土圭，唐代南宮説仿周公舊制，換為石座石表，俗稱「周公測景台」。其北是元代郭守敬建的觀星台，這是我國現存最早的天文台，也是世界上重要的古代天文學遺跡之一，為全國重點文物保護單位。

3 嶽廟：即中嶽廟，道教全真教聖地，現有明清建築四百餘間，是五嶽中規模較大的一座。東華門，現稱中華門，原係木牌坊，現為磚瓦結構的歇山式牌坊。中華門前有漢代石刻翁仲一對，正南五百米處即為漢代太室闕。廟後倚黃蓋峰，峰頂有兩層八角琉璃亭。每年農曆三月和十月均有廟會，進行貿易的帳篷密佈廟前廣場及田中，附近省縣來者雲集。

4 下舂（粵：忠；普：chōng）：日落時。

5 武：步。

6 綃（粵：消；普：xiāo）：生絲織物。練：煮熟的白絹。

7 尼（粵：妮；普：nǐ）：阻止。

譯文

登上高地，往西走了十里，是告成鎮，古代告成縣所在地。測景台在其鎮北。往西北走了二十五里，就是中嶽廟。進入東華門時，日已西沉。我心中嚮往着盧岩寺，於是從廟的東北方沿着山走。越過數道斜坡，走了十里，轉進山裏，到達盧岩寺。寺外幾步外，就有鏗然作響的流水墜入石峽。兩峽景色，煙霧瀰漫如雲霞。溯流直上到寺後，峽谷底部的陡崖矗立，如半圓環繞，上部傾覆，下部凹削。飛流的泉水從空中直瀉而下，彷彿絲帛淩空飄舞，水珠飄灑滿佈山谷，媲美武夷山的水簾洞。此山以水生奇，而水流得到岩石的映襯，岩石又能輔助水流而不阻擋水勢，還能令泉水飛流，這就比武夷山優勝了。在瀑布下徘徊，僧人梵音用茶點款待我們。急忙返回中嶽廟，天已昏黑。

賞析與點評

「又能」句：盧崖瀑布今存，嵩山八景之一，為三疊，上折常隱在雲霧裏，下折掩在深壑中，通常所見者為中折。瀑如白練懸空，因此所在山峰稱為太室山懸練峰。

二十一日　晨，謁嶽帝。出殿，東向太室絕頂。按嵩當天地之中，祀秩為五嶽首，故稱嵩高。與少室並峙，下多洞窟，故又名太室[1]。兩室相望如雙眉，然少室嶙峋，而太室雄厲稱尊，儼若負扆[2]。自翠微以上，連崖橫亙，列者如屏，展者如旗，故更覺岩岩[3]。

崇封始自上古，漢武以嵩呼之異[4]，特加祀邑。宋時逼近京畿[5]，典禮大備。至今絕頂猶傳鐵梁橋、避暑寨之名。當時之盛，固可想見矣。

注釋

1 太室：亦作「大室」。太廟，山名。「太室，室之大者，故為清廟。廟有五室，中央曰太室。」（孔穎達），中嶽廟在嵩山太室山腳。

2 扆（粵：椅；普：yǐ）：畫斧的屏風。天子見諸侯時，背依畫斧的屏風南向而立，因稱負扆。

3 岩岩：高峻。

4 崇封：崇，尊崇。封，古時帝王築壇祭天，報天之功，謂之「封」。嵩呼：相傳漢武帝劉徹登嵩山時，隨行的官吏和士卒在山中聽到三次高呼「萬歲」的聲音，稱作天意。

5 京畿（粵：基；普：jī）：國都及其附近的地方。

譯文

二十一日　清晨，拜謁嵩山嶽帝。離開大殿，向東攀上太室山的絕頂。據說嵩山位於天地的正中，按祭祀的順序當為五嶽之首，故稱嵩高。嵩山和少室山並排峙立，山下有很多洞窟，也叫太室山。遙看兩山猶如雙眉並列，但少室山峻峭，而太室山雄偉獨立，儼然背靠屏風的帝王。青綠的山嵐之上，山崖連綿不斷，好似排列的屏風、伸展的旗幟，因此更覺得高峻威嚴。

對嵩山的尊禮始自上古，漢武帝因為嵩山三呼「萬歲」的異象，加賜祭祀和封邑。宋朝的京城靠近嵩山，所以祭山的典禮十分完備。至今絕頂上還留下鐵梁橋、避暑寨的名稱。當時的盛況，可想而知。

黃蓋峰嶽廟—萬歲峰—金峰玉女溝—東峰—天門鐵梁橋—登高岩—白鶴觀址—絕頂真武廟、御井

太室東南一支，曰黃蓋峰[1]。峰下即嶽廟，規制宏壯。庭中碑石矗立，皆宋、遼以來者。登嶽正道，乃在萬歲峰下，當太室正南。

余昨趨盧岩時，先過東峰，道中見峰巒秀出，中裂如門，或指為金峰玉女溝，從此亦有路登頂，乃覓樵預期為導，今遂從此上。近秀出處，路漸折避之，險絕不能徑越也。北就土山，一縷僅容攀躋，約二十里，遂越東峰，已轉出裂門之上。西度狹脊，望絕頂行。是日濃雲如潑墨，余不為止。至是嵐氣愈沉，稍開則下瞰絕壁重崖，如列綃削玉，合則如行大海中。

五里，抵天門。上下皆石崖重疊，路多積雪。導者指峻絕處為大鐵梁橋。折而西，又三里，繞峰南下，得登高岩。凡岩幽者多不暢，暢者又少迴藏映帶之致[2]。此岩上倚層崖，下臨絕壑，洞門重巒擁護，左右環倚台嶂。初入，有洞岈然[3]，洞壁斜透；穿行數武，崖忽中斷五尺，莫可著趾。導者故老樵，狷捷如猿猴[4]，側身躍過對崖，取木二枝，橫架為閣道。既度，則岩穹然上覆，中有乳泉、丹灶、石榻諸勝。從岩側躋而上，更得一台，三面懸絕壑中。導者曰：「下可瞰登封，遠及箕、潁[5]。」時濃霧四塞，都無所見。

出岩，轉北二里，得白鶴觀址。址在山坪[6]，去險就夷，孤松挺立有曠致。又北上三里，始躋絕頂，有真武廟三楹[7]。側一井，甚瑩，曰御井，宋真宗避暑所浚也[8]。

注釋

1 黃蓋峰：在太室山東南。相傳漢武帝登山時，峰頂有黃雲盤聚如蓋，故名。

2 迴藏映帶：曲折隱蔽，相互襯托。

3 岈（粵：牙；普：yá）然：山勢隆起貌。

4 狷（粵：眷；普：juàn）捷：敏捷。

5 箕、潁：箕指箕山，潁指潁河。

6 坪：平廣的地方。

7 真武：本名「玄武」，龜蛇合體，為神話中的北方之神，傳統四象之一，宋代因避諱改稱真武，宋元崇拜玄武神。楹：屋一間為一楹，或稱一列屋為一楹。

8 宋真宗：北宋皇帝，名趙恆，太宗趙匡義第三子。信道教，共在位二十五年（九九七——一〇二二）。浚：疏通或挖深水道。

譯文

太室山東南其中一支山脈，叫黃蓋峰。峰腳就是中嶽廟，廟的規模宏偉壯觀。庭院中碑刻林立，都是宋、遼以來的題刻。登嵩山的主要幹道位於萬歲峰下，恰是太室山的正南方。

我昨天急赴盧岩寺時，先經過東峰，途中看見峰巒秀麗突出，中間裂開如同門扉，有人說那是金峰玉女溝，順着山溝走也有路通往絕頂，於是找了樵夫作嚮導並約好時間，今天就從這裏上絕頂。接近秀峰突出處，山路漸漸曲折，只能避開，因為地勢極為險峻，不能直接越過。只能往北靠着土山走，路只有一線寬，只容許向上攀爬，大約二十里，才越過東峰，不久轉到裂門的上面。往西越過狹窄的山脊，看着絕頂往前走。當天的濃雲如同潑墨，我沒有因此停步。到了這裏霧氣更加沉重，稍稍散開就可以俯視到絕壁重崖，如剖裂的絲帛和玉石；雲霧聚合時，則如同在大海中航行。

五里後到達天門峰。上下都是重疊的石崖，路上有很多積雪。嚮導指着最陡峻的地方說是大鐵梁橋。

轉向西走了三里，繞着山峰南下，到達登高岩。大凡位於幽深處的山岩，山路多不暢通，暢通處的岩石又缺少曲折掩映的景致。這岩上靠着層層山崖，下臨陡峭的深壑，洞門外的山巒重重簇擁，左右環靠着平台及屏障般的山峰。剛進去，就是一個高峻的洞穴，洞壁斜穿；在洞中走了幾步，山崖忽然從中間斷開五尺，找不到落腳的地方。嚮導是當地的老樵夫，敏捷得好似猿猴，側身跳到對面的山崖，取來兩根木頭，橫架在斷崖上形成棧道。過了斷崖，只見岩石上方拱起，其中有乳泉、丹灶、石榻等名勝。從岩石旁上去，另外還有一個平台，三面懸空，下面是深谷。嚮導說：「往下可以俯視登封縣，最遠可以看到箕山和潁水。」當時濃霧彌漫，甚麼都看不見。

離開登高岩，轉北走了二里，到達白鶴觀遺址。遺址在山間平地上，遠離險峻的地方，孤松挺立着別有情趣。又往北走三里，才登上絕頂，上面有真武廟三間房。旁邊有一口井，水質清瑩，叫御井，是宋真宗避暑時開鑿的。

真武廟——西溝、兩石峽溜——無極洞——西越嶺——法皇寺嵩門待月

飯真武廟中。問下山道，導者曰：「正道從萬歲峰抵麓二十里。若從西溝懸溜而下[1]，可省其半，然路極險峻。」余色喜，謂嵩無奇，以無險耳。亟從之，遂策杖前。

始猶依岩凌石，披叢條以降。既而從兩石峽溜中直下，仰望夾崖逼天。先是峰頂霧滴如雨，至此漸開，景亦漸奇。然皆垂溝脫磴，無論不能行，且不能止。愈下，崖勢愈壯，一峽窮，復轉一峽。吾目不使旁瞬，吾足不容求息也。如是十里，始出峽，抵平地，得正道。

過無極洞，西越嶺，趨草莽中，五里，得法皇寺[2]。寺有金蓮花，為特產，他處所無。山雨忽來，遂借榻僧寮[3]。其東石峰夾峙，每月初生，正從峽中出，所稱「嵩門待月」也[4]。

計餘所下之峽，即在其上，今坐對之，只覺雲氣出沒，安知身自此中來也。

注釋

1 溜：水無聲地流動，引申為滑動。

2 無極洞：即今老君洞，有道院一所。原奉太極、皇極，因稱無極洞。法皇寺：應作「法王寺」。創建於東漢明帝永平十四年（公元七十一），僅比洛陽白馬寺晚三年，是嵩山最古的寺院。寺後有塔數座，高者達四十餘米，為方形密簷式磚塔，唐代建築。

3 僧寮（粵：聊；普：liáo）：和尚住的小屋。

4 嵩門待月：嵩山八景之一。

譯文

在真武廟吃飯。查詢下山的路，嚮導說：「順萬歲峰的正路到山腳，有二十里。如果順西溝懸空滑下去，可以省一半的路，但是道路極其險峻。」我面露喜色，原來認為嵩山不奇，是因為沒有險峻之處。趕忙跟着嚮導，拄手杖往前走。開始還靠着岩石，撥開濃密的草木往下走。接着就從兩座石峽中滑行直下，仰望兩邊的崖壁高大參天。之前，峰頂上的霧氣騰騰像雨滴一樣，到了這裏，霧氣漸散，景色也漸奇。但峽谷一路垂直，沒有石階，別說不能行走，而且不能停。越往下，山勢越壯觀，下完一道峽谷，又轉入另一道峽谷。我的眼睛不敢斜視，我的腳不能歇息。這樣滑了十里，才走出峽谷，到達平地，踏上正道。經過無極洞，往西翻越山嶺，在草叢中急行，五里，到達法皇寺。寺裏有金蓮花，是當地特產，其他地方都沒有。山雨忽然降臨，於是借宿在僧舍。寺廟東邊有石峰對峙，每當月亮初升，正好在峽谷中間，就是所謂的「嵩山待月」。估計我先前滑下的峽谷，就在它的上面，現在面對它坐着，只看到雲氣忽隱忽現，怎知自己就是從那兒下來的呢？

嵩陽宮廢址三將軍柏、室三楹、舊殿石柱一、雄碑、唐碑——崇福宮故址——啟母石——嶽廟宋元碑

二十二　日出山，東行五里，抵嵩陽宮廢址[1]。惟三將軍柏鬱然如山，漢所封也；大者圍七人，中者五，小者三。柏之北，有室三楹，祠二程先生[2]。柏之西，有舊殿石柱一，大半沒於土，上多宋人題名，可辨者為范陽祖無擇、上谷寇武仲及蘇才翁數人而已[3]。柏之西南，雄碑傑然，四面刻蛟螭甚精[4]。右則為唐碑，裴迥撰文，徐浩八分書也[5]。

又東二里，過崇福宮故址，又名萬壽宮，為宋宰相提點處[6]。

又東為啟母石[7]，大如數間屋，側有一平石如砥。

又東八里，還飯嶽廟，看宋、元碑。

注釋

1 嵩陽宮廢址：北魏時為嵩陽寺，隋代為嵩陽觀，唐高宗曾以此為行宮。宋至道三年（九九七）賜名太室書院，景祐二年（一〇三五）重修，賜額更名為嵩陽書院，為宋代四大書院之一。三將軍柏今存二株，係西漢元封元年（前一一〇）漢武帝遊嵩山時所封，為我國現存最古最大的柏樹。唐碑即指〈大唐嵩陽觀紀聖德感應之頌〉碑，李林甫撰文，徐浩書，天寶三年刻立，高八米多，為嵩山最大的石碑。

2 二程：指北宋理學家程頤、程顥，曾在此講學。

3 范陽，上谷：地名。

4 螭（粵：雌；普：chī）：傳說中一種沒有角的龍，色黃，古代建築常用牠的形狀作裝飾。

5 裴迥：唐玄宗時人。現存的唐碑為李林甫撰文。徐浩：唐玄宗時人，工書法。八分書：書法體的一種。

6 崇福宮：在萬歲峰南麓，漢代建萬歲觀。宋時改名崇福宮，相傳司馬光曾在此寫過《資治通鑒》，大石柱礎猶存。提點：宋代有照管宮觀的提點宮觀和提舉宮觀。

7 啟母石：今存。從輪廓看，平石係從主石上崩下來的，上平滑。兩石間有碑一塊，為隆慶三年監察御史蔣機立。其南稍遠處有東漢延光二年立啟母闕，用長方形石條砌成，分東西兩半。有石雕屋頂，現存篆書銘文及雕刻的畫像六十餘幅。

譯文

二十二日　出了山，往東走了五里，到達荒廢的嵩陽宮遺址。遺址只剩鬱鬱蔥蔥、高大如山的三棵「將軍柏」，這是漢朝賜封的名稱；大的一棵有七人圍抱粗，中的有五人圍，小的三人圍。柏樹北邊，有三間房舍，祭祀着程頤、程顥兩位先生。柏樹西邊，有一根舊殿的石柱，大半截埋在土中，上面有很多宋人的題名，可以分辨出來的有范陽祖無擇、上谷寇武仲和蘇才翁數人而已。柏樹西南邊，有雄偉不凡的石碑，四面雕刻的蛟龍圖案非常精緻。右邊是唐碑，碑文由裴迴撰稿，徐浩用八分體書寫。

再往東走二里，經過崇福宮的舊址，其又名萬壽宮，是宋朝宰相罷相後做提點的地方。

再東邊是啟母石，有幾間屋子那麼大，旁邊有一塊石頭平滑得像磨刀石一樣。

又往東走了八里，回到中嶽廟吃飯，觀看宋、元時代的碑刻。

會善寺「茶榜」、〈戒壇記〉、戒壇廢址——郭店——少林

西八里，入登封縣[1]。西五里，從小徑西北行。又五里，入會善寺[2]，「茶榜」在其西小軒內，元刻也。後有一石碑仆牆下，為唐貞元〈戒壇記〉[3]，汝州刺史陸長源撰文，河南陸郢書。又西為戒壇廢址，石上刻鏤極精工，俱斷委草礫。西南行五里，出大路，又十里，至郭店。折而西南，為少林道。五里，入寺，宿瑞光上人房。

注釋

1 登封縣：今河南登封市，嵩山南麓。古城在今縣治西南部，主要街道作「十」字，部分城牆遺跡尚存。傳為夏朝都城。

2 會善寺：今存，大殿為元代建築。該寺為唐代著名天文學家一行出家的地方，寺西山坡上即為一行創建的戒壇遺址，今殘存刻有金剛像的石柱一根。寺東山坡上有塔三座，其中一座為六角錐體五級彩色琉璃塔。

3 貞元：唐德宗年號，共二十年（七八五—八〇四）。

譯文

往西走了八里，進入登封縣。再往西走五里，順小路往西北行，又走了五里，進入會善寺，「茶榜」在寺廟西邊的小屋裏，是元代刻的。後面有一塊石碑倒在牆

腳，是唐貞元年間（七八五—八〇四）刻的〈戒壇記〉，由汝州刺史陸長源撰稿，河南人陸郢題寫。再西邊是戒壇的遺址，石上的雕刻極精美，全都變成了頹垣斷瓦，散落草叢中。

往西南走了五里，到了大路上，又走了十里，到達郭店。

轉向西南走，是通往少林寺的路。走了五里，進入少林寺，在僧人瑞光房中住宿。

少林寺正殿—寺南—二祖庵、珠簾—煉丹台、小有天—大峰—南寨頂（少室北頂）—摘星台（少室中央）

二十三日　雲氣俱盡。入正殿，禮佛畢，登南寨。南寨者，少室絕頂，高與太室等，而峰巒峭拔，負「九鼎蓮花」之名。俯環其後者為九乳峰，蜿蜒東接太室，其陰則少林寺在焉[1]。寺甚整麗，庭中新舊碑森列成行[2]，俱完善。夾墀二松[3]，高偉而整，如有尺度。少室橫峙於前，仰不能見頂，遊者如面牆而立，輒謂少室以遠勝。

余昨暮入寺，即問少室道，俱謂雪深道絕，必無往。凡登山以晴朗為佳。余登太室，雲氣瀰漫，或以為仙靈見拒，不知此山魁梧，正須止露半面。若少室工於掩映，雖微雲豈宜點滓？今則霽甚，適逢其會，烏可阻也！

乃從寺南渡澗登山，六七里，得二祖庵[4]。山至此忽截然土盡而石，石崖下墜成坑。坑半有泉，突石飛下，亦以「珠簾」名之。余策杖獨前，愈下愈不得路，久之乃達。其岩雄拓不如盧岩，而深峭過之。岩下深潭泓碧，僵雪四積。

再上，至煉丹台。三面孤懸，斜倚翠壁，有亭曰「小有天」，探幽之屐[5]，從未有抵此者。過此皆從石脊仰攀直躋，兩旁危崖萬仞，石脊懸其間，殆無寸土，手與足代匱而後得升[6]。凡七里，始躋大峰。峰勢寬衍，向之危石，又截然忽盡為土。從草棘中莽莽南上，約五里，遂凌南寨頂，屏翳之土始盡。

南寨實少室北頂，自少林言之，為南寨云。蓋其頂中裂，橫界南北，北頂若展屏，南頂列戟峙，其前相去僅尋丈，中為深崖，直下如剖。兩崖夾中，坑底特起一峰，高出諸峰上，所謂摘星台也，為少室中央[7]。絕頂與北崖離倚，彼此斬絕不可度。俯矚其下，一絲相屬。余解衣從之，登其上，則南頂之九峰森立於前，北頂之半壁橫障於後，東西皆深坑，俯不見底，罡風乍至[8]，幾假翰飛去[9]。

注釋

1 少林寺：在少室山北面，背倚五乳峰，少林河從寺前流過。該寺始建於北魏，孝昌三年（五二七）達摩在此首傳禪宗，少林寺成為中國佛教禪宗的祖庭，且以傳授少林派拳術著稱。常住院面積三萬多平方米，一九二八年軍閥石友三放火燒寺，保存至今者主要有方丈達摩亭千佛殿的五百羅漢朝盧，白衣殿的少林拳譜、十三和尚救唐王、緊那羅禦紅巾等壁畫，還有三百餘品碑刻和金屬鑄器。寺西有墓塔二百二十多座，層級、大小不同，形態萬千，為我國現存最大的塔林。

2 庭中新舊碑：少林寺現保存唐以來的碑碣三百餘件，著名的有「太宗文皇帝御書碑」、吳道子「觀音畫像碑」、「達摩一葦渡江碑」等。

3 墀（粵：池；普：chí）：台階上面的空地。

4 二祖庵：二祖即慧可，二祖庵在少林寺西南四公里的缽盂峰上。有古井四眼，俗稱「卓錫泉」。南上里許即煉魔台，又稱覓心台，為遠眺風景的好地方。

5 屐：木底有齒的鞋，古人常用於登山遊覽時穿。

6 代匱：備缺乏以為代。手與足代匱：腳不夠用而以手幫助。

7 少室：少室山，有三十六峰。南寨即今御寨山，為少室山絕頂，海拔一千四百零五米。

8 罡（粵：江；普：gāng）風：亦作「剛風」，即高空的強風。

9 翰：天雞紅色的羽毛。

譯文

二十三日　雲霧盡散。進入正殿，禮佛完畢即攀登南寨。

南寨是少室山的絕頂，高度與太室山相當，但峰巒陡峭挺拔，享有「九鼎蓮花」的盛名。低環在它後面的是九乳峰，峰巒曲折地向東蜿蜒，連接太室山，它的北面就是少林寺。少林寺十分莊嚴華麗，庭院中的新舊碑刻林立成行，全都完好無缺。台階兩側的兩棵松樹，高壯整齊，如同尺量。少室山橫立寺前，抬頭看不到山頂，遊人們像面對牆壁而立，(因此)一直以為少室山的景致，以遠看為好。

我昨天傍晚進寺時，就打聽登少室山的路，都說雪深路斷，肯定去不了。登山一般是晴天最好。我登太室山時，雲霧彌漫，有人認為是山神拒絕遊客，卻不知道這山雄偉高大，恰好只需露出半面即可。如果少室山的優點在於若隱若現，怎會讓薄薄的雲彩成為它的瑕疵呢？今天十分晴朗，巧遇這個機會，沒甚麼可以阻止我了！

於是從寺廟的南邊渡溪登山，六七里後，到達二祖庵。山岩至此忽然石出土消，石崖往下墜落形成深坑。坑的半中腰有泉水，水流越過岩石飛瀉，也叫「珠簾」。我獨自拄着手杖往前走，愈往下愈找不到路，很久之後才到達。這座山岩不如盧岩雄闊，卻更加深峭。岩下有一潭碧綠泉水，到處都是凝結的積雪。

再往上是煉丹台。台的三面懸空，斜靠着青翠的崖壁，台上有個亭子，叫「小有天」，遊人的足跡，從來沒有到過這裏。過了這裏以後，都是順石脊仰首向上攀登，兩旁峭壁高達萬丈，石脊懸在中間，幾乎沒有一寸土，手足並用才爬了上去。七里後，才登上大峰。大峰的地勢寬闊，本來都是危石，又突然變成滿地泥土了。冒失地從草叢中南上，大約五里，就登上了南寨頂，覆蓋在岩石上的土到這裏才完全消失。

南寨其實是少室山的北頂，就少林寺而言，這才是南寨。少室山的頂部從中間裂開，橫斷為南北兩邊，北頂像屏風伸展，南頂像一列直立的尖戟，南北山頂相距僅一丈，中間是深谷，陡直而下如同刀剖。兩邊山崖相夾，谷底聳起一座山峰，高出眾峰之上，就是所謂的摘星台，也是少室山的正中央。絕頂和北部山崖若即若離，彼此隔絕不能互通。俯看絕頂下面，只有一絲相連之處。我脫掉衣服順着走，登上絕頂，南頂的九峰筆直地排列眼前，北頂的半面峭壁橫列在後面，東西兩面都是深坑，俯看不見底，狂風忽起，幾乎像要展翅乘風飛去。

南寨東北—土山茅庵—龍潭溝—一龍潭—二龍潭—少林寺

從南寨東北轉，下土山，忽見虎跡大如升。草莽中行五六里，得茅庵，擊石炊所攜米為粥，啜三四碗，飢渴霍然去。倩庵僧為引龍潭道[1]。下一峰，峰脊漸窄，土石間出，棘蔓翳之，懸枝以行，忽石削萬丈，勢不可度。轉而上躋，望峰勢蜿蜒處趨下，而石削復如前。往復不啻數里，乃迂過一坳，又五里而道出，則龍潭溝也。仰望前迷路處，危崖攲石，俱在萬仞峭壁上。流泉噴薄其中，崖石之陰森嶄巖者[2]，俱散成霞綺。峽夾澗轉，兩崖靜室如蜂房燕壘。

凡五里，一龍潭沉涵凝碧[3]，深不可規以丈。又經二龍潭，遂出峽，宿少林寺。

注釋

1 倩（粵：靜；普：qìng）：請。

2 嶄巖：形容山勢高峻。

3 涵：水澤多，沉潛。

譯文

沿南寨轉到東北，下了土山，忽然看見有一升那麼大的老虎腳印。在草叢中走了五六里，看到一間茅庵，（在那裏）用打火石取火，把帶來的米煮成粥，喝了三四碗，飢渴頓消。

請庵中的僧人指點去龍潭的路。下了一座山峰，峰脊漸漸變窄，土石交互出現，上面覆蓋着荊棘和藤蔓，攀着樹枝行走，岩石忽然聳立萬丈，看來是上不去了。

轉向上攀，從峰勢蜿蜒處往下，但岩石又像前面一樣突然聳立。來來回回不止數里，才繞過一道山坳，又走了五里後才找到出路，出口就是龍潭溝。仰望剛才迷路之處，陡峭的崖壁和危石，都在萬丈峭壁上。泉水從峭壁中噴出，高峻陰森的崖石，在水珠的光輝映照下，都披上了雲霞。山澗繞着峽谷迴旋，兩崖的靜室如同蜂房燕巢一樣。

共走了五里，有一個墨綠色的深淵，深得無法丈量。

再經過兩個深淵，就走出了峽谷，住在少林寺。

寺西—甘露台—初祖庵—五乳峰初祖洞—初祖庵達摩影石、六祖手植柏、夾墀二松—甘露台藏經殿、碑碣、千佛殿—瑞光上人舍—轘轅嶺—大屯

二十四日　從寺西北行，過甘露台，又過初祖庵。北四里，上五乳峰，探初祖洞。洞深二丈，闊殺之[1]，達摩九年面壁處也。洞門下臨寺，面對少室。地無泉，故無棲者。

下至初祖庵[2]，庵中供達摩影石。石高不及三尺，白質黑章，儼然西僧立像。中殿六祖手植柏[3]，大已三人圍，碑言自廣東置鉢中攜至者。夾墀二松亞少林。

少林松柏俱修偉，不似嶽廟偃仆盤曲[4]，此松亦然。下至甘露台，土阜矗起，上有藏經殿。下台，歷殿三重，碑碣散佈[5]，目不暇接。後為千佛殿，雄麗罕匹。出，飯瑞光上人舍。策騎趨登封道，過轘轅嶺[6]，宿大屯。

注釋

1 殺：少一些。

2 初祖庵：宋時少林寺僧徒為紀念禪宗初祖達摩修造的，今存大殿和千佛閣。古柏亦無恙，高二十多米，環抱四米餘。

3 六祖：六祖慧能，唐代僧人。本姓盧，生於南海新興（今屬廣東），為中國佛教禪宗的實際創立者，被尊為禪宗第六祖。

4 偃（粵：演；普：yǎn）仆：仰而倒稱偃，伏而覆為仆。

5 土阜：土丘。碑碣：碑刻，方者稱碑，圓者稱碣。

6 轘轅嶺：在登封西北，為許昌到洛陽的交通要道，公路今仍從此經過。有轘轅關，古今兵家必爭之地。

譯文

二十四日　從寺廟的西邊往北行，經過甘露台，又經過初祖庵。

往北四里後，登上五乳峰，探遊初祖洞。洞有二丈深，寬不到二丈，這是達摩面壁九年的地方。洞門下就是少林寺，面對少室山。地下沒有泉水，所以沒人在此居住。

往下到初祖庵，庵中供奉着達摩影石。影石不到三尺高，白底黑紋，就像胡僧站立的圖像。中殿有六祖慧能親手種的柏樹，長得有三人圍抱粗了，碑文說柏樹是慧能放在缽中從廣東帶來這裏的。台階旁的兩棵松樹不如少林寺的。少林寺的松柏都是挺拔雄偉，不像中嶽廟的仆倒盤曲，這裏的松柏也跟少林寺的一樣。

到了甘露台，土山矗立，山上有藏經殿。從甘露台下去，經過三重殿宇，遍佈各種碑刻，令人目不暇接。後面是千佛殿，雄壯華麗絕倫。

出殿，到僧人瑞光房中吃飯。然後策馬疾奔去登封的路，經過轘轅嶺，住在大屯。

伊闕佛洞、伊水

二十五日　西南行五十里，山岡忽斷，即伊闕也[1]。伊水南來經其下，深可浮數石舟。伊闕連岡，東西橫亙，水上編木橋之。渡而西，崖更危聳。一山皆劈為崖，滿崖鐫佛其上[2]。大洞數十，高皆數十丈。大洞外，峭崖直入山頂，頂俱刊小洞，

洞俱刊佛其內。雖尺寸之膚，無不滿者，望之不可數計。洞左，泉自山流下，匯為方池，餘瀉入伊川。山高不及百丈，而清流淙淙不絕，為此地所難。伊闕摩肩接轂[3]，為楚、豫大道，西北歷關陝。余由此取西嶽道去。

注釋

1 伊闕：在今河南洛陽市南郊的龍門。青山對峙，形如門闕，伊水經其間，從南往北流，故稱伊闕。「龍門石窟」佛雕群在伊河兩岸山崖上。龍門石窟，始鑿於北魏，斷續大規模營造達四百多年。現存窟龕二千一百多個，造像十萬餘尊，造像題記三千六百多塊。主要洞窟在河西，以唐代所鑿奉先寺佛像為最大。香山寺和著名詩人白居易的墓在河東。

2 鐫（粵：專；普：juān）：雕刻。

3 轂（粵：谷；普：gǔ）：車輪中心有窟窿可以插軸的部分。摩肩接轂：人肩擠摩，車轂碰接，比喻及其繁盛。

譯文

二十五日　往西南走了五十里，山岡忽然斷開，這就是伊闕山。伊水從南邊流過來，經過山下，水深可承托數石重的船。伊闕山的山岡相連，東西橫貫，伊水上架着木橋。過橋到西岸，崖壁更加危險峭立。一座山被劈成崖壁，崖壁上全都刻滿了佛像。還有幾十個大洞，全都高達數十丈。大洞外的峭壁直插山頂，頂上又鑿着小洞，洞中也刻了佛像。即使是一點點地方，也雕滿了佛像，看着都無法計算。洞的左邊，泉水從山上流下來，匯聚成方池，其餘的流入伊水。伊闕山沒有百丈高，卻有流水淙淙不絕，在當地來說是很難得的。

伊闕山前車來人往，這是湖北、河南的往來要道，主要通往關中和陝西一帶。我從這裏啟程去西嶽華山。

賞析與點評

「伊闕摩肩接轂」，明末伊闕這些大道很繁忙，後章「華山」章也有相關大道繁華的實錄。

八　遊太華山日記

陝西西安府華陰縣

本篇導讀——

一六二三年二月最後一天，徐霞客到了古潼關，三月初一到初三遊覽華山諸峰，沒去古都西安，而是越華山南下，考察秦嶺山水，經洛南、龍駒寨，初十出陝西，往湖北武當山去，共計在陝西十一天。

陝西六朝古都，西嶽華山歷史悠久、人文薈萃，文人騷客寫華山筆墨甚多。徐霞客記載華山景點狀貌的筆墨不多，重在以華山為中心的地貌、交通、水脈、植被、物候等方面的客觀而清晰的錄述。

徐霞客在太華山的遊歷，有三處值得關注：潼關、西嶽廟、洛南縣。潼關為進華山道，西嶽廟為進華山出華山處，洛南縣為過華山山脈進秦嶺東段南部處。三處為宏祖此篇三段遊程。簡單路線為：

潼關—西嶽廟—（太華山）東、南、西諸峰—西嶽廟—泓峪—華陽川—（秦嶺，華陰、洛南界段）楊氏城—石門—景村—老君峪—龍駒寨—丹水。

在潼關，徐霞客遠遠望見太華山及其北部餘脉，記錄所見西嶽的拔地而起、險峻及其北支脈「土崗」。華山險峻，遠望如蓮花。

二月初一到初二遊歷華山主脈，初三出西嶽廟，走華山西行餘脉，進秦嶺主脈。華山為五嶽中的西嶽，登華山在秦漢以來，有朝聖的意味。「華山論劍」雖小説虛構，也可見華山在民間的神聖地位。徐霞客走華山多條險峻奇絕棧道，初一上東峰，初二上南峰、西峰。徐霞客爬華山興致很高。自古華山一條道，很難爬。爬了一整天，徐霞客在迎陽洞放好行李，天差不多黑了，還要爬完東峰。

華山是道教勝地，山上道教廟宇眾多，徐霞客上山多和道士交流。

初三離開西嶽廟後，至初十離開陝西，期間他沒去西安，而是走秦嶺，泛舟大溪（丹水）。這部分載錄對於西北山脈、水路和古代交通，記載細緻精到，地理學和文學的文獻價值大。如，秦嶺和華山河谷的不同，古道潼關和商州古藍武道在當時的繁華景象，大溪（丹江）水土情況等等。明代末年陝西東南部的山形地貌、水道源流、州縣轄境、水陸交通、關隘險阻，兼及作物、花果等，都通過之前的準備和實地考察得到確認並記錄下來。

歷史變遷，千年百年的人文會消失，不過華山還在那裏，沒多大變化。感受月華之下，華山之頂上，群山像一朵白蓮花立在大平原上的勝景。

二月晦　入潼關[1]，三十五里，乃稅駕西嶽廟[2]。黃河從朔漠南下，至潼關，折而東。關正當河、山隘口[3]，北瞰河流，南連華嶽[4]，惟此一線為東西大道，以百雉鎖之[5]。捨此而北，必渡黃河，南必趨武關[6]，而華嶽以南，峭壁層崖，無可度者。

未入關，百里外即見太華屼出雲表；及入關，反為岡隴所蔽[7]。行二十里，忽仰見芙蓉片片，已直造其下，不特三峰秀絕，而東西擁攢諸峰，俱片削層懸。惟北面時有土岡，至此盡脫山骨，競發為極勝處。

注釋

1 潼關：歷史上的潼關，在今風陵渡對岸的黃河邊，陝西潼關縣的港口。因修三門峽水庫，潼關縣遷至吳村。

2 西嶽廟：位於在華山下五公里的嶽鎮東端，西距華陰縣約一點五公里，亦稱華陰廟。始建於漢代，歷代帝王祭祀西嶽神靈之所，全真教華山派聖地。建築宏偉，廟內碑刻很多。

3 朔漠：北方沙漠之地。隘口：狹窄而險要的山口。

4 華嶽：即今華山，又稱「太華山」、「泰華」、「西嶽」，峰聚如蓮花，故稱「華山」

（古音華同花）。位於陝西華陰城南，南接秦嶺山脈，北臨黃河。東峰朝陽，西峰蓮花，南峰落雁，中峰玉女，北峰雲台。东、西、南三峰呈鼎狀並立，係主峰，落雁峰為最高峰，一千六百一十四米，五嶽最高處，朝陽峰頂為看日出勝地。中、北峰相輔，周邊小峰拱立。華山險峻，山體像劍聳立，四面懸崖像被劈開一樣筆直。華山可分為十七景，從山麓始，經谷口、第一關、第二關、雲門、千尺幢、雲台峰、御道坊、通天門、中污、西峰、南峰、東峰、中峰以及環列諸峰，抵西嶽廟。自古華山一條道，經青柯坪後，是千尺幢、百尺峽，老君犁沟等棧道懸空，道路險峻，扶鐵索而上。至蒼龍嶺、鷂子翻身、空中棧道等處，益加險峻。華山為五嶽之一，古代祭祀華山君的場所，西嶽廟修於漢武帝時，計有五十六位帝王在此祭天。後發展為全真教勝地，有雲台觀和玉泉院等廟觀，為道教三十六小洞天中的第四洞。唐鍾離權、宋陳摶老祖在此隱居修道，明代全真教王重陽嫡傳弟子王處一、郝大通在此隱居傳教，發展成全真華山派。摩崖石刻以明清居多，以西漢〈漢西嶽華山廟碑〉為代表；民間傳說、文人筆墨繁多，以「華山論劍」為華人所熟知。

5 百雉（粵：自；普：zhì）：雉為古代計算城牆的單位，以長三丈、高一丈為一雉。百雉，此處指長而高大的城牆。

6 武關：位於陝西丹鳳縣武關河北岸，即春秋「少習關」，戰國改為「武關」，與函谷關（東漢後被潼關替代）、蕭關、大散關稱為「秦之四塞」，自古兵家必爭之地。關中地區，即四關之內，古秦國舊地，主要指渭河平原和甘肅東部地區。

7 屼：光禿禿的樣子。岡隴：山崗，山嶺。

譯文

二月底 到達潼關，走了三十五里，就停宿在西嶽廟。黃河從北往南奔流，到了潼關就轉向東流。潼關正好位於黃河和華山的關隘，向北俯瞰黃河，南接華山，潼關是貫通東西的唯一大道，所以被高大的城牆封鎖着。去北方不走陸路，就必須橫渡黃河，往南則必經武關，但華山以南，崖壁層疊陡峭，無路可走。還沒到潼關時，百里之外就看見華山高聳入雲；直至入關，華山反而被山崗遮蔽了。走了二十里，抬頭忽然看到一座座美如荷花的華山山峰，原來已經到達華山的山腳。華山不僅落雁、朝陽、蓮花三峰秀美無比，而且聚集在東西兩邊的山峰，也都是層疊如削的峭壁。就連北面不時出現的土岡，此時也泥土全無，露出岩石，爭奇鬥豔。

賞析與點評

陝西為六朝古都，眾多帝王將相傳說發生地。剛進陝西，徐霞客把黃河、潼關、武關、西嶽廟等聞名千年的地方排了出來，然後西嶽華山光禿禿地聳立在雲端，出現在遼闊的秦川大地上。似是信手拈來，卻將歷史悠久、地理險要、雄偉遼闊通過短短幾句話講述完整。也不知徐霞客在來之前對陝西華山的地理做了多少功課。

西嶽神萬壽閣—雲台觀—十方庵—玉泉院—莎蘿宮—青柯坪—寥陽橋—千尺幢—百尺峽—老君犁溝—猢猻嶺—蒼龍嶺—日月岩—三峰足—東峰玉女祠、迎陽洞

三月初一日　入謁西嶽神，登萬壽閣。向嶽南趨十五里，入雲台觀。覓導於十方庵。由峪口入[1]，兩崖壁立，一溪中出，玉泉院當其左[2]。循溪隨峪行十里，為莎蘿宮，路始峻。又十里，為青柯坪[3]，路少坦。五里，過寥陽橋，路遂絕。攀鎖上千尺幢[4]，再上百尺峽。從崖左轉，上老君犁溝[5]，過猢猻嶺[6]。去青柯五里，有峰北懸深崖中，三面絕壁，則白雲峰也。捨之南，上蒼龍嶺[7]，過日月岩。去犁溝又五里，始上三峰足。望東峰側而上，謁玉女祠[8]，入迎陽洞。道士李姓者，留余宿。乃以餘晷上東峰[9]，昏返洞。

注釋

1 峪（粵：裕；普：yù）：山谷。

2 **玉泉院**：今名同，在華山北麓谷口，為登華山必經之路。

3 **青柯坪**：在華山谷道盡頭，是上山途中唯一比較平坦的地方，有東道院和通仙觀可憩息食宿。過此出，以上險道多，路開始難走。

4 **鎖**：鐵鏈。**千尺幢**（粵：床；普：chuáng）：今名同，為華山咽喉。兩面峭壁，當中一條狹隘的石縫，中間鑿出陡峻的踏步，兩邊掛着鐵鏈供遊人拉牽。接近幢頂處有鐵板可以開合。

5 **老君犁溝**：東為絕壁，西為深壑，自上而下，共五百七十餘級。相傳老子修道時，見人們開山鑿道不易，便驅其乘牛一夜犁成此道，故名。

6 **猢猻嶺**：即猢猻愁。崖壁陡峭，傳説以前從華山水簾洞出來的猿猴，每到此即返回，連牠們也難於通過，故名。

7 **蒼龍嶺**：今名同，為登華山最險的地段。係一條狹而長的山脊，南北長達一千五百米，踏步狹處僅尺許，兩旁為深谷，遊人必須牽住鐵鏈前進。

8 **玉女祠**：在中峰玉女峰。

9 **晷**（粵：軌；普：guǐ）：原意為日影。古人測日影以定時刻，故又引申為時間。餘晷即剩餘的時間。

譯文

三月初一　拜祭西嶽華山之神後，登上萬壽閣。往華山的南面走了十五里，到達雲台觀。在十方庵找了嚮導。從山谷口進山，兩邊崖壁直聳，一股溪水從山谷中流出來，玉泉院就在溪水左岸。沿溪流和山谷走了十里，到達莎蘿宮，道路開始陡峻。再走十里，到達青柯坪，道路稍微平坦些。走了五里，過了寥陽橋，就沒路了。攀着鎖鏈登上千尺幢，再爬到百尺峽。順崖左轉，登上老君犁溝，越過猢猻嶺。距離青柯坪五里的地方，有座山峰懸立在北面深崖中，三面全是絕壁，就是白雲峰。我放棄白雲峰往南走，登上蒼龍嶺，經過日月岩。距離老君犁溝多五里的地方，才開始爬三峰足。朝東峰的側面往上爬，謁拜玉女祠，進了迎陽洞。一個姓李的道士，留我住宿。於是用剩下的時間攀上東峰，天黑才回迎陽洞。

南峰仰天池、黑龍潭——西峰玉井——迎陽

東峰——（棋盤台）——白雲峰聖母殿——莎蘿坪——十方庵

初二日　**從南峰北麓上峰頂，懸南崖而下，觀避靜處。復上，直躋峰絕頂[1]。上有小孔，道士指為仰天池。旁有黑龍潭。**

從西下，復上西峰。峰上石聳起，有石片覆其上如荷葉。旁有玉井甚深，以閣

掩其上，不知何故。

還飯於迎陽。

上東峰[2]，懸南崖而下，一小台峙絕壑中，是為棋盤台。既上，別道士，從舊徑下，觀白雲峰，聖母殿在焉。下至莎蘿坪，暮色逼人，急出谷，黑行三里，宿十方庵。出青柯坪，左上有柸渡庵、毛女洞；出莎蘿坪，右上有上方峰。皆華之支峰也，路俱峭削，以日暮不及登。

注釋

1 「直躋」句：南峰落雁峰為華山絕頂，海拔二千一百六十米。峰頂有老君洞，洞北有泉，冬夏不竭，稱仰天池。

2 東峰：東峰朝陽峰，為華夏九大觀日處之一。

譯文

初二日　從南峰北面山腳登上峰頂，順着南面山崖懸空而下，參觀避靜處。再上山，直登南峰的絕頂。頂上有個小洞，道士指着說是仰天池。旁邊有黑龍潭。從西面下山，再登上西峰。峰上岩石聳立，被荷葉般的石片覆蓋着。旁邊有一方很深的玉井，井上卻蓋着閣樓，不知是甚麼原因。折返迎陽洞吃飯。

登上東峰，從南面山崖懸空而下，有一座小平台峙立在極陡的壑谷中，就是棋盤台。

上去後，辭別道士，從原路下山，觀訪白雲峰，聖母殿就在那裏。往下走到莎蘿坪，暮色逼人，急忙離開山谷，摸黑走了三里，住在十方庵。從青柯坪離開，左邊有柸渡庵、毛女洞；離開莎蘿坪，則右邊有上方峰；全是華山的支峰。路都很陡峻，因天黑而來不及攀登。

嶽廟—華陰西門—泓峪—木柸

初三日　行十五里，入嶽廟。西五里，出華陰西門，從小徑西南二十里，入泓峪，即華山之西第三峪也。兩崖參天而起，夾立甚隘，水奔流其間。循澗南行，倏而東折[1]，倏而西轉。蓋山壁片削，俱犬牙錯入，行從牙罅中，宛轉如江行調艙然。

二十里，宿於木柸。自嶽廟來，四十五里矣。

注釋

1 倏（粵：叔；普：shū）：極快地。倏而：忽而。

譯文

初三日　走了十五里，到達嶽廟。往西走了五里，從華陰縣城西門出發，順小路往西南走了二十里，進入泓峪，這是華山西邊的第三個山谷。山谷兩邊的崖壁高聳入雲，夾谷而立，十分狹窄，溪水奔流其中。沿溪往南走，一會轉向東，一會轉向西。因岩壁片片峭立，像犬牙一樣參差不齊，在錯落的牙縫中行走，如在彎曲的江上航行，需要不斷地調整航向。

走了二十里，住在木柸。從嶽廟至此，已經走了四十五里。

泓嶺——華陽川——秦嶺華陰、洛南界——黃螺鋪——楊氏城

初四日　行十里，山峪既窮，遂上泓嶺。十里，躡其巔。北望太華，兀立天表。東瞻一峰，嵯峨特異，土人云賽華山。始悟西南三十里有少華[1]，即此山矣。南下十里，有溪從東南注西北，是為華陽川。溯川東行十里，南登秦嶺[2]，為華陰、洛南界。上下共五里。又十里為黃螺鋪。循溪東南下，三十里，抵楊氏城。

注釋

1 **少華**：少華山，今名同，在華縣城東南五公里，比太華山低小。有三峰，西為獨秀峰，中為玉女峰，東為半截山。

2 **秦嶺**：廣義為秦嶺山脈，秦嶺—淮河是中國南北分界線，也為傳統華夏三大幹龍脈中的「中龍」，名山有終南山、華山、武當山、九華山、驪山等。狹義秦嶺位於陜西南部、渭河和漢水之間的山地地區。此處是秦嶺東段，嶺谷地形，有丹江、太華山、少華山等。

譯文

初四日 走了十里，走到山谷的盡頭，就爬上泓嶺。十里後，到達泓嶺頂。北看太華山，高聳天際。在東邊看到一座山峰，山勢特別高峻奇異，當地人說是賽華山。我才知道西南三十里的少華山，就是這座山了。

往南走了十里，有條溪從東南流向西北，這是華陽川。逆流往東走了十里，往南攀上秦嶺，就是華陰、洛南的分界線了。上下攀爬共五里。再走十里到黃螺鋪。

沿溪朝東南方，往下走了三十里，到達楊氏城。

石門—隔凡峪—洛南縣—洛水—田家原—景村南峪—草樹溝

初五日　行二十里，出石門，山始開。又七里，折而東南，入隔凡峪。西南二十里，即洛南縣峪[1]。東南三里，越嶺，行峪中。十里出山，則洛水自西而東，即河南所渡之上流也。渡洛復上嶺，曰田家原。五里，下峪中，有水自南來入洛。溯之入，十五里，為景村。山復開，始見稻畦。過此仍溯流入南峪，南行五里，至草樹溝。山空日暮，借宿山家。

注釋

1 洛南縣：即今陝西商洛市洛南縣，陝西東南門戶，位於秦嶺東段南麓、洛河上游，北接華陰，南接商州。石門、景村在洛南縣南。

譯文

初五日　走了二十里，離開石門，山勢漸漸開闊。再走七里，轉向東南，進入隔凡峪。往西南走二十里，就是洛南縣峪。往東南走了三里，越過山嶺，在山谷中行走。十里，出了山，看到洛水從西流向東，這就是在河南渡過的河水的上游。渡過洛水後又登上了一道叫田家原的山嶺。往下走了五里，到達山谷，有水從南邊流入洛水。逆流往裏走，十五里後，到達景村。山勢又開闊起來，這才看見稻田。過了景村後仍然逆流而行，到南峪，往南走了五里，到草樹溝。山野空曠已黃昏，於是在山野人家借宿。

自嶽廟至木柸，俱西南行，過華陽川則東南矣。華陽而南，溪漸大，山漸開，然對面之峰崢崢也[1]。下秦嶺，至楊氏城，兩崖忽開忽合，一時互見，又不比木柸峪中，兩崖壁立，有迴曲無開合也。

注釋

1 崢崢：高峻貌。

譯文

從嶽廟到木柸，都是往西南走，過了華陽川就往東南走了。華陽川以南，溪流漸漸變大了，山勢逐漸開闊，然而對面的山峰卻十分高峻。

下了秦嶺，抵達楊氏城。兩旁的山崖驟聚驟離，交錯出現，異於木柸峪的景色，兩旁的崖壁峭立，山勢一味迂迴曲折，沒有驟開驟合的景觀。

塢底岔—商州—倉龍嶺—老君峪—（老君）峪口

初六日　越嶺兩重，凡二十五里，飯塢底岔。其西行道，即向洛南者。又東南十里，入商州界[1]，去洛南七十餘里矣。又二十五里，上倉龍嶺[2]。蜿蜒行嶺上，兩溪屈曲夾之。五里，下嶺，兩溪適合。隨溪行老君峪中，十里，暮雨忽至，投宿於峪口。

注釋

1 商州：即今陝西商洛市商州區，自古就是中土西北與東南的交通要道。

2 倉龍嶺：即今蟒嶺。

譯文

初六日　翻過兩重山嶺，共走了二十五里，到塢底岔用飯。由塢底岔往西的路，通往洛南縣。（我）又往東南走了十里，進入商州的境內，距離洛南縣有七十多里。

又走了二十五里，登上倉龍嶺。在山嶺上曲折地走着，兩邊夾着彎曲的溪流。走了五里，下了山嶺，兩條溪剛好合二為一。隨溪走在老君峪中，十里後暮雨忽然降下，投宿在老君峪口。

（老君）峪—大溪—龍駒寨

初七日 行五里，出峪。大溪自西注於東[1]，循之行十里，龍駒寨[2]。寨東去武關九十里，西向商州，即陝省間道[3]，馬騾商貨，不讓潼關道中。溪下板船，可勝五石舟。水自商州西至此，經武關之南，歷胡村，至小江口入漢者也[4]。遂趨覓舟。甫定[5]，雨大注，終日不休，舟不行。

注釋

1 此大溪明代稱丹水，即今丹江，這條河明清時代航運發達。

2 龍駒寨：位於丹江北岸，今丹鳳縣政府所在地。歷代秦地和秦嶺東南地區的貨物集散地。

3 間（粵：諫；普：jiàn）道：偏僻的捷徑。

4 石：古容量單位，一石等於十斗，一石約合市斤一百二十斤。小江口：今稱江口，在湖北丹江口市丹江匯入漢水處。

5 甫：方才。

譯文

初七日 走了五里，走出山谷。一條大溪從西流向東，沿溪走了十里，到達龍駒寨。寨東距離武關九十里，西邊通往商州，也是去陝西的捷徑，路上的騾馬、商人、貨物往來不絕，不比潼關大道遜色。行駛溪流的板船，可以承受五石的重量。溪水從商州西邊流到這裏，經過武關的南面，流過胡村，到小江口後匯入漢水。

於是急忙尋找船。剛剛找到船就下起大雨來，一整天都沒停，船也不能啟航。

賞析與點評

除了山水地貌，徐霞客在路上的所見所聞，也給後人留下了寶貴的歷史信息。「寨東去武關九十里，西向商州，即陝省間道，馬騾商貨，不讓潼關道中」。潼關道過潼關入關中，藍武道過武關入關中，一六二三年農曆三月初七，徐霞客在路上見到：陝西到河南和湖北的兩條交通要道順暢興旺。此處和「嵩山日記」伊闕「摩肩接轂」相應。

「可勝五石舟」，「雨大注，終日不休，舟不行」。丹江陝西段當時水量很大。五石船，能裝六百多斤的大船。雨水太大，都不敢開船。丹江發源於秦嶺陝西段，注入湖北漢水，再入長江。現在丹江陝西段只剩一條小溪。四百年過去，秦嶺水土有所變化。

（龍駒寨）——影石灘小影石灘

初八日　舟子以販鹽故，久乃行。雨後，怒溪如奔馬，兩山夾之，曲折縈迴，轟雷入地之險，與建溪無異[1]。已而雨復至。午抵影石灘[2]，雨大作，遂泊於小影石灘。

注釋

1 建溪：福建閩江主要源頭之一，閩江上游最大的溪流。

2 影石灘：即今月日灘，在丹鳳縣稍南。

譯文

初八日　因為船夫要賣鹽，很久之後才啟航。雨後，溪流的水勢如奔馬，兩邊的山崖夾着溪水，曲折盤旋，聲如雷鳴般流入險要之地，這和建溪無異。不久又下起了雨。

中午到達影石灘，雨勢很大，於是停泊在小影石灘。

龍關——武關之流——（武關之流）山涯

初九日　行四十里，過龍關[1]。五十里，北一溪來注，則武關之流也[2]。其地北去武關四十里，蓋商州南境矣。時浮雲已盡，麗日乘空，山嵐重疊競秀。怒流送舟，兩岸穠桃豔李，泛光欲舞，出坐船頭，不覺欲仙也。又八十里，日才下午，榜人以所帶鹽化遷柴竹[3]，屢止不進。夜宿於山涯之下。

注釋

1 龍關：即今竹林關，在丹鳳縣南境，銀花河匯入丹江處。

2 武關之流：即今武關河。

3 榜（粵：棒；普：bàng）：即棹，搖船的工具。榜人：搖船的人。遷：變換。

譯文

初九日　航行四十里，經過龍關。五十里，一條溪水從北邊流入，這是武關的河流。從這裏往北距離武關四十里的地方，就是商州南部的邊境。此時浮雲散盡，麗日當空，霧氣籠罩的山峰層疊交錯，爭相競美。奔騰的水流推動船隻，兩岸盛開的桃李爭豔，倒映在水面上，彷佛翩然起舞，走到船頭坐着，不覺飄飄欲仙。

航行了八十里，才是下午時分，船夫想用鹽交換柴和竹，多次停船不肯前進。當夜停宿在山涯下。

蓮灘—百姓灘—蜀西樓—胡村—石廟灣

初十日　五十里，下蓮灘。大浪撲入舟中，傾囊倒篋，無不沾濡[1]。二十里，過百姓灘，有峰突立溪右，崖為水所摧，岌岌欲墮[2]。出蜀西樓[3]，山峽少開，已入南陽淅川境[4]，為秦、豫界。三十里，過胡村。四十里，抵石廟灣，登涯投店。東南去均州，上太和，蓋一百三十里云。

注釋

1　沾濡：被水沾濕。

2　岌（粵：級；普：jí）岌：山高峻危險貌。

3 蜀西樓：今作梳洗樓，在商南縣東南隅，陝西海拔最低點，陝西、河南、湖北交界處。

4 淅川：明成化六年（一四七〇）析內鄉縣地置淅川縣，隸南陽府，治所在今河南南陽市淅川縣西南境，丹江北岸的老城。

譯文

初十日 航行了五十里，在蓮灘登陸。大浪撲進船艙，翻箱倒櫃，行李全都被水弄濕了。

航行了二十里，經過百姓灘，河流的右岸有突立的山峰，峰崖被水流侵蝕得搖搖欲墜。

船隻離開蜀西樓，峽谷稍稍寬闊，不久便進入南陽府的淅川縣境，這是陝西、河南的分界處。

三十里，經過胡村。

四十里後，到達石廟灣，上岸投宿旅店。從這裏的東南面出發去均州，攀上太和山，大約是一百三十里。

賞析與點評

一六二三年三月份陝西、湖北、河南交界處的雨量大。徐霞客記述清晰，他在船上顛來復去，四百年過去了，似乎歷歷在目。下面有條信息，看看當時明朝的其他地方發生了甚麼大事——

一六二三年農曆五月初六，黃河在河南東部的商丘睢阳（河南、山東、江蘇、安徽結合部）缺口，上下一百五十里內被黃河水淹成了平地。

九　遊太和山日記

湖廣襄陽府均州

本篇導讀——

「嵩山—太華山—太和山」這條路線，徐霞客共用了六十七天，太和山即武當山，是這條線路的最後一站，他從秦嶺進武漢襄陽府武當山，一六二三年農曆三月十一到十五日在這裏探遊。

之前在陝西走商州藍武關，渡大溪丹江，過一小段河南地界（河南淅川），翻越仙猿嶺，來到湖廣、河南交界（鄖縣、淅川）。繼續趕路，過湖廣鄖縣，到太和山所在地均州（丹江口市）境內，忽然山花夾道，美麗異常。他於次日抵均州城內，永樂帝朱棣勒建的武當山靜樂宮佔城一半，莊嚴雄偉。

由草店上武當，當日上峰頂金頂，夜宿武當山。十五下山，到襄陽府乘舟沿長江歷時二十四天到家。

十三日，徐霞客騎馬過草店上武當，先見到迎恩宮榜書石碑「第一山」，係襄陽人米芾所書。過遇真宮、回龍觀、太子坡，走平台十八盤，過紫霄宮、南天門，都沒細細遊覽，徐霞客直奔南天門南岩對面的榔梅祠。他在武當山特別關心榔梅樹，還收集了好多這種武當山特產的貢果。

此後過三個天門，黃昏時分到天柱峰頂，峰頂平台為武當山的金頂，上面的真武廟門已關，就下到三天門的太和宮住了下來。第二天登金頂拜真武廟，俯瞰峰頂景色。抄沒階梯的小路下山。

太和山山脈連綿，從金頂抄小路下來，過蠟燭峰腳的蠟燭澗、瓊台觀，觀裏有一株榔梅樹。徐霞客央求道士給他一枚，道士害怕，因這是皇宮禁物，不能給平民，他求了好久才得幾枚已經腐爛發黑的。

徐霞客繼續走，翻越了幾道山峰，過朝天宮，又到了南天門、南岩。夜宿朝天宮，賄賂小道士，繼續求榔梅，得六枚。次日繼續求，但是真沒有了，然後走路到五龍宮。

三月十五日，徐霞客找到了很多榔梅樹，可惜沒結果，道觀裏也找不到道士。後面也許是累了，從南天門到懸崖中間的雷公洞。下山時很難走，抬轎子的當地人就帶他往竹笆橋去，徐霞客在轎子上很喜歡沿途的山泉滴岩石景致。一直下到山谷澗底，到了竹笆橋河的下游，這個地方叫青羊橋，抬頭見天如甕口。隨後上攢天嶺，過自然庵、五龍宮，到淩虛岩見對面即桃源洞，樹木繁茂，色彩光艷。下山，回草店。嵩山、華山、武當遊歷完，徐霞客觀察細緻，找到三地植被的差異，他覺得這些差異有天數也有人的因素。

武當夢遊，選自《泛槎圖全集》，清張寶撰，道光時期羊城尚古齋刊刻

十一日　登仙猿嶺。

十餘里，有枯溪小橋，為鄖縣境，乃河南、湖廣界。東五里，有池一泓，曰青泉，上源不見所自來，而下流淙淙，地又屬淅川。蓋二縣界址相錯，依山溪曲折，路經其間故也。

五里，越一小嶺，仍為鄖縣境。嶺下有玉皇觀、龍潭寺。一溪滔滔自西南走東北，蓋自鄖中來者。

渡溪，南上九里岡，經其脊而下，為蟠桃嶺。

溯溪行塢中十里，為葛九溝。

又十里，登土地嶺，嶺南則均州境。自此連逾山嶺，桃李繽紛，山花夾道，幽豔異常。山塢之中，居廬相望，沿流稻畦，高下鱗次，不似山、陝間矣。但途中蹊徑狹，行人稀，且聞虎暴，日方下舂，竟止塢中曹家店。

譯文

十一日　攀登仙猿嶺。

十多里後到達枯溪小橋，這是鄖縣的境內，是河南和湖廣布政司的分界處。往東走了五里，有一池清澈的水，叫青泉，不知道源頭在哪裏，只見下流淙淙。這裏則屬於淅川縣了。這是因為沿着山勢和溪流走，路過這裏的緣故，所以道路在兩縣之間。

走了五里，翻過一道小山嶺，還是鄖縣境內。嶺下有玉皇觀、龍潭寺。一條溪水滔滔不絕地從西南往東北流去，大概從鄖縣中部流過來的。

過了溪，往南登上九里岡，越過岡脊往下，就是蟠桃嶺。

逆流沿山塢走了十里，就是葛九溝。

再走十里，攀上土地嶺，其嶺南是均州境。從這裏連翻幾道山嶺，沿途桃李繽紛，山花夾道盛開，秀美異常。山塢之中，居民守望相助，沿溪的稻田，高低不一，像魚鱗般緊密排列，不像山西、陝西的（民居）。只是途中的小路很窄，行人稀少，而且聽說有老虎肆虐，日漸西下，於是停宿在塢中的曹家店。

火龍嶺—行頭岡—紅粉渡—漢水—均州靜樂宮

十二日　行五里，上火龍嶺。下嶺隨流出峽，四十里，下行頭岡。十五里，抵紅粉渡，漢水汪然西來，涯下蒼壁懸空，清流繞面。循漢東行，抵均州。靜樂宮當州之中，踞城之半，規制宏整。停行李於南城外，定計明晨登山[1]。

注釋

1 太和山：即武當山，也稱玄嶽、大嶽等，位於湖北丹江口市（明代均州）境內，北靠神農架，南臨丹江口水庫。有七十二峰、三十六岩、二十四澗、十一洞、三潭、九泉、十池、九井、十石、九台等胜景，主峰天柱峰，海拔一千六百一十二米。氣候多變，常年雲霧繚繞。自古為宗教活動場所，唐代敕封為道教七十二福地之一，古代武當山流傳玄武崇拜。

明成祖朱棣動用二十餘萬軍民，歷時十四年，建九宮八觀等三十三處、石橋四十多、一百多里石蹬道，歷代皇帝有修繕。還敕封其為「太嶽太和山」，使武當山地位高於五嶽，成為當時朱家「皇室家廟」、「天下第一名山」。武當山在明代主要為朱家：設醮祈福祝壽；寫符籙；進貢仙品（榔梅）。朱家皇室御旨武當山周圍八百里內禁山，不得砍伐。朱家還將武當道教推廣到全國，到嘉靖年間，武當山有萬餘人。這種局面在明代維持兩百多年。

武當山現存古建築五十三處、建築遺址九處、文物七千四百餘件，共計兩百多棟，一九九四年被聯合國教科文組織列入世界文化遺產名錄。

譯文

十二日　走了五里，登上火龍嶺。下嶺後順流走出峽谷，四十里，下去行頭岡。再走十五里，抵達紅粉渡，漢水深而廣，浩瀚地從西邊流來，江邊青綠色的崖壁懸空，崖下清流環繞。沿漢水往東，到達均州。靜樂宮位於州城正中，佔據半個城池，規模宏大整齊。把行李放在南城外，決定明早登山。

迎恩宮「第一山」——草店——遇真宮——回龍觀

十三日　騎而南趨，石道平敞。三十里，越一石梁，有溪自西東注，即太和下流入漢者。越橋為迎恩宮，西向。前有碑大書「第一山」三字，乃米襄陽筆[1]，書法飛動，當亦第一。

又十里，過草店，襄陽來道，亦至此合。路漸西向，過遇真宮[2]，越兩隘下，入塢中。從此西行數里，為趨玉虛道[3]；南躋上嶺，則走紫霄間道也。

登嶺。自草店至此，共十里，為回龍觀[4]。望嶽頂青紫插天，然相去尚五十里。滿山喬木夾道，密佈上下，如行綠幕中。

注釋

1 米襄陽：即米芾（粵：弗；普：fú）（一〇五一——一一〇七），宋代著名畫家和書法家，宋四家之一，祖籍山西太原，生於湖北襄陽，故世稱「米襄陽」。米芾擅長書畫，多用水墨點染，風格獨創，人稱「米氏雲山」，其子米友仁將其發揚光大。米公祠在襄陽樊城區西隅，珍藏有數十塊米芾書法碑刻。

2 遇真宮：在武當山北麓，武當山大門石製玄嶽坊南一公里，殿內供張三丰坐像。

3 玉虛：玉虛宮，是武當山建築群中最大的宮城之一，玉帶河縈迴，紅牆環繞，碑亭高聳。據說明末李自成曾在此紮營，至今仍稱老營宮。襄渝鐵路從旁邊經過，並有老營宮站。

4 回龍觀：應即今元和觀，係由老路上山必經之地。

譯文

十三日　騎馬往南急行，石路平敞。三十里，越過一座石橋，橋下的水從西向東流，這就是從太和山流入漢水的小溪。過了橋就是迎恩宮，宮門向西。前面的石碑上寫着「第一山」三個字，這是米芾的手筆，書法飛揚生動，應當也是天下第一。

又走了十里，經過草店，從襄陽來的路，也在此會合。道路漸漸朝西延伸，經過遇真宮，越過兩處險要的地方，往下走，進入山塢。從這裏往西走幾里，就是去玉虛宮的路；往南爬上山嶺，則是去紫霄宮的捷徑。

登上山嶺。從草店到這裏，共走了十里，到達回龍觀。遙望遠山，青紫色的山峰直插雲天，但離這裏還有五十里。滿山都有高大的樹木夾道而立，密佈上下，上山如同走在綠幕之中。

太子坡—九渡澗下流—平台十八盤—紫霄宮禹跡池—展旗峰太子洞、七星岩—南岩南天門—榔仙祠榔樹、榔梅樹

從此沿山行，下而復上，共二十里，過太子坡[1]。

又下入塢中，有石梁跨溪，是為九渡澗下流[2]。上為平台十八盤，即走紫霄登太和大道；左入溪，即溯九渡澗，向瓊台觀及八仙羅公院諸路也。峻登十里，則紫霄宮在焉[3]。紫霄前臨禹跡池，背倚展旗峰，層台傑殿，高敞特異。入殿瞻謁。

由殿右上躋，直造展旗峰之西[4]。峰畔有太子洞、七星岩，俱不暇問。共五里，過南岩之南天門。捨之西，度嶺，謁榔仙祠。祠與南岩對峙，前有榔樹特大，無寸膚，赤幹聳立，纖芽未發。旁多榔梅樹[5]，亦高聳，花色深淺如桃杏，蒂垂絲作海棠狀。梅與榔本山中兩種，相傳玄帝插梅寄榔，成此異種云。

注釋

1 **太子坡**：即復真觀，今存，為登金頂的要道。

2 **九渡澗**：又稱劍河。河上橋名天津橋，又稱劍河橋，係三孔石橋，建於明永樂年間。

3 **紫霄宮**：背倚展旗峰，為武當山保存較完整的宮觀之一，有龍虎殿、碑亭、十方堂、紫霄殿、父母殿，兩側有東宮、西宮，依山疊砌，殿宇雄，環境幽。

4 **造**：到，往。

5 **榔梅**：果名。《襄陽志》：「榔梅在太和山。相傳真武折梅枝寄榔樹上，仰天誓曰：『吾道若成，花開果結。』後竟如其言。今樹尚存。」

譯文

從這裏（回龍觀）沿山走，下了又上，共二十里，經過太子坡。又往下走到塢中，有座石橋橫跨溪上，這就是九渡澗的下游。往上是平台十八盤，就是去紫霄宮和太和宮的大路；往左沿溪往裏走，上溯九渡澗，是去瓊台觀和八仙羅公院等處的路。

爬了十里陡峻的山路，就到紫霄宮了。宮前正對着禹跡池，背靠展旗峰。平台層疊，殿宇非凡，特別高敞。進殿參觀、祭拜。從殿宇的右邊往上攀，直上展旗峰的西面。峰有太子洞、七星岩，都沒有時間瀏覽。

一共走了五里，經過南岩的南天門。沒有進去，往西走，越過嶺，拜謁榔仙祠。

祠堂和南岩對峙而立，祠前有棵特別高大的榔樹，一塊樹皮都沒有，光着桿兒聳立着，還沒開始發芽。旁邊有很多榔梅樹，也都高聳着，榔梅花的顏色和桃花杏花差不多，花蒂垂絲如海棠花。梅樹和榔樹本來是山中的兩種樹，相傳真武帝折梅花插在榔樹上，形成了榔梅這種奇異的品種。

虎頭岩—斜橋—一天門—朝天宮—二天門—三天門太和宮—天柱峰金殿—太和宮

共五里，過虎頭岩。

又三里，抵斜橋。突峰懸崖，屢屢而是，徑多循峰隙上。

五里，至一天門，過朝天宮，皆石級曲折上躋，兩旁以鐵柱懸索。由一天門而二天門、三天門，率取徑峰坳間，懸級直上。路雖陡峻，而石級既整，欄索鉤連，不似華山懸空飛度也。太和宮在三天門內。

日將晡[1]，竭力造金頂，所謂天柱峰也。山頂眾峰，皆如覆鐘峙鼎，離離攢立；天柱中懸，獨出眾峰之表，四旁嶄絕。峰頂平處，縱橫止及尋丈。金殿峙其上[2]，中奉玄帝及四將，爐案俱具，悉以金為之。督以一千戶[3]、一提點[4]，需索香金，不啻禦奪。

余入叩匆匆，而門已闔，遂下宿太和宮[5]。

注釋

1 晡（粵：褒；普：bū）：申時，即午後三點至五點。通常指黃昏。

2 金殿：武當山絕頂天柱峰海拔一千六百一十二米，金殿建在天柱峰頂，俗稱金頂，為永樂十四年（一四一六）建。高五點五四米，寬四點四米，深三點一五米，共三間，包括其中神像、几案、供器，全為銅鑄鎏金，仿木結構，分件鑄造裝配。為我國古建築中的珍品，全國重點文物保護單位。殿下山腰繞石城一周，名紫金城，長一點五公里，開四門。

3 明代衞所兵制設有千戶所，駐守要地，統兵一千一百二十人，下分為十個百戶所，統隸於衞。千戶為一所的長官。

4 提點：宋、元以來所設的官名，寓有提舉、檢點之意。明代僅有神樂觀提點，管理道士。清代廢。

5 太和宮：位於武當山天柱峰山腰的紫金城南天門外。對着正殿的是小蓮峰，上面建了轉展殿，內置元大德十一年（一三〇七）鑄的一座銅殿，這是永樂十四年從天柱峰頂移往此處。

譯文

共走了五里，經過虎頭岩。

再走三里，到了斜橋。突起的山峰和懸崖，比比皆是，路多數都沿着山峰的縫隙往上。

五里後來到一天門，過了朝天宮，都是踏着曲折的石階往上爬，兩旁的鐵柱掛着鎖鏈。從一天門到二天門、三天門，都走在山峰間的坳地，陡梯直上。路雖然陡峻，但石階很整齊，有欄索圍着，不像登華山那樣懸空飛越。太和宮在三天門內。日將西沉，我竭力登上金頂，就是所說的天柱峰。頂上眾多的山峰，都像倒置的鐘、聳立的鼎一般，密集地聳立着；天柱峰懸立在正中，格外與眾不同，四周特別險峻。峰頂平坦之處，長寬大概只有八尺到一丈。金殿峙立在平地上，殿中供奉真武帝及其四將，都備有香爐几案，全用金屬鑄造。朝廷設立一個千戶、一個提點在此監督，索取香金，無異於巧取豪奪。

我急着想進殿叩拜，但殿門已關，只能下去住在太和宮。

金頂——蠟燭峰——蠟燭澗——上瓊台觀榔梅——中瓊台——蠟燭峰——朝天宮——南岩南天門、飛升台——（朝天）宮

十四日　更衣上金頂。瞻叩畢，天宇澄朗，下瞰諸峰，近者鵠峙[1]，遠者羅列，誠天真奧區也[2]！

遂從三天門之右小徑下峽中。此徑無級無索，亂峰離立，路穿其間，迥覺幽勝。三里餘，抵蠟燭峰右，泉涓涓溢出路旁，下為蠟燭澗。循澗右行三里餘，峰隨山轉，下見平丘中開，為上瓊台觀。其旁榔梅數株，大皆合抱，花色浮空映山，絢爛岩際。地既幽絕，景復殊異。

余求榔梅實，觀中道士噤不敢答。既而曰：「此係禁物。前有人攜出三四枚，道流株連破家者數人。」余不信，求之益力，出數枚畀余，皆已黝爛，且訂無令人知。及趨中瓊台，余復求之，觀主仍辭謝弗有。

因念由下瓊台而出，可往玉虛岩，便失南岩、紫霄，奈何得一失二；不若仍由舊徑上，至路旁泉溢處，左越蠟燭峰，去南岩應較近。

忽後有追呼者，則中瓊台小黃冠以師命促余返[3]。觀主握手曰[4]：「公渴求珍植，幸得兩枚，少慰公懷。但一洩於人，罪立至

矣。」出而視之，形侔金橘[5]，漉以蜂液[6]，金相玉質，非凡品也。珍謝別去。

復上三里餘，直造蠟燭峰坳中。峰參差廉利[7]，人影中度，兀兀欲動。既度，循崖宛轉，連越數重。峰頭土石，往往隨地異色。既而聞梵頌聲，則仰見峰頂遙遙上懸，已出朝天宮右矣。

仍上八里，造南岩之南天門，趨謁正殿。右轉入殿後，崇崖嵌空，如懸廊複道，蜿蜒山半，下臨無際，是名南岩[8]，亦名紫霄岩，為三十六岩之最，天柱峰正當其面。自岩還至殿左，歷級塢中，數抱松杉，連陰挺秀。層台孤懸，高峰四眺，是名飛升台。

暮返宮，賄其小徒，復得榔梅六枚。明日再索之，不可得矣。

注釋

1 鵠峙：形容周圍諸峰如天鵝引頸屹立恭候。

2 天真：未受人世禮俗影響的大自然的原貌。奧區：中心、腹地。

3 黃冠：道士所戴束髮的冠為黃色，因此道士又別稱黃冠。

4 觀：道教的廟宇，即道觀。大道觀稱道宮，比宮、觀小者稱道院。

5 侔（粵：謀；普：móu）：相同，齊等。

6 漉（粵：鹿；普：lù）：滲。

7 廉利：棱角鋒利。

8 南岩：上為危崖，下臨深壑，為武當山中風景極佳的一岩。現存元代建的天乙真慶宮，明建南天門亦存，附近有飛升台等名勝。

譯文

十四日 換了衣服上金頂。瞻拜完畢時，天空澄碧晴朗，往下俯瞰眾峰，近的好似天鵝引頸屹立，遠的層層排列，實在是大自然鬼斧神工的傑作。

於是沿三天門右邊的小路往下走到峽谷中。這條小路沒有石階和繩索，山峰凌亂地聳立着，小路穿插其間，顯得特別幽雅。三里多後到達蠟燭峰右側，涓涓泉水溢到路旁，往下是蠟燭澗。沿溪水右岸走了三里多，峰隨山轉，往下看見一塊平緩的坡地，是上瓊台觀。旁邊有幾株榔梅，都有一人圍抱那麼粗，花朵盛放，襯托着天際、山岡，連山岩也被渲染得燦爛奪目。這地方幽靜極了，景物也很特別。我索求榔梅樹的果實，觀中的道士推託着不敢答應。稍後說：「這是禁物。以前有人帶走三四枚，有數名道士因此受株連而家破人亡。」我不相信，索求得更起勁了，道士取出幾枚給我，都已變黑腐壞了，而且叫我不要讓人知道。等走到中瓊台觀時，我又索求榔梅果實，觀主仍然推辭說沒有。

因為考慮到從下瓊台觀下去，只能去玉虛岩，卻不能去南岩、紫霄宮，為甚麼要得一失二呢，不如仍然從原路上去，走到路旁溢出泉水的地方，往左越過蠟燭峰，應該離南岩近些。

忽然聽到後面有人追着呼叫追趕，原來是中瓊台觀的小道士奉師命，催我折返。觀主握着我的手說：「您渴求的珍貴樹種，幸好得到兩枚，可以稍微滿足您的願望。只是一旦洩露出去，厄運馬上就降臨了。」我離開後仔細觀看果子，形狀像金橘，滲出的液汁像蜂蜜，金玉其外，不是凡品。我真誠地道謝後辭別。

再往上走了三里多，直達蠟燭峰的山坳。山峰高低交錯，棱角鋒利，置身山峰間，感覺搖搖欲墜。

越過蠟燭峰，沿着山崖輾轉前行，接連翻過數重山崖。峰頂的土石，往往都隨地域變色。不一會聽見誦讀經的聲音，抬頭看見峰頂懸立在遙遠的上空，已經超過朝天宮的右側了。

再往上走八里，到達南岩的南天門，去正殿祭拜。右轉到正殿背後，高峻的崖石嵌在空中，如同懸空的長廊，蜿蜒在山腰，下面是無底的深壑，這就是南岩，也叫紫霄岩，是武當山三十六岩中最美的，天柱峰正好屹立在對面。從南岩返回正殿左側，順着石階走在塢中，有棵幾人圍抱粗的松杉，挺拔秀麗，枝葉繁蔭。一座平台孤懸而立，可以眺望四周的高峰，這叫飛升台。

傍晚回到朝天宮。用財物收買小道士，又得到六枚榔梅。第二天再去索要，沒能要到。

十五日　從南天門宮左趨雷公洞。洞在懸崖間。

余欲返紫霄，由太子岩歷不二庵，抵五龍。輿者謂迂曲不便[1]，不若由南岩下竹笆橋，可覽滴水岩、仙侶岩諸勝。乃從北天門下，一徑陰森，滴水、仙侶二岩，俱在路左，飛崖上突，泉滴瀝於中，中可容室，皆祠真武。至竹笆橋，始有流泉聲，然不隨澗行。乃依山越嶺，一路多突石危岩，間錯於亂蒨叢翠中[2]，時時放榔梅花，映耀遠近。

注釋

1　輿（粵：如；普：yú）：肩輿，俗稱轎子。輿者即轎夫。

2　蒨（粵：善；普：qiàn）：草盛貌。

譯文

十五日　從南天門宮往左直奔雷公洞。洞在懸崖中間。

我想返回紫霄岩，由太子岩經過不二庵，到達五龍宮。轎夫說道路迂迴不便，不如從南岩下去到竹笆橋，可以觀賞滴水岩、仙侶岩等名勝。於是從北天門往下，一路的樹蔭繁茂陰涼，滴水岩和仙侶岩，都在小路的左側，懸崖向上飛突，泉水滴瀝崖中，懸崖中能構建靜室，供奉的都是真武帝。到了竹笆橋，開始聽到泉水聲，但沒有順着山澗走，而是沿山路翻越峰嶺，一路上多是突起而峭立的岩石，雜亂地出現在淩亂的草木叢中，常常出現開放的榔梅花，絢麗的色彩遠近呼應。

賞析與點評

真武：歷朝皇室有玄武（真武）信仰，明代朱棣曾公開宣佈真武神助他贏得奪取皇位的「靖難之役」。他登基後，大修武當山，並冊封其為「太嶽太和山」，成為朱家「皇家道觀」，並將道教推向全國。

白雲、仙龜諸岩——青羊橋——五龍宮——（殿後）自然庵——（殿右）凌虛岩傳經台——（殿左）榔梅台——草店

過白雲、仙龜諸岩，共二十餘里，循級直下澗底，則青羊橋也。澗即竹笆橋下流，兩崖蓊蔥蔽日，清流延迴，橋跨其上，不知流之所去。仰視碧落[1]，宛若甕口。度橋，直上攢天嶺。

五里，抵五龍宮[2]，規制與紫霄、南岩相伯仲。殿後登山里許，轉入塢中，得

自然庵。已還至殿右，折下塢中，二里，得凌虛岩。岩倚重巒，臨絕壑，面對桃源洞諸山，嘉木尤深密，紫翠之色互映如圖畫，為希夷習靜處[3]。前有傳經台，孤瞰壑中，可與飛升作四。還過殿左，登榔梅台，即下山至草店。

注釋

1 碧落：道家稱東方天空為碧落，後泛指天空。

2 五龍宮：在武當山天柱峰以北。始建於唐貞觀年間，稱五龍祠，歷代皆重建。近代已大部被毀，現僅存宮門、紅牆、碑亭、古井、泉池。

3 希夷：即陳摶（？—九八九），字圖南，亳州真源人。後唐末舉進士不第，隱居於武當山。太平興國中出山，宋太宗甚看重，賜號希夷先生。

譯文

經過白雲岩、仙龜岩等處，共二十多里，順石階一直走到澗底，就是青羊橋。澗水就是竹笆橋水的下游，兩岸草木繁盛，林蔭蔽日，清流蜿蜒曲折，一道橋橫跨在上面，不知道澗水流向何方。抬頭仰望天空，（天空）如同甕口一般。過了橋，直奔攢天嶺。

五里後抵達五龍宮，宮殿的規模和格式與紫霄宮、南岩差不多。從宮殿後方登山，走了一里多，轉進山塢，到達自然庵。不久返回五龍宮的右邊，往下轉到塢中，走了兩里，到淩虛岩。岩石背靠着重重山巒，面臨極深的溝壑，正對桃源洞等山峰，滿山樹木特別茂密，紫色和綠色互相輝映，猶如圖畫，這就是希夷先生隱居的地方。前面有傳經台，孤單地俯視深壑，可與飛升台媲美。返回時經過五龍宮的左面，登上榔梅台，隨即下山到草店。

華山四面皆石壁，故峰麓無喬枝異幹；直至峰頂，則松柏多合三人圍者；松悉五鬣，實大如蓮，間有未墮者，採食之，鮮香殊絕。太和則四山環抱，百里內密樹森羅，蔽日參天；至近山數十里內，則異杉老柏合三人抱者，連絡山塢，蓋國禁也。嵩、少之間，平麓上至絕頂，樵伐無遺，獨三將軍樹巍然傑出耳。

山谷川原，候同氣異。余出嵩、少，始見麥畦青；至陝州，杏始花，柳色依依向人；入潼關，則驛路既平，垂楊夾道，梨李參差矣；及轉入泓峪，而層冰積雪，猶滿澗谷，真春風所不度也。過塢底岔，復見杏花；出龍駒寨，桃雨柳煙，所在都有。

忽憶日已清明，不勝景物悴情[1]。遂自草店，越二十四日，浴佛後一日抵家[2]。以太和榔梅為老母壽[3]。

注釋

1 悴（粵：瑞；普：cuì）：憂傷。

2 浴佛日：相傳農曆四月初八日為釋迦牟尼生日，佛寺常於此日設會誦經，並用香水洗浴佛像，故稱這一天為浴佛節。浴佛後一日即農曆四月初九日。

3 壽：用物獻給長者祝壽。

譯文

華山的四面都是石壁，所以山腳沒有高大奇異的樹木；直到峰頂，松柏大多有三人圍抱粗；松樹全是五針松，果實大如蓮子，偶爾遇到還沒掉落的松果，採下來吃，非常鮮美。太和山則被四面的山環抱着，百里以內繁盛雜陳，大樹遮天蔽日、高聳入雲；靠近太和山的數十里範圍內，珍稀的杉樹和柏樹都有三人圍抱粗，滿佈整個山塢，這是因為朝廷禁止砍伐的結果。嵩山和少室山之間，從平緩的山腳到山頂，樹木砍伐殆盡，只有三將軍樹巍然聳立着。

無論山巒峽谷、河流還是平原，季節相同氣溫卻不同。我從嵩山和少室山出來時，才看到青青的麥田；到了陝州，杏樹剛開花，嫩綠的柳枝多情地向人打招呼；進了潼關，道路平坦，路旁都是垂柳，梨樹和李樹高低參差；直到轉入泓峪，卻是層層的冰雪遍佈山谷溝澗，真是春風不度的地方啊！經過塢底岔時，又看到杏花開放；離開龍駒寨，桃紅柳綠，所到之處一片春色。忽然想起已經到了清明節，禁不住景物引發的情傷。於是從草店啟程，花了二十四天，在浴佛節翌日到家。借太和山的榔梅為老母親祝壽。

賞析與點評

嵩山、華山、太和山遊完，徐霞客對三地植被物候的變遷有很深體會，人在旅途，季節和山水變化着，形成理性思考，觸動感性的情緒。草木關乎人情，古人在和外界氣候、植物溝通方面，比較敏感。農曆二月到三月一路遊歷，春季在眼前變動，植物在發芽長葉子，清明節那天，離家在外，徐霞客忽然感到有點淒情。於是從草店出發，趕在浴佛節後一天回到了江陰老家。拿武當山求來的貢品榔梅為老母壽。看到這裏才知道，徐霞客在這篇遊記裏求榔梅的鏡頭出現那麼多次，原來是給老母親準備壽禮。

十　遊五台山日記[1]

山西太原府五台縣

本篇導讀——

一六三三年農曆七月二十八，明崇禎六年初秋，後金已攻陷山東旅順。不久後，四十八歲的徐霞客趕往仰慕已久的河北恆山。他從江陰到北京，經河北阜平、龍泉上關、長城嶺、龍泉下關，八月初五日進到山西五台縣境內，登五台山。

五台山，文殊菩薩道場，佛教寺廟林立，夏日清涼，又名清涼山。五座主峰，有四峰徐霞客都登頂，八月初八取道北峰，去恆山，共計在五台山四天。

初五進到五台地界，徐霞客沿着一條條小溪徒步往五台山走，經幾個小村、白雲寺、千佛洞。初六一大早上南台，那時華北初秋的怒風、日出如翠葉吐火珠，給江陰人宏祖留下了很深印象。登南頂，有文殊菩薩的舍利塔。他在峰頂俯瞰山脈水文。他環顧天邊，遠處山脈，近處山峰，有古南台、盂縣諸山、龍泉觀，大地上山脈連綿不絕、氣魄恢宏，視覺衝擊強——諸山屏峙、崢嶸接勢。下山路較平緩，有清涼石、馬跑泉和馬跑寺廟，住在獅子窠寺。

八月初七上西台、走中台、進北台。此時，廣闊的華北平原，日映諸峰。閉魔岩和雁門關就在眼皮底下，似乎可伸手抓住。還有八功德水寺、維摩閣和萬佛閣，都是佛教名寺。維摩萬佛兩寺，不用柱子，凌駕半空石頭上。

中台被北東南西北四台圍住，四周山排列如鬚眉。中台有龍翻石，是地殼運動留下的痕跡。見到萬年冰。五台山頂，終年積雪，徐霞客在山上還碰上了七月下雪。過了文殊菩薩沐浴的澡浴池，剛進北台寺廟就寢，忽然日落風大作。

次日，北台寺廟老僧石堂送徐霞客下山，說了五台山山脈的地貌特徵，建議他從東台下不如從北台下山去恆山，這樣可省四十里路。然後徐霞客從北台下，五台特產天花菜、懸崖中間的懸空寺讓他細說了一番。現在懸空寺旁邊，有徐霞客亭。最後他慶倖從北台下，否則「不得台山神理」。

五台歸雲，選自《泛槎圖全集》，清張寶撰，道光時期羊城尚古齋刊刻

癸酉七月二十八日　出都為五台遊[2]。

越八月初四日，抵阜平南關。山自唐縣來，至唐河始密，至黃葵漸開[5]，勢不甚穹窿矣。從阜平西南過石梁，西北諸峰復崿嶬起[3]。循溪左北行八里，小溪自西來注，乃捨大溪，溯西溪北轉，山峽漸束。又七里，飯於太子鋪。

北行十五里，溪聲忽至。迴顧右崖，石壁數十仞，中坳如削瓜直下。上亦有坳，乃瀑布所從溢者，今天旱無瀑，瀑痕猶在削坳間。離澗二三尺，泉從坳間細孔氾濫出，下遂成流。

再上，逾鞍子嶺。嶺上四眺，北塢頗開，東北、西北，高峰對峙，俱如仙掌插天，惟直北一隙少殺。復有遠山橫其外，即龍泉關也，去此尚四十里。嶺下有水從西南來，初隨之北行，已而溪從東峽中去。

復逾一小嶺，則大溪從西北來，其勢甚壯，亦從東南峽中去，當即與西南之溪合流出阜平北者。余初過阜平，捨大溪而西，以為西溪即龍泉之水也，不謂西溪乃出鞍子嶺坳壁，逾嶺而復與大溪之上流遇，大溪則出自龍泉者。

溪有石梁曰萬年，過之，溯流望西北高峰而趨。十里，逼峰下，為小山所掩，反不睹嶙峋之勢。轉北行，向所望東北高峰，瞻之愈出，趨之愈近，峭削之姿，遙遙逐人，二十里間，勞於應接。是峰名五岩寨，又名吳王寨，有老僧廬其上。

已而東北峰下，溪流溢出，與龍泉大溪會，土人構石梁於上，非龍關道所經。從橋左北行八里，時遇崩崖矗立溪上。又二里，重城當隘口，為龍泉關[4]。

注釋

1 五台山：位於山西東北五台縣，由一系列山峰組成，其中五座高峰擁抱整片山脈，山頂平坦無林木，故稱五台山。其四周為黃土高原，屬太行山脈北端，北與恆山相望，最高峰北台三千多米，為山西屋脊。五峰外為台外，內是以台懷鎮為中心的台內。山頂有萬年冰，氣候比同緯度涼爽，是避暑勝地。五台山是中國四大佛教名山之首，傳為文殊菩薩的道場，現存寺廟九十多處，佛像三萬多尊，漢傳佛教和藏傳佛教共存於一山，尊稱為「金五台」。清代歷代皇帝多次到訪五台山，民間傳為順治出家地。

2 都：指明代首都京師，在今北京。

3 崧嵷（粵：傭聳；普：yǒng sǒng）：上下眾多貌。

4 龍泉關：今名同，在阜平縣西隅，有上下二關。下關在東，上關在西，相距二十里。

譯文

癸酉年七月二十八日 從首都出發去五台山遊玩。到了八月初四，抵達阜平的南關。山脈從唐縣延伸而來，到唐河開始密集，到黃葵則漸漸疏落，山勢不算高大。從阜平的西南面經過一道石橋，西北各座山峰又變得更多了。沿着溪流左岸北行八里，有條小溪從西邊流來，於是離開大溪，隨小溪北轉，峽谷漸漸收窄。再走七里，在太子鋪吃飯。

北行十五里，忽聞溪水聲。迴看右邊的山崖，數十丈高的石壁，中間的山坳像削瓜似的筆直向下。崖上也有山坳，就是瀑布流經的地方，今年天旱沒有水，但瀑布的痕跡仍在削坳之間。距離澗底二三尺的地方，泉水從坳間的小孔中氾濫而出，往下匯成溪流。

再往上爬，越過鞍子嶺。在嶺上眺望四周，北面的山塢比較開闊，東北、西北，高峰對峙，山峰全都像直插雲天的仙人巨掌，只有正北的崖縫稍遜。再遠處還有一座山橫貫在群峰之外，那就是龍泉關，離這裏還有四十里。嶺下有條從西南流來的溪水，我剛開始順着溪水往北走，不久後，溪水流往東邊峽谷。我再翻過一座小嶺，就見到一條從西北流來的大溪，水勢很壯觀，也是流往東南的峽谷中，應該是和西南流來的小溪匯合後，再流出阜平縣北的那條溪。我當初經過阜平時，離開大溪往西走，以為西溪就是龍泉關流來的，沒有想到西溪卻來自鞍子嶺的坳壁，我翻過嶺後又遇到大溪的上游，大溪才是從龍泉關流出來的。

溪流上的有道石橋叫萬年，過了橋，逆流朝着西北的高峰奔馳。十里後直達高峰下，山峰被小山掩蓋，反而看不見山勢嶙峋。轉向北走，剛才看到東北邊的高峰，越看越明顯，越走越近，那高峻陡峭的形態，像遠遠地追隨人而來似的，二十里路之間，都疲於觀賞。這座山峰叫五岩寨，又名吳王寨，有個老僧人住在峰頂。

不久，來到東北的山峰下，溪水往外湧出，和龍泉關流來的大溪會合，當地人在溪上搭了石橋，但不是去龍泉關的路。從石橋的左邊走了八里，不時地遇到崩塌的崖石矗立在溪上。

再走二里，一座重鎮位於關隘口，這就是龍泉關。

賞析與點評

在華北平原上循溪往五台山行進，經過很多道關塞，所見華北山脈大氣，讓江南人徐霞客欣喜，給上五台添了氣氛。

（龍泉）關南—關東石關二重—長城嶺龍泉上關、古松—舊路嶺—五台水—天池莊—白頭庵村—白雲寺—千佛洞

初五日　進南關，出東關。北行十里，路漸上，山漸奇，泉聲漸微。既而石路陡絕，兩崖巍峰峭壁，合還攢奇，山樹與石競麗錯綺，不復知升陟之煩也。如是五里，崖逼處復設石關二重。

又直上五里，登長城嶺絕頂。迴望遠峰，極高者亦伏足下，兩旁近峰擁護，惟南來一線有山隙，徹目百里。嶺之上，巍樓雄峙，即龍泉上關也。關內古松一株，枝聳葉茂，干雲俊物[1]。關之西，即為山西五台縣界。下嶺甚平，不及所上十之一。

十三里，為舊路嶺，已在平地。有溪自西南來，至此隨山向西北去，行亦從之。十里，五台水自西北來會，合流注滹沱河。乃循西北溪數里，為天池莊。

北向塢中二十里，過白頭庵村，去南台止二十里，四顧山谷，猶不可得其彷彿。又西北二里，路左為白雲寺。由其前南折，攀躋四里，折上三里，至千佛洞[2]，乃登台間道。又折而西行，三里宿。

注釋

1 干雲：高及雲際，此處形容樹木參天。

2 千佛洞：也稱佛母洞，位於南台東南的大石洞，有石佛、寺廟、古今碑刻。入洞稱為「投佛母胎」，出洞稱為「佛母重生」。

譯文

初五日 進了（龍泉關）南關，從東關離開。往北走了十里，道路漸漸向上，山峰漸顯奇異，泉水聲漸輕漸細。不久，陡峭的道路斷了，兩邊峭壁巍巍聳立，重疊聚奇，山中的樹木和岩石交織在一起，爭妍鬥麗，讓人忘卻登山的疲勞。如此走了五里，崖石窄處還設了兩道石關。

又往上直走了五里，登上長城嶺的頂峰。轉頭眺望遠峰，最高的也低伏在腳下，兩旁鄰近的山峰簇擁而來，只有南部群峰有一線縫隙，從縫隙中可看到百里外的景致。嶺上，高樓雄壯地聳立着，便是龍泉上關了。關內有一棵古松，樹幹高聳、枝葉茂盛，是樹中豪傑。關西面就是山西五台縣的界限。下嶺的路很平，坡度不到上嶺時的十分之一。

走了十三里，到舊路嶺，已是平地了。有條溪水從西南流來，流到這裏後順着山勢往西北流去，我也跟着往西北走。十里後五台水從西北流來會合，合流注入滹沱河。於是沿着水流往西北走了幾里，到達天池莊。

在塢中往北走二十里，經過白頭庵村，距離南台只有二十里，環視山谷，還看不出近似南台的山峰。

又往西北走了二里，路的左邊是白雲寺。從寺的前面南轉，往上爬了四里，再轉上去爬了三里，來到千佛洞，便是登五台山的捷徑。再轉向西，走了三里才歇息。

燈寺——南台絕頂文殊舍利塔——金閣嶺——清涼石——跑馬泉——獅子窠

初六日　風怒起，滴水皆冰。風止日出，如火珠湧吐翠葉中。循山半西南行，四里，逾嶺，始望南台在前。再上為燈寺[1]，由此路漸峻。十里，登南台絕頂，有文殊舍利塔。北面諸台環列，惟東南、西南少有隙地。正南，古南台在其下[2]，遠則盂縣諸山屏峙，而東與龍泉崢嶸接勢。從台右道而下，途甚夷，可騎。

循西嶺西北行十五里，為金閣嶺[3]。又循山左西北下，五里，抵清涼石[4]。寺宇幽麗，高下如圖畫。有石為芝形，縱橫各九步，上可立四百人，面平而下銳，屬於下石者無幾。從西北歷棧拾級而上，十二里，抵馬跑泉。泉在路隅山窩間，石隙僅容半蹄，水從中溢出，窩亦平敞可寺，而馬跑寺反在泉側一里外。

又平下八里，宿於獅子窠[5]。

注釋

1 燈寺：即金燈寺，在南台東北麓，與白雲寺隔塔地村相對。

2 古今所指五台的位置，不同時期曾有變化。此古南台在「台南二里」。更古的南台，則在今中台。

3 金閣嶺：位於由太原入五台山必經的路上。嶺畔今存金閣寺，距台懷鎮十五公里。閣內有高十七米的觀音銅像，各殿滿佈塑像近千尊。

4 清涼石：此石又稱文殊床。附近有清涼寺、清涼谷等。

5 獅子窠：在五台山台懷鎮西南十公里的山腰，即文殊寺，俗稱獅子窩。現僅存琉璃塔一座，八角十三級，高三十五米，塔身鑲嵌佛像萬尊，故又稱萬佛塔。塔中空，可登至五層。

譯文

初六日 狂風怒號，滴水成冰。風停日出，陽光像火球一樣湧出，噴放青翠的山林中。

沿着山腰往西南走，四里後翻過山嶺，才看到南台就在前面。再上去是燈寺，至此，山路漸漸陡峻。

走了十里，登上南台絕頂，上面有文殊菩薩的舍利塔。北面各台環抱聳列，只有東南、西南面還有空隙。正南面有古南台在下面，遠處則是盂縣的群山如屏障般峙立着，東邊和龍泉關的高山峻嶺相連接。順着南台右側的路往下走，地勢很平坦，可以騎馬。

沿着西嶺往西北走了十五里，係金閣嶺。

又沿着金閣嶺的左側往西北下去，走了五里，來到清涼石。清涼寺的廟宇深幽秀麗，高低錯落，美如圖畫。有一塊靈芝形的石頭，長寬各九步，上面可以站四百個人，上平下尖，幾乎沒有跟下面石頭相連接。

從西北的棧道拾級而上，十二里後到達馬跑泉。泉在路邊的山窩中間，石縫只能容下半隻馬蹄，泉水從石縫中溢出，山窩平坦寬敞，可以蓋間寺廟，馬跑寺卻蓋在泉邊的一里之外。

又平緩地下了八里，住在獅子窠。

賞析與點評

徐霞客先登頂五台山南台。五台山聳立在黃土高原上，地表植被少、黃沙彌漫，似乎被一片金色世界所包圍。且地曠山高，山脈連綿，雄關聳立。和江南的溫婉不同，他在五台山親身體驗到華北氣魄雄偉的山脈和其他地理地貌。

他在南台頂首先感受到的是大風割人、太陽如火珠等華北氣候，覺得奇異。隨後他進了台頂的文殊舍利塔等，近處視野被其他台所攔，偶爾才露出空隙，正南面古南台聳立在眼前。遠處則有另一條山脈，與龍泉關「崢嶸接勢」。遠近結合，加上遠古大禹治水停船的古南台點綴其中，山西雄偉的山脈和悠久的歷史撲面而來。

化度橋—西台之頂—閉魔岩、八功德水、維摩閣、萬佛閣—中台—龍翻石—萬年冰—澡浴池—北台

初七日　西北行十里，渡化度橋。一峰從中台下，兩旁流泉淙淙，幽靚迥絕[1]。復度其右澗之橋，循山西向而上，路欹甚[2]。又十里，登西台之頂。日映諸峰，一一獻態呈奇。其西面，近則閉魔岩，遠則雁門關，歷歷可俯而挈也[3]。

閉魔岩在四十里外，山皆陡崖盤亙，層累而上，為此中奇處。入叩佛龕，即從台北下，三里，為八功德水[4]。寺北面，左為維摩閣[5]，閣下二石聳起，閣架於上，閣柱長短，隨石參差，有竟不用柱者。其中為萬佛閣，佛俱金碧旃檀[6]，羅列輝

映，不啻萬尊。前有閣二重，俱三層，其周廬環閣亦三層，中架複道[7]，往來空中。當此萬山艱阻，非神力不能運此。

從寺東北行，五里，至大道，又十里，至中台。望東台、南台，俱在五六十里外，而南台外之龍泉，反若更近，惟西台、北台，相與連屬。時風清日麗，山開列如鬚眉。

余先趨台之南，登龍翻石。其地亂石數萬，湧起峰頭，下臨絕塢，中懸獨聳，言是文殊放光攝影處。從台北直下者四里，陰崖懸冰數百丈，曰「萬年冰」。其塢中亦有結廬者。初寒無幾，台間冰雪，種種而是。聞雪下於七月二十七日，正余出都時也。行四里，北上澡浴池。

又北上十里，宿於北台。北台比諸台較峻，余乘日色，周眺寺外。及入寺，日落而風大作。

注釋

1 靚（粵：靜；普：jìng）：通「靜」。

2 欹：傾側不平。

3 閉魔岩：又作祕魔岩，有祕魔寺。在今繁峙縣岩頭村東北，為西路進台通道。雁門關：在山西代縣西北，長城重塞，「天下九塞，雁門為首」。挈（粵：挈；普：

qiè）：提。

4 八功德水：西台北側三里處有八功德水西來寺，建寺一千五百多年，立於兩千五百米處，有六處佛教聖跡。

5 維摩：佛經中說他是釋迦牟尼同時代的人，長於辯論。

6 旃（粵：煎；普：zhān）檀：即檀香，梵語音譯作旃檀。

7 複道：高樓之間或山岩險要處架空的通道。因上下皆有道，故稱複道。

譯文

初七日 往西北走了十里，過了化度橋。一座山峰從中台延伸下來，兩邊流着淙淙泉水，景色幽美絕頂。再越過山峰右澗上的橋，沿着山峰的西邊往上爬，山路非常陡峭。又走了十里，登上西台的頂端。陽光照着群峰，一一地呈現出奇特而美好的姿態。台的西面，近處是閉魔岩，遠處是雁門關，座座山峰都歷歷在目，彷彿俯身就可以摸到。閉魔岩在四十里之外，山上全是盤旋橫貫的陡崖，層疊地堆砌上去，就是這座山的妙境。進寺叩拜佛像後，就順着台的北邊往下走，三里後到達八功德水。寺的北面，左邊是維摩閣，閣下面聳立着兩塊石頭，閣就蓋在上面，閣柱的長短，隨石頭的高低參差不齊，有的地方竟然完全不用柱子。正中是萬佛閣，佛像都是檀香木雕成的，金碧輝煌，羅列輝映，不下一萬尊。閣前有兩排閣樓，都是三層高，閣樓周圍環繞的樓閣也都是三層的，各閣樓之中都架着上下通道，人們在空中來來往往。在這艱難險阻的萬山之中，要不是神力，又怎能將樓閣建成呢！

順着寺廟往東北走，五里後來到大路，再走十里，到達中台。遙望東台、南台，都在五六十里以外，但南台之外的龍泉關，反而好像距離更近，只有西台、北台，與龍泉關的山脈相連。這時風清日麗，兩邊的山一字排開，像眉毛一樣。我先去中台的南面，登上龍翻石。這裏佈滿幾萬塊亂石，堆成峰頭，下面是很深的山塢，峰頭獨自懸空聳立，傳說是文殊菩薩放光顯影的地方。從中台往北直下了四里，陰森的崖壁上懸掛着幾百丈冰，叫「萬年冰」。這個山塢也有人居住。剛步入寒冷沒幾天，五台山的冰雪竟有如此多種的姿態。聽說雪是七月二十七日下的，正是我離開京城的日子。走了四里，往北登上澡浴池。

又往北上了十里，住在北台。北台比其他各台都陡峻，我趁着天還亮，到寺外四處眺望。等進了寺，太陽落山並颳起了大風。

賞析與點評

西台頂遠眺，視野廣闊，可以見到軍事要塞雁門關和懸掛在半山崖的寺廟。明代洪武年間剛重修雁門關，滿族部落在徐霞客登五台山時，正時不時在塞外攻打明朝。萬佛寺始建於明朝，他驚歎於其建築技術高超。

徐霞客在中台先是觀摩一番四周山脈走勢，還注意到了「龍翻石」，這類岩石有很多傳說，比如龍翻滾形成的石頭，是文殊菩薩顯聖處。他都沒多寫，關注的是客觀現象，說到文殊菩薩，用了「言是」這個詞，表示有此一說，姑且聽聽。另有萬年冰，江南人徐霞客很驚訝七月能見到雪。

（北台寺）—華岩嶺—一壺天—野子場天花菜—懸空寺

初八日　老僧石堂送余，歷指諸山曰：「北台之下，東台西，中台中，南台北，有塢曰台灣[1]，此諸台環列之概也。其正東稍北，有浮青特銳者，恆山也。正西稍南，有連嵐一抹者，雁門也。直南諸山，南台之外，惟龍泉為獨雄。直北俯內外二邊，諸山如蓓蕾，惟茲山之北護，峭削層疊，嵯峨之勢，獨露一班。此北台歷覽之概也。此去東台四十里，華岩嶺在其中。若探北嶽，不若竟由嶺北下，可省四十里登降。」

余頷之。別而東，直下者八里，平下者十二里，抵華岩嶺[2]。由北塢下十里，始夷。一澗自北，一澗自西，兩澗合而群峰湊，深壑中「一壺天」也。循澗東北行二十里，曰野子場。南自白頭庵至此，數十里內生天花菜[3]，出此則絕種矣。由此，兩崖屏列鼎峙，雄峭萬狀，如是者十里。石崖懸絕中，層閣傑起，則懸空寺也，石壁尤奇。此為北台外護山，不從此出，幾不得台山神理云。

注釋

1 台灣：即今台懷鎮，為遊覽五台山的中心，有公路可達。很多寺廟都集中在這裏。

2 華岩嶺：為由北面進入五台山的門戶。

3 天花菜：《清涼志》載：「菌類，生於柴木，台山佳品也。」至今仍為五台山特產，稱台山香蘑，簡稱台蘑。

譯文

初八日　老僧人石堂送我離開，一一指着山峰說：「北台的下面，東台的西面，中台的正中，南台的北面，有個山塢叫台灣，這是眾台環繞的概況。離這裏位處正東稍北，有座特別尖銳的青山，那是恆山。正西稍南，有和雲霧相接的山峰，是雁門關一帶。一直向南延伸的群山，除南台之外，只有龍泉關獨自稱雄。直往北邊俯視內、外兩邊，群山都如花蕾，只有這座山從北面護着群山，陡峭層疊，高峻的山勢，由此可以獨見一斑。這是全面地觀看北台的概況。這裏離東台四十里，華岩嶺在途中。如果探訪北嶽恆山，不如直接從華岩嶺北下，可以省掉四十里的路程。」

我點頭同意。告別石堂後往東走，陡直地往下走了八里，平緩地走了十二里，抵達華岩嶺。沿北塢往下走十里，才到平路。一條溪水來自北邊，一條來自西邊，兩條溪合攏後群峰聚集，形成了深谷中的「一壺天」。沿溪往東北走了二十里，叫野子場。從南邊的白頭庵到這裏，數十里內都長着天花菜，離開這裏就絕種了。從這裏開始，兩旁的山崖屏障般鼎足而立，雄壯峻峭，千姿百態，在這樣的美景中走了十里。石崖懸掛在絕壁之中，層層樓閣突起，那是懸空寺，石壁特別奇異。這是在北台外面的護山，不從這條路繞出五台山，幾乎體會不到五台山的神奇啊！

十一 遊恆山日記[1]

山西大同府渾源州

本篇導讀——

下了五台山，走十里，進繁峙地界。路漸緩，走過平型關和雁門關，兩關相隔僅十五里。過沙河，夜宿渾源縣同姓家。次日八月初十，上北嶽恆山。

去恆山路上，遇到了箭筸嶺和龍山。徐霞客饒有興致記下箭筸嶺南北兩邊的不同，嶺南荒蕪、嶺北繁翠。龍山則是他的一個意外收穫：以前只知龍山在山西，卻不意它與恆山靠那麼近，他靠近細細觀察了一番，彌補遊五台山的一些遺憾。

離恆山還有十里，恆山聳立在遠處。來到恆山腳下，一條小溪從山間直流而下。他沿着小溪，往山上行進。沿途小路崎嶇蜿蜒，不知東南西北。穿過重重的山路，他來到了恆山金龍峽口。

恆山主峰為天峰嶺和翠屏峰，兩峰對望，中間植物帶層次分明，澗水從中穿過，也是一條通都大道。「洛陽伊闕斷崖（嵩山）、武夷山九曲沿岸風景，都不如這裏呀。」徐霞客給了這樣的評價。懸崖上有古棧道，再往上有懸空寺，為北魏建築。夜宿恆山廟側人家。

八月十一日，徐霞客往東而上，經望仙亭、虎風口、「朔方第一門」牌坊、寢宮、北嶽殿，登頂。上恆山有兩條道，一條是從恆山廟右，經會仙台。另一條從恆山廟東上，經一斷崖，為登頂捷徑。徐霞客走後一條。剛上山，就看到了裸露在地表的煤礦。抄近路艱辛，過了那塊斷崖，路程才一半。坡度陡峭，碎石小路，枯竹荊棘野草，抓不穩藤蔓或者藤斷掉，人就會滾下山崖。一路上都是這樣的情況，似乎沒有盡頭。徐霞客堅持了下來，最後登頂成功，了卻幾十年的心願。

徐霞客在恆山頂上俯瞰華北平原的連綿山脈，對山西河北一帶主要山脈的情況作出分析。同時也觀察到恆山的植物和其他地方不一樣：土山無樹，石山有樹，北為石山，故樹在北山。

下山時，徐霞客看着上來的路，不敢下去。剛好碰見另一登山客，指明要循恆山東南面的松柏林走。他依言而行，經懸空寺下到平地。由頂上俯瞰，但見松柏如草莖，下到林間，才知俱是參天巨木。隨後徐霞客抵渾源州西關，恆山遊結束。

去北台七十里，山始豁然，曰東底山。台山北盡，即屬繁峙界矣。

注釋

1 恆山：又名元嶽、常山，位於山西渾源縣，清初改祭北嶽廟於此，遂名北嶽恆山。為「塞外第一山」，東連太行山脈，西接雁門關、平型關，北接塞北，南連五台山，騰跨華北平原和塞北盆地兩百公里。恆山主峰分兩峰，東峰為天峰嶺（高二千零一十六米），西峰為翠屏山，兩峰聳立對望。恆山腳有懸空寺，建於北魏後期。

譯文

離開北台七十里，山巒才開闊起來，叫東底山。五台山北邊的盡頭，就是繁峙縣了。

南山—沙河—沙河堡—義興寨—朱家坊—葫蘆嘴—渾源土嶺

初九日　出南山。大溪從山中俱來者，別而西去。余北馳平陸中，望外界之山，高不及台山十之四，其長繚繞如垣[1]，東帶平邢，西接雁門[2]。橫而徑者十五里，北抵山麓，渡沙河即為沙河堡。依山瞰流，磚甃高整[3]。由堡西北七十里，出小石口，為大同西道；直北六十里，出北路口，為大同東道。

余從堡後登山，東北數里，至峽口，有水自北而南，即下注沙河者也。循水入峽，與流屈曲，荒谷絕人。數里，義興寨。數里，朱家坊。又數里，至葫蘆嘴。捨澗登山，循嘴而上，地復成塢，溪流北行，為渾源界。又數里，為土嶺，去州尚六十里，西南去沙河，共五十里矣，遂止居民同姓家。

注釋

1 垣（粵：援；普：yuán）：矮牆。

2 平刑：即今平型關。雁門：即今雁門關。

3 甃（粵：咒；普：zhòu）：井壁、砌磚。

譯文

初九日　離開南山。伴我從山中一齊出來的大溪，往西邊流去。我往北馳騁在平地上，遙望外面的山巒，高度不到五台山的十分之四，長長地繚繞着像矮牆一樣，東邊毗鄰平刑，西邊接壤雁門。橫穿平地十五里，往北走到山麓，渡過沙河就是沙河堡。沙河堡挨着山麓，俯瞰河流，以磚砌成（的圍牆），高大整齊。從沙河堡往西北走了七十里，穿過小石口，就是去大同府西邊的路；直往北面走了六十里，走到北路口，就是去大同府東邊的路。我從堡後登山，往東北走了幾里，到峽口，有水流從北向南流，就是往下注入沙河的那條河。沿水流進峽谷，路隨流水彎曲，峽谷荒無人煙。走了數里，到興義寨。數里後，到朱家坊。再走數里，到葫蘆嘴。

捨棄溝澗登山，沿山嘴而上，地形變成山塢，隨溪流往北，進入渾源州境內。又走數里，到土嶺，距離州城還有六十里，西南距離沙河，一共五十里，於是住在和我同姓的居民家。

箭筸嶺——龍峪口——龍山大雲寺

初十日　循南來之澗北去三里，有澗自西來合，共東北折而去。余溯西澗入，又一澗自北來，遂從其西登嶺，道甚峻。北向直上者六七里，西轉，又北躋而上者五六里，登峰兩重，造其巔，是名箭筸嶺。

自沙河登山涉澗，盤旋山谷，所值皆土魁荒阜[1]；不意至此而忽躋穹窿，然嶺南猶復阿蒙也[2]。

一逾嶺北，瞰東西峰連壁隤，翠蜚丹流[3]。其盤空環映者，皆石也，而石又皆樹；石之色一也，而神理又各分妍；樹之色不一也，而錯綜又成合錦。石得樹而嵯峨傾嵌者，幕以藻繪而愈奇[4]；樹得石而平鋪倒蟠者，緣以突兀而尤古。

如此五十里，直下至阬底[5]，則奔泉一壑，自南注北，遂與之俱出塢口，是名龍峪口，堡臨之。村居頗盛，皆植梅杏，成林蔽麓。

既出谷，復得平陸。其北又有外界山環之，長亦自東而西，東去渾源州三十里，西去應州七十里。龍峪之臨外界，高卑遠近，一如東底山之視沙河峽口諸山也。於是沿山東向，望峪之東，山愈嶙嶒斗峭，問知為龍山[6]。龍山之名，舊著於山西，而不知與恆嶽比肩；至是既西涉其閫域[7]，又北覽其面目，從不意中得之，可當五台桑榆之收矣[8]。

東行十里，為龍山大雲寺，寺南面向山。

注釋

1 土魁：土堆。

2 阿蒙：三國時魯肅稱呂蒙為阿蒙，說：「三日不見，非復吳下阿蒙矣。」此處借用，有依然故態之意。

3 隤：即「頹」，倒塌之意。蜚：通「飛」。

4 幕：覆蓋。藻繪：文采。

5 阬：同「坑」。

6 斗：同「陡」。龍山：亦稱封龍山，在今渾源縣西南四十里，頂峰稱萱草坡，風景甚佳。金末，元好問、李治、張德輝曾到這裏遊覽，詩文唱和，時稱「龍山三老」。

7 閫（粵：捆；普：kǔn）：特指郭門的門檻。閫域：內境。

8 桑榆：《後漢書》有「失之東隅，收之桑榆」，桑榆之收，比喻為彌補缺憾。

譯文

初十日 順着從南而來的澗水往北走了三里，有道澗水從西邊流來會合，一齊轉向東北流去。

我沿着西邊的澗水往裏走，又有一道澗水從北流來，於是從澗水的西邊登嶺，路很陡。往北直上六七里，往西轉，又往北攀登了五六里，登上兩重山峰，直達峰頂，峰名箭筸嶺。

從沙河開始登山涉水，在山谷中盤旋前進，經過的都是土堆荒山；想不到來這裏忽然登上高地，只是嶺南故態依舊。

一翻到嶺北，俯瞰東西兩邊連綿的峰巒，崖壁崩塌，紅色、綠色交相輝映。那盤繞映照空中的，都是岩石；而岩石上又都有樹；岩石的顏色是一致的，但神采與紋理又各得其妙；樹木的顏色不一致，卻各色交錯，如同織錦。高大的岩石上鑲嵌着樹，就像覆蓋着一層美麗的彩繪，愈發奇妙；屈曲盤繞的樹得到平鋪的石頭的襯托，更加顯得突兀古樸。

這樣子走了五十里，一直往下走到土坑下，看到一股奔流的泉水，從南往北流，於是隨着泉水一齊到塢口，叫作龍峪口，對着堡壘。村舍很多，家家都種了梅樹和杏樹，林蔭掩映着山腳。

離開山谷，再回到平地。平地北面還有群山環繞，長度也是從東向西延伸，東邊距離渾源州三十里，西邊距離應州七十里。龍峪口面臨外界，高低遠近，就像在東底山看沙河、峽口的群山一般。

於是沿山往東走，遠看龍峪口的東邊，山勢更加嶙峋陡峭，問了才知道是龍山。龍山之稱，以前屬於山西境內，卻不知是和恆山並肩為鄰；到了這裏已從西邊越過龍山內境，還從北面觀覽了龍山的面貌，無意中卻能遊龍山，可算是遊玩五台山所得到的意外收穫。

東行十里，是龍山大雲寺，廟宇朝南對着山。

恆山之麓——懸空寺——恆山廟山門——土人家

又東十里，有大道往西北，直抵恆山之麓，遂折而從之，去山麓尚十里。望其山兩峰亙峙，車騎接軫[1]，破壁而出，乃大同入倒馬、紫荊大道也[2]。循之抵山下，兩崖壁立，一澗中流，透罅而入，逼仄如無所向，曲折上下，俱成窈窕，伊闕雙峰，武彝九曲，俱不足以擬之也。

時清流未泛，行即溯澗。不知何年兩崖俱鑿石坎，大四五尺，深及丈，上下排列，想水溢時插木為閣道者，今廢已久，僅存二木懸架高處，猶棟梁之巨擘也[3]。

三轉，峽愈隘，崖愈高。西崖之半，層樓高懸，曲榭斜倚[4]，望之如蜃吐重台者[5]，懸空寺也[6]。五台北壑亦有懸空寺，擬此未能具體[7]。仰之神飛，鼓勇獨登。入則樓閣高下，檻路屈曲。崖既矗削，為天下巨觀，而寺之點綴，兼能盡勝。依岩結構，而不為岩石累者，僅此。而僧寮位置適序，凡客坐禪龕[8]，明窗暖榻，尋丈之間，肅然中雅。

既下，又行峽中者三四轉，則洞門豁然，巒壑掩映，若別有一天者。又一里，澗東有門榜三重[9]，高列阜上，其下石級數百層承之，則北嶽恆山廟之山門也。去廟尚十里，左右皆土山層疊，嶽頂杳不可見。

止門側土人家，為明日登頂計。

注釋

1 軫（粵：診；普：zhěn）：車後的橫木。車騎接軫：車馬絡繹不絕。

2 倒馬：即倒馬關，今名同，在河北唐縣北隅，唐河南岸。紫荊：即紫荊關，今名同，在河北易縣西部，拒馬河南岸。明時，倒馬、紫荊與居庸合稱內三關。

3 擘（粵：mak^3；普：bò）：大拇指。巨擘：比喻其傑出於眾，如大指不同於其他指頭。

4 榭：建在高土台上的敞屋。

5 蜃吐重台：即蜃景，海市蜃樓。

6 懸空寺：始建於北魏，至今已一千四百多年，經多次地震仍保存完整，佛、道、儒三教合一的獨特寺廟。在渾源縣城南五公里，渾源縣城至恆山的途中，金龍峽古為去五台山和大同的交通要道。從半山崖上用木柱支撐建起樓閣，高低錯落的殿宇再用棧道或天橋連結。

7 擬：摹擬，比擬。具體：事物的各個組成部分都齊備。

8 禪龕：供佛的小屋。

9 榜：匾額。門榜：懸掛有匾額的大門。

譯文

又往東走了十里，有條大路通向西北，直達恆山山腳，於是轉走大路，距離山腳還有十里。遙望兩座山峰橫貫對峙，路上車水馬龍，就像穿過山崖蜂擁而出，這是從大同府去倒馬關、紫荊關的大路。沿路來到恆山下，兩旁崖壁聳立，一條澗水從中流過，從縫隙中流入峽谷，狹窄得好像無路可通，上下盤曲，形成深遠幽雅的景色，伊闕的雙峰，武夷山的九曲水，都望塵莫及。

此時清澈的溪流還沒氾濫，可以逆水而上。兩邊崖壁不知在甚麼時候都鑿了石坎，有四五尺寬，一丈深，上下排列着，估計是漲水時插木頭搭棧道用的，至今已經廢棄了很久，只剩下兩根木頭掛在高處，都是棟梁般的木材。

折轉三次後，峽谷越窄，崖壁越高。西邊崖壁的半腰，層疊的樓閣懸在高空，斜靠山崖，彎轉曲折，看上去像海市蜃樓中重疊的亭台，這是懸空寺。五台山北面的山谷中也有懸空寺，比起這裏卻顯得簡陋了。仰看着令人神往，鼓足勇氣獨自攀登。進去後則見樓閣高低錯落，圍欄彎轉曲折。崖壁十分高峻陡峭，稱得上是天下奇觀了，加上懸空寺的點綴，更加完美無缺。依山建築，卻不受岩石的限制，只有懸空寺。而且僧舍的位置適當有序，凡是接待來客的佛堂，窗明榻暖，小小的地方，肅穆莊嚴。

下來後，又在峽谷中轉了三四道彎，峽谷豁然開闊，峰巒和山谷互相掩映，彷彿是另一個世界。再走了一里，澗的東面有三扇掛着匾額的大門，高高地排列在山上，門下有幾百級石階承托着，這是北嶽恆山廟的山門。距離廟還有十里，左右兩邊都是層疊的土山，北嶽的頂峰遠得看不見蹤影。住宿在山門旁的當地人家中，為明天攀登北嶽頂作準備。

賞析與點評

「兩峰亙峙」，天峰嶺和翠屏嶺之間，有青山、峭壁、澗水等，妙趣橫生，構成磁峽（金龍峽）煙雨，今恆山十八景之一。而金龍峽「不知何年兩崖俱鑿石坎」，是古棧道，加上兩峰間的飛橋，合稱「雲閣虹橋」。徐霞客到此，感嘆金龍峽懸空寺，「為天下巨觀」。

望仙（亭）—虎風口—傑坊—寢宮—飛石窟—北嶽殿—會仙台—（北嶽）頂—松柏林—飛石窟—懸空寺—渾源州西關外

十一日　風翳淨盡，澄碧如洗。策杖登嶽，面東而上，土岡淺阜，無攀躋勞[1]。

蓋山自龍泉來，凡三重。惟龍泉一重峭削在內，而關以外反土脊平曠；五台一重雖崇峻，而骨石聳拔，俱在東底山一帶出峪之處；其第三重自峽口入山而北，西極龍山之頂，東至恆嶽之陽，亦皆藏鋒斂鍔[2]，一臨北面，則峰峰陡削，悉現岩岩本色。

一里轉北，山皆煤炭，不深鑿即可得。

又一里，則土石皆赤，有虯松離立道旁，亭曰望仙。

又三里，則崖石漸起，松影篩陰，是名虎風口。於是石路縈迴，始循崖乘峭而上。

三里，有傑坊曰「朔方第一山」，內則官廨廚井俱備。坊右東向拾級上，崖半為寢宮[3]，宮北為飛石窟，相傳真定府恆山從此飛去[4]。

再上，則北嶽殿也。上負絕壁，下臨官廨，殿下雲級插天，廡門上下，穹碑森立[5]。從殿右上，有石窟倚而室之，曰會仙台。台中像群仙，環列無隙。

余時欲躋危崖，登絕頂。還過嶽殿東，望兩崖斷處，中垂草莽者千尺。為登頂間道，遂解衣攀躡而登。二里，出危崖上，仰眺絕頂，猶傑然天半，而滿山短樹蒙密，槎椏枯竹[6]，但能鉤衣刺領，攀踐輒斷折，用力雖勤，若墮洪濤，汩汩不能出。余益鼓勇上，久之棘盡，始登其頂[7]。

時日色澄麗，俯瞰山北，崩崖亂墜，雜樹密翳。是山土山無樹，石山則有；北向俱石，故樹皆在北。渾源州城一方，即在山麓，北瞰隔山一重，蒼茫無際；南惟龍泉，西惟五台，青青與此作伍；近則龍山西亙，支峰東連，若比肩連袂，下扼沙漠者。

既而下西峰，尋前入峽危崖，俯瞰茫茫，不敢下。忽回首東顧，有一人飄搖於上，因復上其處問之，指東南松柏間。望而趨，乃上時寢宮後危崖頂。未幾，果得徑，南經松柏林。先從頂上望，松柏蔥青，如蒜葉草莖，至此則合抱參天，虎風口之松柏，不啻百倍之也。從崖隙直下，恰在寢宮之右，即飛石窟也，視余前上隘，中止隔崖一片耳。

下山五里，由懸空寺危崖出。

又十五里，至渾源州西關外。

注釋

1 翳（粵：縊；普：yì）：障也。勞：勞累。

2 鋒：刃端。鍔（粵：鱷；普：è）：刃旁。

3 寢宮：古代的宗廟有廟和寢兩部分，前殿稱廟，後殿稱寢，合稱寢廟。

4 真定府：即今河北正定。真定府古恒山在真定府曲陽縣，即今河北曲陽縣西北，又稱河北恒山、常山、大茂山，明以前以此為五嶽之一的北嶽。順治十七年，改為渾源境內。

5 穹碑：很高的石碑。

6 槎（粵：查；普：chá）椏：枝柯歧出。

7 始登其頂：恒山絕頂稱天峰嶺，海拔二千零一十七米。從北嶽殿到絕頂有東西兩條路，東路捷直，小道絕險。徐霞客是從東路間道登頂。

譯文

十一日　大風吹散雲霧。拄着手杖攀登北嶽，朝東往上走，土岡是低緩的山丘，攀登也不覺得累。

山脈大概是從龍泉關延伸而來，共有三重，只有龍泉關這一重山勢陡峭尖削，而關外卻是平坦寬闊的泥土山脊；五台山的這一重山雖然高峻，岩石矗立挺拔，都在東底山一帶出谷處；第三重從峽谷口延伸到山中而且往北去，西邊以龍山頂為盡頭，東邊到恆山的南面，都不露鋒芒，一到北面，則山峰都是陡峭的，全部顯露出高峻的面目。

一里後往北轉，山中都是煤炭，不用深挖就可以取得。

再走一里，土石則是赤色，虬龍一般盤曲的松樹並立路旁，有望仙亭。

再走了三里，則崖石漸漸突起，松影如同從篩孔中透下來一樣，這裏叫虎風口。石路曲折盤旋，從這裏開始沿着陡峭的山崖往上爬。

三里後，看到一塊特大的牌坊，寫着「朔方第一山」，坊內的官署裏的廚房和水井都一應齊備。坊右往東沿台階上去，山崖半腰有寢宮，宮北是飛石窟，相傳真定府的恆山是從這裏飛過去的。

再上去，則是北嶽殿了。殿上面靠着絕壁，下面對着官署，殿前的石階直通雲天，堂下的廊廡高高低低，林立着高大的石碑。從殿右上去，有個石窟建成的房屋，叫會仙台。裏面環繞着群仙的塑像，把石屋擠得沒有一點空隙。

我這時打算上陡崖，登絕頂。返回時經過北嶽殿東，遠看兩座山崖斷開的地方，其中長滿雜草的地方近千尺，這是登上絕頂的小路，於是脫掉外衣，攀扯着往上登。二里，來到陡崖上面，抬頭眺望絕頂，仍然還聳立在半空，滿山只有稠密的矮樹，雜亂的枯竹，只會鉤住衣服、刺痛脖子，只要攀扯踐踏就會折斷了，雖然努力地攀登，卻像墮入巨浪之中一樣，只聽到汩汩的水聲卻無法出去。我越發奮勇而上，很久才走完荊棘之地，終於登上了北嶽絕頂。

這時天色清澈明麗，俯瞰恆山的北邊，崩塌的崖壁任意墜下，被稠密的雜樹覆蓋着。這裏土山沒有樹，石山卻有樹；北邊都是石山，所以樹木都長在北邊。渾源州城一帶，就在山腳，往北俯瞰還隔着一重山，蒼茫無邊；南邊只有龍泉關，西邊是五台山，青翠的山峰與它相伴；近處是往西橫貫的龍山，支脈往東延伸，和東邊的山峰緊密相連，阻擋了下面的沙漠。

不久往下走到西邊的山峰，尋找先前進入峽谷時的陡崖，俯瞰只見茫茫一片，不敢往下。

忽然回頭東看，有個人輕快地走在上面，於是我又上去向他問路，他指着東南的松柏間。我朝着松柏疾奔，就是上來時寢宮背後的陡崖頂端。沒多久，果然找到小路，往南經過松柏林。先前在絕頂上眺望，青翠的松柏細小如蒜葉草莖，到這裏才知道是兩人合抱粗的參天大樹，和虎風口的松柏相比，不止大了百倍呢。順着崖隙直下，在寢宮的右邊，剛好就是飛石窟了，視察我先前登山的險要小路，中間只相隔着一塊崖石而已。

下山走了五里，從懸空寺的陡崖出山。

再走十五里，到達渾源州的西關外面。

賞析與點評

徐霞客在箭筸嶺見樹木南北差異很奇怪，沒弄清產生的原因，在恒山也錄下類似情況：「俯瞰山北，崩崖亂墜，雜樹密翳。是山土山無樹，石山則有；北向俱石，故樹皆在北。」這裏只是記述，也沒下推論。可見他觀察的細緻和論斷的謹慎。

最後，他將太行山到恒山的整個山勢分成了三重：第一重是太行山龍泉關一帶——峭削在內，而關以外反土脊平曠；第二重是五台山——雖崇峻，而骨石聳拔，俱在東底山一帶出峪之處；第三重是恒山一帶——（山南）皆藏鋒斂鍔，（山北）峰峰陡削，悉現岩岩本色。他胸內藏着多少山脈？

十二　湘江遇盜日記

本篇導讀——

崇禎九年（一六三六）離開江陰，崇禎十年正月初十徐霞客進入湖南，旅伴有靜聞和尚和僕人顧氏，開始為期一百一十三天的「楚遊」，傳下〈楚遊日記〉一卷，五萬字。他在湖南探勝，一行人兩次斷糧、一次遇盜，着實驚險。在二月十一搭船沿湘江離開湖南衡陽途中，半夜遇盜，行李被洗劫，靜聞和顧僕被刺傷。徐霞客只好回衡陽尋朋友借錢。遇盜、借錢時的眾生相，徐霞客直述了下來，世道嚴峻、人情世故，躍然紙上。選文為二月十一到十三的日記，故事性強，跌宕起伏。

二月十一晚上，徐霞客一行人的船停靠在衡陽新塘站。半夜強盜殺上來，徐霞客把貴重箱子扔到了河中。強盜搶東西還想殺人，同船人於是就跳水自救。唯獨靜聞和尚好心留下來，保護強盜不要的書籍手稿等物什。強盜走之前放了一把火，還刺了靜聞和尚兩刀。靜聞和尚沒理會傷口，冒水、冒火、冒寒、冒刀搶救同船，特別是徐霞客的行李，並在河邊等同船人回來。

跳水者，有些在江上其他船上藏了起來，撿回一條命，有些已失蹤，不知生死。徐霞客行李被洗劫一空，狼狽不堪。二月十二，回原來泊船地方見到了靜聞和尚，和尚撈上岸的行李，有人亂認領，還污蔑是靜聞引來的強盜。這讓徐霞客很是氣憤，覺得這些人還不如強盜，強盜還對和尚禮讓三分。

洗劫過後，身無分文，衣衫破爛，同伴被刺，徐霞客無奈只得於十三日回衡陽城找朋友救濟。徐霞客請老朋友金氏做擔保，向衡陽藩府借錢去西南遊歷，金氏意思是藩府無銀可借，徐霞客如果要回江陰老家，可以給他備置物件。徐霞客生怕回家後，家裏人因遇盜事故不放他出來，還是希望金氏能籌錢給他去西南。金氏「唯唯」。

鈞欄灘—東陽渡琉璃廠—車江雲母山—雲集潭—新塘站—新塘站上流之對涯—香爐山

十一日　五更復聞雨聲，天明漸霽。二十五里，南上鈞欄灘，衡南首灘也，江深流縮，勢不甚洶湧。轉而西，又五里為東陽渡，其北岸為琉璃廠，乃桂府燒造之窯也。又西二十里為車江或作汉江。其北數里外即雲母山。

乃折而東南行，十里為雲集潭，有小山在東岸。

已復南轉，十里為新塘站[1]舊有驛，今廢。

又六里，泊於新塘站上流之對涯。

同舟者為衡郡艾行可、石瑤庭，艾為桂府禮生[2]，而石本蘇人，居此已三代矣。

其時日有餘照，而其處止有穀舟二隻，遂依之泊。已而，同上水者又五六舟，亦隨泊焉。其涯上本無村落，余念石與前艙所搭徽人俱慣遊江湖，而艾又本郡人，其行止余可無參與，乃聽其泊。

迨暮，月色頗明。余念入春以來尚未見月，及入舟前晚，則瀟湘夜雨[3]，此夕則湘浦月明，兩夕之間，各擅一勝，為之躍然。

已而忽聞岸上涯邊有啼號聲，若幼童，又若婦女，更餘不止。眾舟寂然，皆不敢問。余聞之不能寐，枕上方作詩憐之，有「簫管孤舟悲赤壁，琵琶兩袖濕青衫」之句，又有「灘驚迴雁天方一，月叫杜鵑更已三」等句。然亦止慮有詐局，俟憐而納之，即有尾其後以挾詐者，不虞其為盜也[4]。

迨二鼓，靜聞心不能忍[5]，因小解涉水登岸靜聞戒律甚嚴，一吐一解，必俟登涯，不入於水。呼而詰之，則童子也，年十四五，尚未受全髮[6]，詭言出王閹之門，年甫十二，王善酗酒，操大杖，故欲走避。靜聞勸其歸，且厚撫之，彼竟卧涯側。比靜聞登舟未久，則群盜喊殺入舟，火炬刀劍交叢而下。

余時未寐，急從卧板下取匣中遊資移之。越艾艙，欲從舟尾赴水，而舟尾賊方揮劍斫尾門，不得出。乃力掀篷隙，莽投之江中，復走卧處，覓衣披之。靜聞、顧僕與艾、石主僕，或赤身，或擁被，俱逼聚一處。賊前從中艙，後破後門，前後刀戟亂戳，無不以赤體受之者。余念必為盜執，所持紬衣不便[7]，乃並棄之。各跪而請命，賊戳不已，遂一湧掀篷入水。

入水余最後，足為竹籤所絆，竟同篷倒翻而下，首先及江底，耳鼻灌水一口，急踴而起。幸水淺止及腰，乃逆流行江中，得鄰舟間避而至，遂躍入其中。時水浸寒甚，鄰客以舟人被蓋余，而卧其舟，溯流而上三四里，泊於香爐山，蓋已隔江矣。還望所劫舟，火光赫然，群盜齊喊一聲為號而去。

已而同泊諸舟俱移泊而來，有言南京相公身被四創者[8]，余聞之暗笑其言之妄。且幸亂刃交戟之下，赤身其間，獨一創不及，此實天幸。惟靜聞、顧奴不知其處，然亦以為一滾入水，得免虎口，資囊可無計矣。但張侯宗璉所著《南程續記》一帙，乃其手筆，其家珍藏二百餘年，而一入余手，遂罹此厄，能不撫膺[9]！

其時舟人父子亦俱被戳，哀號於鄰舟。他舟又有石瑤庭及艾僕與顧僕，俱為盜戳，赤身而來，與余同被卧，始知所謂被四創者，乃余僕也。前艙五徽人俱木客，亦有二人在鄰舟，其三人不知何處。而余艙尚不見靜聞，後艙則艾行可與其友曾姓者，亦無問處。

余時臥稠人中，顧僕呻吟甚，余念行囊雖焚劫無遺，而所投匣資或在江底可覓。但恐天明為見者取去，欲昧爽即行，而身無寸絲，何以就岸。是晚初月甚明，及盜至，已陰雲四佈，迨曉，雨復霏霏。

注釋

1 新塘站：即今衡南縣南的新塘站村。

2 桂府：即衡陽桂王府。明天啟七年（一六二七）封明神宗第七子朱常瀛於衡州（今衡陽），是為桂王，其子桂王朱由榔即南明永曆帝。禮生：祭祀時贊禮司儀的執事。

3 瀟湘夜雨：瀟湘，湖南或湘江代指。夜雨落湘江，煙霧迷離，兩岸秀山淒迷。相傳舜喪湘南，娥皇、女英尋夫至此，淚灑斑竹，故瀟湘夜雨也喻傷懷、落淚。自古以此為母題的詩歌、繪畫、音樂等作品甚多。

4 不虞：沒預料到。

5 靜聞：和徐霞客共遊天台的蓮舟僧人的徒弟，江陰迎福寺僧人，禪誦二十載，血書《法華經》，後與徐霞客一同前往雲南。在湘江因保護同伴行李被刺，病逝於廣西南寧崇善寺。徐霞客帶着他的骨灰和血書抵達雲南雞足山悉檀寺，完成了靜聞的心願。現雞足山有修復後的「靜聞墓」。

6 未受全髮：未成年。古時男子二十行盤髮的冠禮。

7 紬（粵：綢；普：chóu）：粗綢布。

8 相公：古時對讀書人的敬稱。

9 帙（粵：秩；普：zhì）：用布帛製成的包書套子，因稱書一套為一帙。罹（粵：離；普：lí）：遭遇不幸的事。膺（粵：應；普：yīng）：胸。撫膺：氣憤。

譯文

十一日　五更時又聽到雨聲，天亮後漸漸放晴。走了二十五里，往南走到鉤欄灘，它是衡州南面的第一個河灘，江流到這裏變深，水面變窄，水勢不算洶湧。折往西邊，再走五里是東陽渡，它的北岸是琉璃廠，是桂府燒造的窯坑。再往西走二十里是車江（或作汊江）。它北面的幾里之外就是雲母山。而後折往東南，走十里是雲集潭，有座小山在潭的東岸上。隨後又轉往南邊，走了十里是新塘站（以前有驛站，今已廢棄）。再走六里，停泊在新塘站上游的對岸。同船的是衡州府的艾行可、石瑤庭，艾某是桂府祭祀時的司禮者，而石某本是蘇州人，移居此地已經三代了。

當時太陽還有餘輝，而那裏只有兩艘運穀的船，於是靠攏停在一起。不久後，同是往上航行的船又有五六艘，也都停在那裏。岸邊本無村落，我想石某與前艙中搭乘的徽州人都慣遊江湖，而艾某又是本府人，去哪裏我都無需干預，於是任憑船隻停泊。

等到暮色降臨，月色很明亮。我想起入春以來還沒看到月亮，到登船的前一晚上，瀟湘江下了一夜的雨，今夜湘江岸邊卻月光明亮，兩夜之間，各具特色，心中為此感到愉悅。

不久忽然聽到岸邊有啼哭聲，像是幼童，又像是婦女，一更多還未停止。四周的船都靜悄悄的，都不敢問。我聽到哭聲不能安睡，便在枕頭上作了一首詩抒發憐憫之情，詩中有「簫管孤舟悲赤壁，琵琶兩袖濕青衫」的句子，又有「灘驚迴雁天方一，月叫杜鵑更已三」等句。然而我也只是怕有騙局，等人可憐他而收留他時，便有人尾隨其後，挾持詐騙，卻沒料到是盜賊。

到兩更時，靜聞於心不忍，於是趁涉水登岸小解的機會（靜聞恪守教中戒律，吐痰及大、小解等，一定要上岸，從不在水裏解決），他呼喚並詢問那啼哭的人，原來是個小童，十四五歲，還沒有留全髮，謊稱是王宦官門下，剛滿十二歲，因為王宦官常常酗酒，拿大棍子打他，因此想逃跑。靜聞勸他回去，並且還好好地撫慰他，他卻躺在岸邊。等靜聞上船不久後，就見一群盜賊喊叫着衝上船，火把刀劍交錯落下。

我當時還未睡，急忙從床板下取出裝着旅費的匣子，轉移到其他地方。我越過艾某所在的船艙，想從船尾跳水，但船尾有盜賊正揮劍劈着船尾的門，不能出去，於是用力掀起船篷，莽撞地將匣子投到江中，又跑到睡覺的地方，找了衣服披在身上。

靜聞、顧僕和艾某、石某主僕，或光着身，或裹着被子，都被逼聚在一起。有的盜賊從船頭往中艙；有的在船後破壞後門（往前），前後刀戟亂刺，船上的人無不赤身露體地捱打。我想我肯定會被盜賊抓住，拿着綢緞的衣服不便行動，於是通通丟掉。人人都跪在盜賊前請求保全性命，盜賊卻砍戳個不停，於是大家一擁而起，掀起船篷跳水。

我是最後一個跳水的，腳被船上的竹片絆着，竟然同船篷一起翻了下去，頭先碰到江底，耳鼻都灌了水，才迅速向上躍起。幸好水深只到腰部，於是逆流走在江中，見到鄰船為了逃避盜賊開了過來，便躍入船中。我當時被水浸得全身十分寒冷，船上的乘客將船夫的被子蓋在我身上，我便躺在船上。逆流朝上行駛了三四里，停泊在香爐山下，這裏已經是湘江的另一頭了。回看被搶劫的船隻，火光熊熊，眾盜賊齊聲喊叫一聲作為信號，就走了。

不久，先前一同停泊的各船都駛到香爐山下停泊，有人說南京的讀書人被刺傷四處，我聽了暗笑他話語虛妄。幸運的是我赤身混在亂刀棍劍之下，竟沒有一處受傷，這實在是天幸！只是不知道靜聞、顧家僕在哪裏，也以為他們一但掉進水中，就能免於虎口，至於錢財就不去計較了。只是張侯宗璉著述的一套《南程續記》，是他的手跡，他家珍藏了兩百多年，而一到我手中，便遭此等厄運，怎能不痛惜！

當時船夫父子倆都被刺傷，在鄰船哀號着。另一艘船上又有石瑤庭、艾某和顧僕，他們都被盜賊刺傷，光着身體來到我停留的船上，與我同蓋一床被子躺着，我這才知道所說的被刺傷四處的是我的僕人。原來乘搭那隻船上前艙中的五個徽州人都是做木活的，其中兩個在鄰船上，其餘三人不知在哪裏。而我那個艙中還不見靜聞，後艙則是艾行可與他的曾姓朋友，也沒有打聽的地方。

我當時躺在眾人中，顧僕呻吟得很厲害，我心想行李雖然全被焚燒搶劫了，而投到江中的錢匣子或許可以在江底找到。只怕天亮後被見到的人拿了去，想天亮時就去尋找，但身無寸縷，何以上岸？

當晚，月色初時明亮，等盜賊來時，已經陰雲四佈，到天亮時，雨又紛紛地下了起來。

湘之北東岸—焚舟（處）—汊江—東陽渡—鐵樓門

十二日　鄰舟客戴姓者，甚憐余，從身分裏衣、單褲各一以畀余[1]。余周身無一物，摸髻中猶存銀耳挖一事[2]余素不用髻簪，此行至吳門，念二十年前從閩返錢塘江滸[3]，腰纏已盡，得髻中簪一枝，夾其半酬飯，以其半覓輿，乃達昭慶金心月房。此行因換耳挖一事，一以綰髮[4]，一以備不時之需。及此墮江，幸有此物，髮得不散。艾行可披髮而行，遂至不救。一物雖微，亦天也。遂以酬之，匆匆問其姓名而別。時顧僕赤身無蔽，余乃以所畀褲與之，而自著其裏衣，然僅及腰而止。旁舟子又以衲一幅畀予[5]，用蔽其前，乃登涯。

涯猶在湘之北東岸，乃循岸北行。時同登者余及顧僕，石與艾僕並二徽客，共六人一行，俱若囚鬼。曉風砭骨，砂礫裂足[6]，行不能前，止不能已。

四里，天漸明，望所焚劫舟在隔江，上下諸舟，見諸人形狀，俱不肯渡，哀號再三，無有信者。艾僕隔江呼其主，余隔江呼靜聞，徽人亦呼其侶，各各相呼，無一能應。已而聞有呼予者，予知為靜聞也。心竊喜曰：「吾三人俱生矣。」亟欲與靜聞遇。隔江土人以舟來渡余，及焚舟，望見靜聞，益喜甚。

於是入水而行，先覓所投竹匣。靜聞望而問其故，遙謂余曰：「匣在此，匣中之資已烏有矣。手摹〈禹碑〉及《衡州統志》猶未沾濡也。」

及登岸，見靜聞焚舟中衣被竹笈猶救數件[7]，守之沙岸之側，憐予寒，急脫身衣以衣予。復救得余一褲一襪，俱火傷水濕，乃益取焚餘熾火以炙之。

其時徽客五人俱在，艾氏四人，二友一僕雖傷亦在，獨艾行可竟無蹤跡。其友、僕乞土人分舟沿流捱覓，余輩炙衣沙上，以候其音。時飢甚，鍋具焚沒無餘，靜聞沒水取得一鐵銚，復沒水取濕米先取乾米數斗，俱為艾僕取去。煮粥遍食諸難者，而後自食。

迨下午，不得艾消息，徽人先附舟返衡，余同石、曾、艾僕亦得土人舟同還衡州。余意猶妄意艾先歸也。土舟頗大，而操者一人，雖順流行，不能達二十餘里，至汉江已薄暮。二十里至東陽渡，已深夜。時月色再明，乘月行三十里，抵鐵樓門，已五鼓矣。

艾使先返，問艾竟杳然也。

注釋

1 畀（粵：比；普：bì）：賜與、給予。

2 髻（粵：計；普：jì）：盤結於頭頂或腦後的頭髮，有各種形狀。

3 吳門：蘇州別稱，為春秋吳國故地。滸：水邊。

4 綰：繫，盤結。

5 衲：原指僧衣，常用許多碎布補綴而成，此處引申為補丁衣服。

6 砭（粵：鞭；普：biān）：古代治病的石針，引申為刺。礫（粵：lik˩；普：lì）：小石子。

7 笈（粵：級；普：jí）：書箱。

譯文

十二日　鄰船姓戴的客人，非常同情我，從他身上分出內衣、單層褲子各一件給我。我身上沒有任何東西，摸摸髮髻中還有一個銀耳挖（我向來不用髻簪，這次到蘇州時，想起二十年前從福建返回錢塘江邊，用盡隨身財物，從髮髻中摸到一枝簪，剪下一半付了飯錢，用另一半雇了轎子，才到達昭慶寺金心月房。所以這次換了一個耳挖，一是用來束髮，一是用以防不時之需。這次落入江中，幸虧有這耳挖，頭髮得以不散開。艾行可披髮而行，以至於無救。一件物品雖然微小，也是天意啊！），便用它酬謝他，匆匆問了他的姓名就告別了。當時顧家僕人光着身子沒有衣物遮蔽，我便把戴某給的褲子送給他，而自己穿着那件內衣，然而內衣僅到腰間。旁邊的船夫又給我一塊有補丁的布，我用它遮着前面，就上岸了。

陸地仍然在湘江北部的東岸，於是沿岸往北走。當時一同登岸的有我、顧僕、石瑤庭、艾家僕人和兩個徽州人，一行六人，個個都像是囚犯鬼怪一樣。拂曉的風寒冷刺骨，碎石刺破了腳板，不能前行，也不能停下。走了四里，天色漸亮，望見被焚燒搶劫的船在江的對面，四周的船家，看到我們的樣子，都不肯載我們，再三哀求，都沒人相信。艾家僕人隔江呼叫他的主人，我隔江呼喊靜聞，徽州人也呼喊他們的同伴，各自呼喚，都沒人應答。不久聽到有喊我的人，我知道是靜聞，心中暗喜道：「我們三人都還活着。」極想與靜聞相會。隔江的當地人划船來接我，到了焚毀的船邊，看見靜聞，更加歡喜得不得了。於是涉水而行，先尋找投入江中的竹匣。靜聞看見後問我原因，遠遠地對我說：「匣子在這裏，匣中的財物已經沒有了。你親手臨摹的〈禹碑〉和《衡州統志》還沒有沾濕。」

等上岸，見到靜聞。他還從燃燒的船上救出衣服、被子、竹箱和書籍等物品，守在沙岸邊。他憐惜我寒冷，急忙脫下身上的衣服給我穿上。還救出我的一條褲子和一雙襪子，都遭到了火燒水浸，於是再拿些焚船的餘火來烘烤。

此時徽州的五個乘客都齊了，艾行可等四人，他的兩個友人和一個僕人雖受傷卻都在，只有艾行可竟然毫無消息。他的友人和僕人懇求當地人分別乘船沿江逐處找尋，我們在沙地上烘烤衣服，等候音訊。當時非常飢餓，但鍋具在焚船時沒入江中，靜聞下水撈到一個鐵鍋，再次下水撈起些濕米（先是弄到幾斗乾米，都被艾家的僕人拿走了），煮了粥分給各個遭難的人吃，自己最後才吃。

直到下午，還沒有艾行可的消息，徽州人先乘船返回衡州，我和石某、曾某和艾家的僕人也找到一艘當地人的船，同返衡州。我還假設說艾行可或許先回城了。

當地人的船很大，但撐船的只有一人，雖然是順流而行，駛了不到二十幾里路，才到汉江就已經是傍晚了。再駛二十里到東陽渡，已是深夜。當晚月色更加明亮，乘月行駛了三十里，抵達鐵樓門，已經五更了。

艾家的僕人先回桂府打探艾行可的下落，竟然全無消息。

先是，靜聞見余輩赤身下水，彼念經笈在篷側，遂留，捨命乞哀，賊為之置經。及破余竹撞，見撞中俱書，悉傾棄舟底。靜聞復哀求拾取，仍置破撞中，盜亦不禁撞中乃一統志諸書，及文湛持、黃石齋、錢牧齋與余諸手柬[1]，並余自著日記諸遊稿。惟與劉愚公書稿失去。。

繼開余皮廂，見中有尺頭，即闔置袋中攜去[2]。此廂中有眉公與麗江木公敘稿，及弘辨、安仁諸書，與蒼梧道顧東曙輩家書共數十通，又有張公宗璉所著《南程續記》乃宣德初張侯特使廣東時手書，其族人珍藏二百餘年，予苦求得之。外以莊定山、陳白沙字裹之，亦置書中[3]。靜聞不及知，亦不暇乞，俱為攜去，不知棄置何所，真可惜也。

又取余皮掛廂，中有家藏《晴山帖》六本，鐵針、錫瓶、陳用卿壺，俱重物，盜入手不開，亟取袋中。

破予大笥，取果餅俱投舡底[4]，而曹能始《名勝志》三本、《雲南志》四本及《遊記》合刻十本，俱焚訖。其艾艙諸物，亦多焚棄。獨石瑤庭一竹笈竟未開。

賊瀕行，輒放火後艙。時靜聞正留其側，俟其去，即為撲滅，而余艙口亦火起，靜聞復入江取水澆之。賊聞水聲，以為有人也，及見靜聞，戳兩創而去，而火已不可救。

時諸舟俱遙避，而兩穀舟猶在，呼之，彼反移遠。靜聞乃入江取所墮篷作筏，亟攜經笈並余燼餘諸物，渡至穀舟；冒火再入取艾衣、被、書、米及石瑤庭竹笈，又置篷上，再渡穀舟；及第三次，則舟已沉矣。靜聞從水底取得濕衣三四件，仍渡穀舟，而穀舟乘黑暗匿紬衣等物，止存布衣布被而已。靜聞乃重移置沙上，穀舟亦開去。

及守余輩渡江，石與艾僕見所救物，悉各認去。靜聞因謂石曰：「悉是君物乎？」石遂大詬靜聞，謂：「眾人疑爾登涯引盜謂訊哭童也。汝真不良，欲掩我之篋。」不知靜聞為彼冒刃、冒寒、冒火、冒水，守護此篋，以待主者，彼不為德，而反詬之。盜猶憐僧，彼更勝盜哉矣，人之無良如此！

注釋

1 **文湛持**：蘇州人，即文震孟（一五七四——一六三六），書法家，文徵明曾孫，崇禎初拜禮部左侍郎，兼東閣大學士。**黃石齋**：黃道周（一五八五——一六四六），號石齋，書法家，福建東山縣人，南明吏部兼兵部尚書、武英殿大學士（首輔），抗清失敗，被俘殉明。**錢牧齋**：錢謙益（一五八二——一六六四），號牧齋，蘇州常熟人。崇禎年間東林黨首領，清初詩壇領袖之一，先附南明後降清。

2 **廂**：同「箱」。**尺頭**：布料。**闔**（粵：合；普：hé）：全部。

3 **眉公**：陳繼儒，號眉公，上海松江人，明代文學和書畫名家。《遊記》出版有他一份功勞。**麗江木公**：即木增，明代雲南麗江土司，納西族作家。徐霞客在雲南癱瘓後，他雇人送徐回江陰老家。**弘辨、安仁**：雞足山寺僧。**張宗璉**：字重器（一三七四——一四二七），江西吉水人，明朱棣永樂年間進士，廉吏，常州同知。其喪事千名常州百姓穿白衣送行，並為其建祠祭拜。**莊定山**：庄昶（一四三七——一四九九），人稱定山先生，江蘇人，明代翰林四諫之一，吏部郎中，有《莊定山集》十卷。**陳白沙**：即陳獻章（一四二八——一五〇〇），廣東新會人，明代碩儒。

4 **笥**（粵：字；普：sì）：裝飯食或衣物的竹器，方的稱笥，圓的稱箪。**舡**（粵：船；普：chuán）：船。

譯文

先前，靜聞見我等赤身跳入水中，他想到佛經和書箱都在船篷旁邊，便留了下來，捨命向盜賊乞求，盜賊才丟下經書不理。等到弄破開我的竹箱，看到箱中全是書籍，就全部扔在船底。靜聞又向盜賊哀求，撿起書籍仍放在破箱中，盜賊也沒阻止（箱中是《大明一統志》等書，還有文湛持、黃石齋、錢牧齋給我的親筆信，還有我自己寫的日記和許多遊記手稿。只有寫給劉愚公的書稿丟失了）。

他們接着又打開我的皮箱，看見其中有塊綢緞布料，便全裝到袋子裏拿走了。這個箱裏有陳眉公和麗江木公敘事的信稿，還有給弘辨、安仁的幾封信件，也有蒼梧道顧東曙等人的家書合共幾十封。另外還有張宗璉先生寫的《南程續記》，這是宣德初年，張侯擔任廣東特使時親自撰寫的，他的家族珍藏了兩百多年，經我苦苦相求才得到。書的外面用莊定山、陳白沙寫的字幅裹着，也放在書箱中。靜聞不知道這事，也無暇討回來，都被盜賊帶走了，不知丟在哪裏，真可惜啊！

盜賊還拿了我的皮掛箱，箱中有我家私藏的六本《晴山帖》、鐵針、錫瓶、陳用卿的壺等，都是些笨重的物件，盜賊拿到後沒打開，趕忙裝進袋子中。

破開我的大箱子，果餅都被拋到船底，而曹能始的三本《名勝志》、四本《雲南志》和十本合刻本的《遊記》，都被火燒掉。艾行可艙中的各種東西，大多都被燒毀。只有石瑤庭的一個竹書箱竟然沒被盜賊打開。

盜賊臨走時，就在後艙放火。當時靜聞正好留在旁邊，等盜賊一走，就將火撲滅，但我住的艙口也起了火，靜聞又在江中取水滅火。盜賊聽到水聲，以為有人來，發現是靜聞，在他身上刺傷兩處後離去，而火勢已經無法撲滅了。當時眾船都駛到遠處躲避，只有兩艘運穀的船還在，靜聞呼喊他們，他們反而駛向遠處。於是靜聞到江裏撈起掉到水中的船篷為筏子，趕緊將佛經、書箱以及屬於我的各樣劫後餘生物品放入筏中，划到穀船；冒着火再到船上拿了艾行可的衣服、被子、書箱、米以及石瑤庭的竹書箱，又放在船篷上，再次划到穀船；等到第三次返回時，船已經沉下去了。靜聞從水底撈起三四件濕衣服，仍渡回穀船，而穀船上的人乘黑藏起了綢緞衣服等物品，只剩下布衣布被而已。靜聞重新將它們移到沙灘上，穀船也開走了。

一直等到我們過江後，石某和艾家的僕人見到救出的物件，全都各自認領了去。因為靜聞對石某說：「全都是你的東西嗎？」石某便指責靜聞說：「大家都懷疑是你上岸引來了盜賊（他指詢問童子啼哭的那件事）。你實在是品性不良，想偷取我的箱子。」他不知道靜聞為了他冒刀劍、冒寒涼、冒火、冒水，並守護這箱子，以等待主人來領取，他不但不感謝靜聞的恩德，反而辱罵他。盜賊還同情僧人，這傢伙比盜賊更狠啊，無良的人就是這樣的！

賞析與點評

強盜打開了徐霞客的幾個行李箱，我們可以見到他出行帶了很多地理類書籍，還有朋友來往書信、傳家珍藏書。通過這些書信名，我們知道他去往雲南前，已經和那邊的和尚、土司有書信來往。也可以了解到他的朋友圖裏有不少文化名士，廉吏、諫官。可見，徐霞客出自士紳世家，在當時江南主流文化圈中。

衡陽鐵樓門、祥甫寓

十三日　昧爽登涯，計無所之。思金祥甫為他鄉故知，投之或可強留。候鐵樓門開，乃入。急趨祥甫寓，告以遇盜始末，祥甫愴然。初欲假數十金於藩府[1]，託祥甫擔當，隨託祥甫歸家取還，而余輩仍了西方大願。祥甫謂藩府無銀可借，詢余若歸故鄉，為別措以備衣裝。余念遇難輒返，缺覓資重來，【闕文】妻孥必無放行之理[2]，不欲變余去志，仍求祥甫曲濟。祥甫唯唯[3]。

注釋

1　藩府：此處指衡陽桂王府。

2　妻孥（粵：奴；普：nú）：妻子和子女。

3 **唯唯：**恭敬的應答聲，應答而不置可否貌。

譯文

十三日　破曉上岸，擔心無處落腳。想到金祥甫是他鄉的故交，投奔他或許可以勉強停留。等鐵樓門一開，就進城，急奔祥甫的寓所，將遇盜的始末告訴他，祥甫露出悲傷的神態。

我開始想向桂王府借幾十兩銀子，請祥甫作擔保，同時託祥甫回老家時到我家中取了還給桂王府，而我則用借得的費用仍然繼續旅遊西部地區的心願。祥甫說桂王府沒有銀兩可借，他徵求我的意見，問我說若回故鄉，他替我另外籌錢辦置行裝。我考慮到若遇難就回家，（有缺文）拿了錢重新再來，妻兒一定不會讓我走，於是不願改變我繼續旅遊的心志，依然懇請祥甫設法周濟我們，祥甫唯唯應聲，卻不明確表態。

賞析與點評

晚明亂世，盜賊橫行湘湖。徐霞客遇盜前，已在湘江他處見到，大白天一艘船頭露出來死屍。在選文中當地人戒盜之心極高：江邊少年哭，船中人不理睬；盜走後，靜聞求其他船幫忙，不肯；徐霞客一行人狼狽如囚徒，求船渡他們過河，不肯。

人與人之間，患難見真情，見人心有善有惡。盜賊來時，其他人都逃了，唯靜聞和尚留下哀懇，力圖保護眾人行李，靜聞把從沉船撈上來的行李放在旁邊船暫放，被順手牽羊；靜聞在河邊撈起來的行李，同船人亂認；有人不知恩圖報靜聞，卻污蔑他引盜上船；徐霞客去衡陽求助，未果。

靜聞是這篇選文的主角，他的行為和品格貫穿着遇盜故事，對比着俗世中的各種行為。

十三　遊七星岩日記[1]

本篇導讀——

從恒山回家後的兩年，即崇禎七年到八年（一六三四——一六三五），徐霞客的長媳生長孫，次子娶妻，他都在家裏享人倫、休養。崇禎九年（一九三六），徐霞客五十一歲，他和江陰靜聞和尚搭船去浙江，隨後遊江西、湖南、廣西、貴州、雲南，崇禎十三年（一六四〇）才回家，在外遊歷共四年。

崇禎十年（一六三七）閏四月初八日午後，從湖南搭船抵當時廣西省會桂林境內，二十八日進桂林古城，六月十一告別，共計在桂林城和陽朔縣遊歷四十三天。五月初二遊至七星岩，詳見《粵西遊記一》。此篇對喀斯特溶洞地理的記錄，有很高科學文獻價值，兼文筆素雅，歷代備受地理學家和遊記愛好者推崇。

選文是五月初二一天的日記，這天的遊歷，以溶洞為主。先是訪七星岩和曾公岩（為七星岩明代南出口）。

五月初二大早，徐霞客走桂林城東門的浮橋（現桂林解放橋），渡過灕江，再過小東江上的花橋，被橋頭的芙蓉石所吸引。隨後北轉先遊七星岩（今七星岩上洞）、壽佛寺、摘星亭，從棲霞洞（下洞）進七星岩，詳細記錄溶洞裏的瀬子潭、紅氈、白氈、老君台等的形狀，然後從七星山東南麓曾公岩出洞。出洞不久找了新嚮導，再入曾公岩，經紅氈、白氈，來到了一個無底洞附近，沒敢再深入，就出曾公岩，在附近慶林觀吃飯。

飯後，沿着七星山的南麓，翻越嶺頭到北麓的省春岩，省春岩前有拖劍江（今靈劍溪），岩西有山洞，洞裏有很多古今摩崖石刻。

從省春岩渡過各老橋，過會仙岩，到朝雲岩，邂逅老朋友融止和尚。融止帶他上朝雲岩，歷數灕江西岸的諸峰，並宿於朝雲岩。

爬山頂，進洞底，徐霞客對每個洞、每座山都那麼着迷，他的詳細實錄，給後代人研究喀斯特溶洞留下寶貴的實地考察資料。

桂林的奇山、異洞引發了徐霞客的無限熱情，他鑽山進洞，興致勃勃，也引來了當地人的注目及興趣，和徐霞客一起探險。

桂林泊棹，選自《泛槎圖全集》，清張寶撰，道光時期羊城尚古齋刊刻

浮橋門—浮橋—花橋東涯小石—壽佛寺—摘星（亭）—七星岩—棲霞洞石鯉魚、老君台、獺子潭、諸石、龍江、紅氈、白氈、鳳凰戲水—曾公岩

初二日　晨餐後，與靜聞、顧僕裹蔬糧，攜臥具，東出浮橋門。渡浮橋，又東渡花橋，從橋東即北轉循山花橋東涯有小石突臨橋端，修溪綴村，東往殊逗人心目。[2] 山峙花橋東北，其嵯峨之勢，反不若東南夾道之峰，而七星岩即峙焉[3]，其去浮橋共里餘耳。岩西向，其下有壽佛寺，即從寺左登山。先有亭翼然迎客，名曰摘星，則曹能始所構而書之。其上有崖橫騫，僅可置足，然俯瞰城堞西山[4]，則甚暢也。其左即為佛廬，當岩之口，入其內不知其為岩也。

詢寺僧岩所何在[5]，僧推後扉導余入。歷級而上約三丈，洞口為廬掩黑暗；忽轉而西北，豁然中開，上穹下平，中多列筍懸柱，爽朗通漏，此上洞也[6]，是為七星岩。

從其右歷級下，又入下洞，是為棲霞洞。其洞宏朗雄拓，門亦西北向，仰眺崇赫[7]。洞頂橫裂一隙，有石鯉魚從隙懸躍下向，首尾鱗鬐[8]，使琢石為之，不能酷肖乃爾。其旁盤結蟠蓋[9]，五色燦爛。西北層台高疊，緣級而上，是為老君台[10]。由台北向，洞若兩界，西行高台之上，東循深壑之中。

由台上行，入一門，直北至黑暗處，上穹無際，下陷成潭，須洞峭裂[11]，忽變夷為險。

時余先覓導者，燃松明於洞底以入洞，不由台上，故不及從，而不知其處之亦不可明也。乃下台，仍至洞底。導者攜燈前趨，循台東壑中行，始見台壁攢裂繡錯，備諸靈幻，更不記身之自上來也。

直北入一天門，石楹垂立，僅度單人。既入，則復穹然高遠，其左有石欄橫列，下陷深黑，杳不見底，是為獺子潭。導者言其淵深通海，未必然也。蓋即老君台北向下墜處，至此則高深易位，叢闢交關[12]，又成一境矣。

其內又連進兩天門，路漸轉而東北，內有「花瓶插竹」、「撒網」、「弈棋」、「八仙」、「饅頭」諸石，兩旁善財童子，中有觀音諸像。導者行急，強留諦視[13]，顧此失彼。然余所欲觀者，不在此也。

又逾崖而上，其右有潭，淵黑一如獺子潭，而宏廣更過之，是名龍江[14]，其蓋與獺子相通焉。

又北行東轉，過紅氈、白氈[15]，委裘垂毯，紋縷若織。

又東過鳳凰戲水，始穿一門，陰風颼颼，卷燈冽肌，蓋風自洞外入，至此則逼聚而勢愈大也疊彩風洞亦然。然疊彩昔無「風洞」之名，而今人稱之；此中昔有風洞，今無知者。

出此，忽見白光一圓，內映深壑，空濛若天之欲曙。遂東出後洞，有水自洞北環流，南入洞中，想下為龍江者，小石梁跨其上，則宋相曾公布所為也[16]。渡橋，拂洞口右崖，則曾公之記在焉。始知是洞昔名冷水岩，曾公帥桂，搜奇置橋，始易名曾公岩，與棲霞蓋一洞潛通，兩門各擅耳。

注釋

1 七星岩在今桂林城區七星公園內，是仙洞美景，也是發育完整的喀斯特溶洞。桂林，秦始皇設桂林郡，北宋置桂州，後為靜江府，明清設桂林府，為廣西省會。其地自古為西南交通樞紐，古代水運遺跡有秦始皇靈渠、武則天桂柳運河。地處南嶺山脈西南，南北向東南延伸的喀斯特溶岩盆地中，溶岩地貌典型，形成山、水、喀斯特溶洞等「山青、水秀、洞奇、石美」的景觀。現市區內最大公園是七星公園，市區到陽朔的灕江段是桂林山水的精華所在。

2 明朱元璋分封靖江王於桂林府，以獨秀峰為中心建靖江藩王府，擴建城牆，有東鎮、就日、癸水、行春、東江、武勝、寧遠、麗澤、寶賢、西清、安定等十二座城門。東鎮門附近有浮橋跨在灕江上，過江不遠為七星山。

浮橋：古名永濟橋，即今解放橋處。唐代即以船隻橫排相連，貫以鐵鎖，鋪上木板，拼搭成橋，晃盪得厲害，名浮橋。春天灕江水漲，人行浮橋，風、水和人一起晃盪，有「東渡微瀾」之稱，桂林老八景之一。

花橋：始建於宋，跨小東江上，水洞四孔，上有長屋，可避風雨，形式美觀。

3 **七星岩**：在桂林市東郊，灕江東岸。有七個排列得像北斗七星的山峰，總稱為七星山，現為七星公園主體。北面的天樞、天璿、天璣、天權四峰組成普陀山，形如斗魁；南面的玉衡、開陽、瑤光三峰組成月牙山，形如斗柄。七星山主峰高出地面一百三十米，其中已查明的岩洞多達十五個。七星岩即在普陀山內，有八個廳堂似的石灰岩溶洞，由一條長八百一十四米的狹窄甬道連為一體，最寬處四十三米，最高處二十七米，洞內溫度常在二十攝氏度左右，冬暖夏涼。依石景特點配上不同的彩色燈光，猶如飄渺的仙景。「棲霞真境」是桂林老八景之一。

4 **城堞**（粵：疊；普：dié）：指桂林古城牆，已拆，今城內有殘體。

5 **「詢寺僧岩」句**：《遊記》中的七星岩是現在碧虛亭洞和七星岩洞的總稱，入洞後有上下兩層洞穴，當時上洞稱七星岩，高出遊覽洞道十多米，下洞稱棲霞洞，即今遊覽洞道。今七星岩有大小五個洞口，即七星岩、豆芽洞、曾公岩、上洞、交洞。曾公岩即今馬平街洞口。上洞和交洞洞口係抗日戰爭時開鑿，明代尚無。徐霞客從七星岩北口即今入口處入洞，向南入三天門，即今白玉長廊一帶，所經獺（粵：刷；普：tǎ）子潭即今獺子潭，紅氈、白氈即今金紗、銀紗。再到曾公岩。又從曾公岩入洞，向東經大教場至無底深潭附近，再返從曾公岩出。

6 上洞：《徐霞客遊記》中稱七星岩的上層（上洞）為七星岩，中層（下洞）為棲霞洞，下層常年被地下水淹沒。徐霞客入洞處，為七星岩北口。

7 崇赫：高大。

8 鰓（粵：腮；普：sāi）：魚鰓。

9 蟠蓋：指形如旌旗、車蓋的鐘乳石。「蟠」，當為「幡」字。

10 老君台：在第一洞天「千人大廳」左側高崖上，供奉老子神像。

11 澒（粵：控；普：hòng）洞：彌漫無際。

12 叢闢交關：叢，聚集。闢，掰開。交關，結交。意為開合交錯。

13 諦（粵：帝；普：dì）視：審視。

14 龍江：指七星岩內的地下河。

15 紅氈（粵：煎；普：zhān）、白氈：今名金紗、銀紗，在第二洞天。

16 曾公布：即曾布（一〇三五—一一〇七），字子宣，南豐人，官至翰林學士兼三司使，元豐初，以龍圖閣待制知桂州（桂林府）。

譯文

初二日 吃完早餐，與靜聞、顧僕裝些蔬菜糧食，帶上卧具，從東邊浮橋門出去。走過浮橋，再往東穿過花橋，從橋東就轉往北邊順着山走（花橋東岸的橋頭有塊突起的石頭，細長的溪流點綴着村莊，使東邊非常賞心悅目）。

山峰聳峙在花橋的東北方，它那巍峨的氣勢，卻不及東南方夾道的山峰，然而七星岩就在那裏，它距離浮橋只有一里多。岩洞向西，下面有個壽佛寺，就從寺廟的左邊登山。先看到有個亭子飛簷凌空，張臂迎客，叫摘星亭，是曹能始建造的並題寫了亭名。上方有石崖橫向飛起，僅能落腳，卻能俯瞰城外西山，十分暢快。亭子左邊就是佛寺，就在岩洞的入口，進了寺內全不知寺中就是岩洞了。向寺裏的僧人查詢七星岩的方位，和尚推開後門帶我進去。從樓梯上去約三丈，洞口被房屋遮住又黑又暗；忽然轉往西北，眼前豁然開闊起來，頂上隆起下面平坦，洞中排列着很多石筍和懸垂的石柱，清爽透亮，這是上洞，就是七星岩。

從洞的右側沿石階往下走，進了下洞，就是棲霞洞。這個洞宏大明朗，雄壯開闊，洞口也朝着西北，正面看着，高大嚇人。洞頂橫裂一條縫隙，有條石鯉魚從縫隙向下跳，頭、尾鱗、鰓都有，即使是用石頭雕琢成的，也不會如此惟妙惟肖。它旁邊的石頭盤結如傘蓋，五光十色。其西北面的平台高疊，沿石階上去，就是老君台。由老君台上向北去，岩洞好像分成了兩邊，西邊是走在高台之上，東邊是順着深壑深入其中。

由此高台往上走，進入一扇門，一直往北走到黑暗之處，上方隆起無際，下邊凹陷成潭，彌漫無際，陡峭深裂，道路化夷為險。

還好我事先找了個導遊，在洞底點燃松明以便進洞，導遊不從台上走，追隨不及，不知道此處也不能用松明照亮。於是走下高台，仍來到洞底。導遊帶着燈走在前面，沿着高台東面的深谷中走，才看見高台的石壁上的裂紋好像交織的錦繡花紋，具備了各種神奇的變幻，更使人忘記是從上面下來的。

一直往北走進一道天門，石柱垂立，僅容一人通過。進去之後，就見岩洞還是隆起的，左邊橫列着石欄杆，下邊凹陷黑暗，深不見底，這是獺子潭。導遊說這裏深通大海，事實未必如此。大概是老君台北邊下墜之處，到了這裏就高深變換、開合交錯，形成了另一種境界。

從裏面一連穿過兩道天門，路漸漸轉向東北，裏面有「花瓶插竹」、「撒網」、「弈棋」、「八仙」、「饅頭」等石像，兩旁有善財童子，中間有觀音等石像。導遊走得很急，強行留下仔細觀賞，顧此失彼。不過我想要看的，不在這裏。

又越過石崖往上，石崖的右邊有個深潭，水色深黑就跟獺子潭一樣，但比它宏廣，名叫龍江，它大概與獺子潭相通。

往北走後再轉向東，經過紅氈、白氈，似懸掛的裘衣和毛毯，紋縷好像是織的一般。

又往東路經「鳳凰戲水」，開始穿過一扇門，陰風嗖嗖，吹捲燈火，寒冷刺骨，風大概是從洞外進來的，到這裏被迫聚攏，風勢就更大（疊彩山的風洞也一樣，不過疊彩山過去沒有風洞的名稱，而是現在的人這樣叫它；這裏面曾有風洞之稱，現在卻沒人知道了）。

離開這裏，忽然見到圓圓的一團白光，映照在洞內深谷，縹緲迷茫，恍如天色將明。於是往東邊離開後洞，有水流在洞北環流，往南流入洞中，料想下面就是龍江了，小石橋跨在水流上，這是宋朝丞相曾布公修建的。過了橋，拂拭洞口右側的石崖，上面還有曾公寫的碑記。才得知此洞曾叫冷水岩，曾公治理桂林時，搜尋奇景建橋，才改名叫曾公岩。與棲霞洞大概是一個山洞暗自相通。兩扇門各有特色罷了。

余佇立橋上，見澗中有浣而汲者，余詢：「此水從東北來，可溯之以入否？」其人言：「由水穴之上可深入數里，其中名勝，較之外洞，路倍而奇亦倍之。若水穴則深淺莫測，惟冬月可涉，此非其時也。」余即覓其人為導。其人乃歸取松明，余隨之出洞而右，得慶林觀焉。以所負橐裹寄之[1]，且託其炊黃粱以待。

遂同導者入，仍由隘口東門，過鳳凰戲水，抵紅、白二氈，始由岐北向行。其中有弄球之獅，捲鼻之象，長頸盎背之駱駝[2]；有土塚之祭，則豬鬣鵝掌羅列於前；有羅漢之燕[3]，則金盞銀台排列於下。其高處有山神，長尺許，飛坐懸崖；

其深處有佛像，僅七寸，端居半壁；菩薩之側，禪榻一龕，正可趺跏而坐[4]；觀音座之前，法藏一輪，若欲圓轉而行。深處復有淵黑，當橋澗上流。至此導者亦不敢入，曰：「挑燈引炬，即數日不能竟，但此從無入者，況當水漲之後，其可嘗不測乎？」乃返，循紅白二氈、鳳凰戲水而出。

計前自棲霞達曾公岩，約徑過者共二里，復自曾公岩入而出，約盤旋者共三里，然二洞之勝，幾一網無遺矣。

注釋

1 負橐（粵：駄；普：tuó）：背着的包裹。橐：一種無底的口袋。這裏泛指包裹口袋之類的東西。

2 盎（粵：ong3；普：àng）背：形容背部突起如盎狀。盎：古代一種腹大口小的盆子。

3 燕：通「宴」，宴飲。

4 趺跏（粵：夫加；普：fū jiā）：即跏趺座，通稱打坐，佛教徒一種盤腿的坐法。

譯文

我站在橋上，看見溪邊有個汲水洗衣的人，我問他：「這條溪從東北流來，可不可以逆流前往洞中？」那人說：「由水洞的上面可以深入幾里，比起去外洞的路遠了一倍，但洞中的名勝也多了一倍。至於水洞則深淺難測，只有冬季可以涉水進去，現在不是適當的季節。」我馬上找那人當嚮導。

那人便回家拿松明，我隨他出洞後往右走，找到慶林觀。把背着的包裹寄放在觀中，並且拜託觀裏的人煮飯等着。

跟嚮導進洞，仍從窄口的東門，經過鳳凰戲水，到達紅、白二氈，才從岔道向北走。其間經過舞球的獅子，捲鼻的大象，長頸凸背的駱駝；有土墳前的祭壇，前面放着豬鬃、鵝掌；有羅漢的宴席，金杯銀座排列於下。在高處有山神，高一尺左右，飛坐在懸崖上；深處有佛像，僅七寸高，端坐在半壁；菩薩旁邊，有一個石龕，裏面有一張禪床，正好可以打坐；觀音法座之前，有一個法輪，好像要運轉的樣子。深處又有漆黑的深淵，就在那條有橋的山澗的上游。來到此處嚮導也不敢進去，說：「拿着燈籠火把進去，即使幾天也都走不完，這裏從來沒有人進去過，何況正當水漲之後，怎能挑戰這意想不到的危險呢？」只得返回，沿着紅白二氈、鳳凰戲水出洞。

算一下，先前從棲霞洞到曾公岩，一共走了約二里，又從曾公岩進出一次，大約繞了三里路，這樣兩個山洞的美景，幾乎一覽無遺了。

七星岩是發育完善的岩溶（Karst 喀斯特）洞穴，其形成和發育是強烈而複雜的化學溶蝕、機械侵蝕和各種崩塌的過程和現象。一般包括四方面：岩石可溶性，岩石內部有足夠空間供水滲透和移動；水具有沖蝕能力；水有流動性。

徐霞客除感性的審美，他兩進兩出七星岩，重在實地考察，包括洞口朝向、大小、水文、氣候、長度、人文考古、形態結構等。如「計前自棲霞達曾公岩，約徑過者共二里，復自曾公岩入而出，約盤旋者共三里」。七星岩形態結構是「藤瓜式」，各個廳堂由小管道連接而成，就像一根粗藤結了很多大小不一的瓜。七星岩洞內有各種形狀的石筍、石柱，徐霞客給他們起了很多形象的名字。他還記下暗河等水文情況，洞穴氣候（這點在曾公岩比較明顯，「陰風颼颼，捲燈冽肌，蓋風自洞外入，至此則逼聚而勢愈大也」）。

這些，都是在沒有儀器的情況下，步行觀察、靠經驗得來。三百多年後的一九五三年，中國社科院地理研究所曾對七星岩組織勘探，岩洞內十五個岩洞、洞口位置、洞內結構等，所得數據和徐霞客的觀察出入不大。

出洞，飯於慶林觀。

望來時所見娘媳婦峰即在其東，從間道趨其下，則峰下西開一竅，種圃灌園者而聚廬焉種金系草，為吃菸藥者。其北復有岩洞種種，蓋曾公岩之上下左右，不一而足也。

於是循七星山之南麓，北向草莽中，連入三洞。計省春當在其北[1]，可逾嶺而達，遂北望嶺坳行。

始有微路，里半至山頂，石骨崚嶒，不容著足，而石隙少開處，則棘刺叢翳愈難躋；然石片之奇，峰瓣之異，遠望則掩映，而愈披愈出，令人心目俱眩。

又里半，逾嶺而下，復得鑿石之級，下級而省春岩在矣。

注釋

1 省春：即省春岩，在今桂林市七星公園普陀山東北麓；有東西三個洞，岩下為靈劍溪（古彈丸溪），流入灕水。宋孝宗淳熙年間（一一七四——一一八九），劉焞（粵：純；普：tūn）帥桂時，在這裏建造了亭台。《桂海志續》載：以前令長常到這裏省視春耕，故名省春岩。明在此修祝聖寺，後廢，今重建。

譯文

出了洞，到慶林觀吃飯。

看見來時見到的娘媳婦峰就在慶林觀的東邊，從小路趕到峰下，看到峰下向西裂開一個洞，種圃灌園的人聚居在那裏（種植金系草，是吃菸人的藥）。它的北邊還有各種形態的岩洞，原來曾公岩的四周都是岩洞，多不勝數。

於是沿七星山的南麓，往北走進草叢中，一連穿過三個岩洞。估計省春岩應當在山北，翻過山嶺就可到達，於是朝着北邊的嶺坳走。

開始時有條小路，走了一里半到山頂，石骨嶙峋，不容落腳，而且石縫中稍微分開的地方，都被荊棘蓋住，更難往上爬了；然而石片的神奇，石瓣的異態，遠遠看着則互相掩映，而且愈往前愈多，令人心目眩暈。

再走了一里半，翻過山嶺往下，又找到開鑿出來的石階，下了石階便是省春岩了。

省春岩——拖劍江——東隅——（省春岩）西洞

其岩三洞排列，俱東北向。最西者騫雲上飛，內深入，有石如垂肺中懸。西入南轉，其洞漸黑，惜無居人，不能索炬以入，然聞內亦無奇，不必入也。洞右旁通一竅，以達中洞。居中者外深而中不能遠入，洞前亦有垂槎倒龍之石[1]。洞右又透一門以達東洞。最東者垂石愈繁，洞亦旁裂，中有清泉下注成潭，寒碧可鑒。

余令顧僕守己行囊於中洞，與靜聞由洞前循崖東行。

洞上聳石如人，蹲石如獸。洞東則危石亙空，仰望如劈。其下清流瀠之，曰拖劍江即癸水也。源發堯山，自東北而抵山之北麓，乃西出葛老橋而西入瀨水焉。

時余轉至山之東隅，仰見崖半裂竅層疊，若雲嘘綃幕，連過三竅，意謂若竅內旁通，連三為一，正如疊蕊閣於中天，透瓊楞於雲表[2]，此一奇也。然而未必可達，乃徘徊其下，披莽隙，梯懸崖，層累而上。既達一竅，則竅內果通中竅。第中竅卑伏，不能昂首，須從竅外橫度，若台榭然，不由中奥也[3]。既達第三竅，穿隙而入，從後有一龕，前闢一窗，窗中有玉柱中懸。柱左又有龕一圓，上有圓頂，下有平座，結跏而坐，四體恰適，即刮琢不能若此之妙。其前正對玉柱，有小乳下垂，珠泉時時一滴。余與靜聞分踞柱前窗隙，下臨危崖。

行道者望之，無不迴旋其下，有再三不能去者。已而有二村樵，仰眺久之，亦攀躋而登，謂余：「此處結廬甚便，余近此，可以不時瞻仰也。」余謂：「此空中樓閣，第恨略淺而隘，若少宏深，便可停棲耳。」其人曰：「中竅之上，尚有一洞甚宏。」欲為余攀躋而上，久之不能達。余乃下倚松陰，從二樵仰眺處，反眺二樵在上，攀枝覓級，終阻懸崖，無從上躋也。

久之，仍西行入省春東洞內，穿入中洞，又從其西腋穿入西洞。洞多今人磨崖之刻。

注釋

1 垂槎：樹木下垂的椏杈。槎，同「杈」。

2 瓊楞：即瓊樓，神仙居住的地方。

3 中奧：即上文所說「中竅」。

譯文

省春岩三個山洞的排列，都朝着東北方。最西邊的洞前飛雲漫捲，往內深入，有塊岩石如懸垂的肺葉。往西進去轉向南邊，山洞漸漸昏黑，可惜附近沒有居民，不能要個火把進去，不過聽說裏面也沒有奇特之處，沒必要進去了。洞的右邊通向另一個洞，可以到達中洞。位於中間的山洞從外面看來很深，卻不能深入，洞前也有些像下垂的樹椏杈或倒掛的神龍一樣的岩石。洞的右邊又有一扇可以到達東洞的門。最東的石洞裏的垂石更多，洞旁也有裂縫，洞中的清泉下注成潭，寒冷碧綠可照人影。

我命令顧僕在中洞看守行李，自己與靜聞從洞前沿着山崖往東走。洞的上面聳立的岩石像人一樣，蹲着的岩石像野獸一般。洞的東面就有岩石橫在高空，仰望如刀劈似的。山下清流瀠繞，叫拖劍江（也就是癸水），發源於堯山，從東北流到七星山的北麓，於是向西流出葛老橋而後往西流到灕江。

此時我轉到山的東邊，抬頭看見崖壁中間裂開的洞穴層層疊疊，好似雲霧吹出的紗簾，一連穿過三個洞穴，以為洞內四通八達，三個洞連為一體，就像疊蕊閣架在空中，雲上的瓊樓一般，這算是一個奇景。然而未必能夠到達，就在它的下面徘徊，撥開草叢的縫隙，以懸崖為梯，逐層上登。到達一個洞穴後，就見洞內果然通往中洞。只是中洞低伏，無法抬頭，必須從洞外橫着過去，好像台榭一樣，不能從洞中穿過。到第三個洞，沿裂縫進去，後面有一個石龕，前邊開了一扇窗，窗內中有玉柱一般石柱懸掛着。石柱的左側又有一個圓形的石龕，上邊是圓頂，下方是平坦的座位，盤腿而坐，四肢恰好合適，既使是刀斧雕琢出來的都不能這樣奇妙。座位的前方正好對着玉柱，有個小鐘乳石垂下來，珍珠般的泉水不時往下滴。我與靜聞分別盤坐在柱前的窗隙，下面對着險要的山崖。

路上行人看見我們，都盤旋在山下面，有人再三徘徊不肯離去。不久有兩個村中的樵夫，抬頭眺望了很久，也爬了上來，告訴我說：「在這裏蓋房子十分方便，我們的村子就靠近這裏，可以不時前來瞻仰。」我告訴他們：「這裏是空中樓閣，可惜稍微淺了點，窄了些，假如稍微深廣一些，便可棲身了。」他們說：「中洞的上方，還有一個洞十分寬敞。」想要幫我爬上去，很久都不能到達。於是我下山站在松蔭，從兩個樵夫抬頭眺望的地方反過來眺望他們兩個，他們抓着枝條找台階，結果還是被懸崖擋住，無法上登了。很久之後，仍往西進入省春岩東邊的洞，鑽入中洞，又從它的西側鑽入西洞。洞裏有許多當代人在山崖上的題刻。

彈丸岩

出洞而西，又得一洞，洞門北向，約高五丈，內稍下，西轉雖漸昏黑，而崇宏之勢愈甚，以無炬莫入，此古洞也。左崖大書「五美四惡」章[1]，乃張南軒筆，道勁完美，惜無知者，並洞亦莫辨其名，或以為會仙岩，或以為彈丸岩。拂岩壁，宋莆田陳黼題，則渚岩洞也，豈以洞在癸水之渚耶？洞西拖澗水自東北直逼崖下[2]，崖愈穹削，高插霄而深嵌淵，甚雄壯也。石梁跨水西度，於是崖與水俱在路南矣。

蓋七星山之東北隅也，是名彈丸山，自省春來共一里矣。

注釋

1「五美四惡」章：即《論語》子張問政一章：「子張問於孔子曰：『何如斯可以從政

矣？』子曰：『尊五美，屏四惡，斯可以從政矣。』子張曰：『何謂五美？』子曰：『君子惠而不費，勞而不怨，欲而不貪，泰而不驕，威而不猛。』」

2 拖潤水：今稱靈劍溪。

譯文

離開洞向西走，又看到一個洞，洞口向北，高約五丈，進去後稍往下走，向西轉雖然逐漸昏暗，氣勢卻更高峻宏大，因為沒有火把無法深入，這是個古洞。左邊的崖壁上用大字刻着「五美四惡」的一段文章，出自張南軒的手筆，遒勁完美，可惜沒人知道，就連洞名都不知道，有人說是會仙岩，有的說是彈丸岩。擦拭洞壁，有宋代莆田人陳黼的題名，叫作渚岩洞，難道是因為洞在癸水的岸邊而命名嗎？洞西拖潤溪從東北流來直逼山崖下，山崖更加高拱陡削，直插雲霄並深嵌進深淵之中，非常雄壯。從石橋跨過江水往西，於是山崖與江水都在路的南邊了。大概這是七星山的東北邊，名叫彈丸山，從省春岩到此共走了一里。

各老橋—某山—某山剎—（太虛）閣—（融止）岩

由其西南渡各老橋[1]**以各鄉之老所建，故以為名。望崖巔有洞高懸穹，上下俱極峭**

削，以為即棲霞洞口也。而細諦其左，又有一崖展雲架廬，與七星洞後門有異，亟東向登山。

山下先有一剎，蓋與壽佛寺、七星觀南北鼎峙山前者也。南為七星觀，東上即七星洞；中為壽佛寺，東上即棲霞洞；北為此剎，東上即朝雲岩也。仰面局膝攀磴，直上者數百級，遂入朝雲岩。其岩西向，在棲霞之北，從各老橋又一里矣。洞口高懸，其內北轉，高穹愈甚，徽僧太虛疊磴駕閣於洞口，飛臨絕壁，下瞰江城，遠挹西山[2]，甚暢。

第時當返照入壁，竭蹶而登[3]，喘汗交迫。甫投體叩佛，忽一僧前呼，則融止也。

先是，與融止一遇於衡山太古坪，再遇於衡州綠竹庵，融止先歸桂林，相期會於七星。比余至，逢人輒問，並無識者。過七星，謂已無從物色。至此忽外遇之，遂停宿其岩。

因問其北上高岩之道，融止曰：「此岩雖高聳，雖近崖右，曾無可登之級。約其洞之南壁，與此洞之北底，相隔只丈許，若從洞內可鑿竇以通，洞以外更無懸杙梯之處也。」

憑欄北眺，洞為石掩，反不能近矚，惟灑髮向西山[4]，歷數其諸峰耳西山自北而南：極北為虞山，再南為東鎮門山，再南為木龍風洞山，即桂山也，再南為伏波山。此城東一支也。虞山之西，極北為華景山，再南為馬留山，再南為隱山，再南為侯山、廣福王山。此城西一支也。伏波、隱山之中為獨秀，其南對而踞於水口者，為灕山、穿山。皆灕江以西，故曰西山云。

注釋

1 各老橋：即前「葛老橋」，今作國老橋，跨在靈劍溪上。
2 挹：通「揖」，即拱手作揖。
3 竭蹶：力竭而顛蹶。
4 灑髮：抬頭遠望，頭髮散落的樣子。

譯文

由彈丸山西南渡過各老橋（因為是各鄉父老修建而成，故以此命名）。看見山頂有個洞高懸隆起，上下都極其峻峭陡削，以為這就是棲霞洞的洞口了。但是仔細觀察山的左邊，又有一座山崖，有人在雲霧中建房屋，與七星洞的後門有所不同，急忙往東登山。

在山下先看到一座寺廟，大概是與壽佛寺、七星觀呈南北之勢鼎立在山前。在南邊的是七星觀，往東上去就是七星洞；中間是壽佛寺，往東上去就是棲霞洞；北面就是這座寺廟，往東上去就是朝雲岩了。仰面曲膝攀登石磴，一直爬了幾百級，便到了朝雲岩，這個岩洞向西，在棲霞洞的北邊，從各老橋來這兒又是一里了。洞口高懸，進洞後向北轉，更顯得高大，徽州僧人太虛砌了石階在洞口建佛閣，騰飛面臨絕壁，往下俯瞰江流和城池，遠遠地向西山作揖，十分痛快。只是現在正當夕暉照在絕壁上，竭力往上爬，喘息和汗水交加。剛剛跪下拜佛，忽然有一個僧人在前面呼叫我，這是融止。

在這以前，與融止的第一次相遇是在衡山的太古坪，再次相遇是在衡州綠竹庵，融止早一步返回桂林，互相約定在七星岩會面。等我到七星岩時，逢人就問，並沒有認識他的人。過了七星岩，以為已經無法找到了。到這裏忽然意外地遇見了他，於是就停宿在他的岩洞。

因此向融止請教往北登上高處岩洞的路，融止說：「這個岩洞雖然高聳，靠近山崖的右側，卻從沒有往上登的階梯。估計那個岩洞的南面洞壁，與此洞北邊的洞底，相隔只有一丈左右，如果從洞內可以鑿個孔接通，洞以外再沒有可以懸掛木梯的地方了。」

憑欄北眺，岩洞被岩石擋住，反而不能從近處觀察，唯有抬頭向西山遠望，歷數西山諸峰而已（西山自北往南：極北邊是虞山，往南是東鎮門的山峰，再往南是木龍洞，風洞的山，即桂山，再往南是伏波山。這是在城東的一支山脈。虞山的西面，極北邊是華景山，再往南是馬留山，再往南是隱山，再往南是侯山、廣福王山。這是在城西的一支山脈。伏波山、隱山之中是獨秀峰，它的南邊雄踞在江口，面對着灕山、穿山。都在灕江以西，所以稱為西山）。

十四　遊灕江日記

本篇導讀——

徐霞客在崇禎十年（一六三七）閏四月二十八日進桂林古城，五月二十一從桂林城乘船到陽朔，看兩岸風景，二十八返桂林城，共計船遊灕江七天。現今桂林到陽朔船遊灕江是經典路線之一。

選文是二十一、二十二、二十三的日記，選自〈粵西遊記一〉，文中寫景狀物居多，景觀密集。並記錄當時人的日常生活場景，自己爬山行舟的路線和困境。地理考察部分包括陽朔縣城、白沙灣、佛力司，實地考察結合地理知識，總結山脈水文的形態、岩石植物特徵等等。

五月二十一日，船家早上在浮橋邊等客，中午客滿開船。灕江兩岸風景密集，徐霞客覺得眼睛不夠用。特別在龍門潭，他站在船頭，見南邊秀峰並立，最高處峰頭南北通透，如同一輪明月掛在上面。來到碧岩閣時，巨石扼守江道，江水受阻怒擊，驚濤拍岸，比較起來，他覺得赤壁在這裏會失去壯麗。傍晚時分，船泊興坪碼頭。徐霞客見天朗氣清、視野開闊，美景在前，為船家不連夜開船而悵然。

粵西自古是中原官員被貶之地，桂林在古代是嶺南粵西交通的樞紐，中原文人船遊灕江也不知有多少心思在兩岸美景，而徐霞客來桂林是為了觀光考察。二十二早晨船一開，徐霞客馬上亢奮起來，似乎要醉了。經螺螄岩、騰蛟庵、龍頭山，到了陽朔縣城。早年他的遊歷理想是峨眉山、玄嶽等，還有桂林的「山筍」。來到陽朔地界，徐霞客感嘆：「縣四周，聚集成了一個碧蓮玉筍世界！」

徐霞客記下明代陽朔依山為障而建，還描述了各城門和峰巒的樣貌。他在城內探尋陽朔八景。遊了市橋雙月、鑒山寺，爬了易山。在街邊吃粥時，他向當地人探知狀元山和龍洞岩。

二十三日一大早，過書童山、穆山村，沿江到佛力司。之後，探訪了狀元峰。連續兩日宿在白沙灣，不忘觀察研究白沙灣、佛力司的地理位置和山脈水文情況。

從水月洞到佛力司（今象鼻山到陽朔縣福利鎮），三天的日記，徐霞客將灕江最精華的一段山水細細描繪，有條不紊，也不缺當時的風土日常生活情貌。

水月洞—鬥雞山—龍門塘—橫山岩—大墟—削崖—逗日井—碧崖—賣柴埠沉香堂—寸金灘—斗米灘—南田站—畫山—興平

二十一日　候附舟者，日中乃行。

南過水月洞東，又南，雉山、穿山、鬥雞、劉仙、崖頭諸山，皆從陸遍遊者，惟鬥雞未到，今舟出鬥雞山東麓。崖頭有石門、淨瓶勝，舟隔洲以行，不能近悉。去省已十里。

又東南二十里，過龍門塘[1]，江流浩然，南有山嵯峨駢立，其中峰最高處，透明如月掛峰頭，南北相透。

又東五里，則橫山岩屼突江右。

漸轉漸東北行，五里，則大墟在江右[2]，後有山自東北迤邐來，中有水口，疑即大澗榕村之流南下至此者[3]。

於是南轉又五里，江右復有削崖屏立。其隔江為逗日井，亦數百家之市也。

又南五里，為碧崖，崖立江左，亦西向臨江，下有庵。橫山、碧崖，二岩夾江右左立，其勢相等，俱不若削崖之崇擴也。碧崖之南，隔江石峰排列而起，橫障南天，上分危岫，幾埒巫山[4]，下突轟崖，數逾匡老[5]。於是扼江而東之，江流嚙其北麓[6]，怒濤翻壁，層嵐倒影，赤壁、采磯[7]，失其壯麗矣。崖間一石紋，黑縷白章，儼若泛海大士，名曰沉香堂。其處南雖崇淵極致，而北岸猶夷豁[8]，是為賣柴埠。

共東五里，下寸金灘，轉而南入山峽，江左右自是皆石峰巑岏[9]，爭奇炫詭，靡不出人意表矣。

入峽，又下斗米灘，共南五里，為南田站。百家之聚，在江東岸，當臨桂、陽朔界。山至是轉峽為塢，四面層圍，僅受此村。

過南田，山色已暮，舟人夜棹不休。江為山所托，俛東俛南[10]，盤峽透崖，二十五里，至畫山，月猶未起，而山色空濛，若隱若現。

又南五里，為興平[11]。群峰至是東開一隙，數家綴江左，真山水中窟色也[12]。月亦從東隙中出，舟乃泊而候曙，以有客欲早起赴恭城耳[13]由此東行，有陸路通恭城。

注釋

1 龍門塘：今仍作龍門，在灕江北岸，桂林市東隅。

2 大墟：明時為廣西四大墟市之一。今名同，又作大圩，在灕江轉折處，靈川縣東南隅。

3 榕村：在桂林東銀燭山西。

4 埒（粵：劣；普：liè）：相等。

5 匡老：廬山五老峰。

6 嚙：本义指用嘴咬，這裏是指江流磨蝕岩石。

7 赤壁：二〇八年，孫權與劉備聯軍敗曹操的戰場。過去認為在今湖北蒲圻縣西北赤壁山，近人考證應在今湖北武昌縣西赤磯山。采磯：即采石磯，在安徽省馬鞍山市，長江東岸。江面較狹，形勢險要，為江防重地和古戰場。

8 崇淵：高深。夷豁：寬敞平坦。

9 巑岏（粵：全元；普：cuán wán）：形容山勢高峻。

10 佹（粵：鬼；普：guǐ）：偶然。

11 興平：即今興坪鎮，在陽朔縣北境，為二十圓人民幣取景處。

12 山水中窟色：當為「山水窟中色」。山水窟，指風景勝地。

13 恭城：即今恭城縣。

譯文

二十一日 等待搭船的乘客，正午才開船。往南經過水月洞的東面，再往南，是雉山、穿山、鬥雞山、劉仙岩、崖頭諸山，在陸上都遊玩過，只有鬥雞山還沒去過，現在乘船經過鬥雞山的東麓。崖頭有石門、淨瓶兩處勝景，小船隔着洲行駛，不能靠近詳細地觀看。離開省城已有十里。

再往東南行駛了二十里，經過龍門塘，江流浩浩蕩蕩，南面有山峰巍峨並立，其中最高的峰頂有亮光透出，如同明月掛在峰頭，南北相通。

再往東駛了五里，就見橫山岩兀立在江右。

漸漸轉向東北，五里，看到大墟在江右，後面有山從東北延伸而來，其中有河口，估計是大潤榕村的水流南流到這裏。

於是南轉再開了五里，江右也屹立着屏風似的削崖。那隔江之處是逗日井，也是數百戶人的集市。

再往南五里是碧崖，石崖聳立在江左，也是朝西對着江流，下面有寺廟。橫山、碧崖兩座山崖，夾立在江流左右，兩崖山勢均等，都不如削崖那樣高大。碧崖的南邊，隔江有石峰並排而起，橫伸着擋住了南面的天空，上邊分出險峰，幾可媲美巫山，山峰從石崖下面崩裂突出，數量超過了廬山的五老峰。所以迫使江水往東流，江流磨蝕着它的北麓，怒濤翻滾着沖上石壁，層層霧氣倒映着山影，赤壁和采石磯都不如這裏壯麗。崖壁間有一條石紋，黑白花紋相間，儼然似漂洋過海的觀音大士，名叫沉香堂。這裏位處南方，雖然十分高大淵深，北岸卻平坦開闊，這就是賣柴埠。

往東共駛了五里，下了寸金灘，南轉駛入山峽，江的兩岸自此都是高峻的石峰，爭相鬥奇，無不令人驚奇啊。

進入峽中，再經過斗米灘，共往南駛了五里，是南田站。有百戶人家聚居在此，在江的東岸，位於臨桂和陽朔縣的交界。山勢到此從峽谷變成山塢，把四面層層圍住，僅能容納此村。

過了南田，暮色籠罩群山，船夫夜間不斷划船。江流受山勢左右，驟東驟南，繞着峽谷穿過山崖，行駛了二十五里，來到畫山，月亮還未升起，可山色迷蒙，若隱若現。

再往南五里，是興平。群峰至此往東面開了一道縫隙，幾戶人家點綴在江的左岸，真是山水中的美景呀！月亮也從東面的縫隙上升，便停船等待曙光，因為有乘客打算早起前往恭城（由此往東走，有陸路通往恭城）。

灕江自桂林南來，兩崖森壁迴峰，中多洲渚分合，無翻流之石，直瀉之湍，故舟行屈曲石穴間，無妨夜棹；第月起稽緩[1]，暗行明止，未免悵悵。

注釋

1 第：但。稽：緩慢，延遲。

譯文　灕江從桂林往南流，兩岸石壁森立，峰巒迴繞，江中有許多小洲時分時合，沒有翻捲江流的岩石和直瀉的急流，小船雖行駛在迂迴的山石洞穴之間，卻無礙夜間行船，但是月亮升得太慢，在黑暗中行船，月明卻停下，心中未免不悅。

螺螄岩、水口山—水綠村—古祚驛—龍頭山

二十二日　雞鳴，恭城客登陸去，即棹舟南行。曉月漾波，奇峰環棹，覺夜來幽奇之景，又翻出一段空明色相矣。南三里，為螺螄岩[1]。一峰盤旋上，轉峙江右，蓋興平水口山也。又七里，東南出水綠村，山乃斂鋒。天猶未曉，乃掩篷就寐。二十里，古祚驛。又南十里，則龍頭山錚錚露骨，縣之四圍，攢作碧蓮玉筍世界矣。

注釋　1 螺螄岩：興坪螺螄岩，層次盤旋在任何方位看都像一隻螺螄，故名。

譯文　二十二日　雞鳴時分，去恭城的乘客登陸了，馬上往南划行。曉月蕩漾在水波上，

奇峰環繞着小船，夜裏覺得幽奇的景色，另外呈現出一片空曠明澈的景象來。

往南三里，是螺螄岩。一座山峰往上盤旋，轉而峙立在江右，這大概是興平的水口山。

再行駛七里，從東南方穿過水綠村，山勢才收斂鋒芒。天色還未破曉，我就掩住船篷睡覺。

二十里後，到達古祚驛。

再往南十里，就見龍頭山露出錚錚石骨，縣城的四周，山峰攢成了碧蓮玉筍的世界。

賞析與點評

灕江由北至南經桂林府，再到下游的陽朔縣，這段水程八十多公里，徐霞客中午從浮橋出發，經大圩鎮磨盤山，天黑了到興坪鎮（停船興坪碼頭一晚），第二天中午到陽朔縣城。這段是現在觀光桂林山水美景的極佳路線，灕江百里畫廊核心部分。

這段灕江山水是發育最充分、形式美觀的溶岩峰林地貌區域。堅硬的石灰石被流水溶蝕，形成沿岸孤峰拔地而起、變幻莫測的「峰林平原」，前人說像是一根根姿態各異犬牙聳立在平地上，徐霞客覺得像「碧蓮玉筍」。

陽朔鑒山、來仙洞山、石人、牛洞、龍洞、南斗山延壽殿、陽朔山、北極宮、儀安祠、讀書岩

陽朔縣北自龍頭山[1]，南抵鑒山，二峰巍峙，當灕江上下流，中有掌平之地，乃東面瀕江，以岸為城，而南北屬於兩山，西面疊垣為雉，而南北之屬亦如之。西城之外，最近者為來仙洞山，而石人、牛洞、龍洞諸山森繞焉，通省大路從之，蓋陸從西而水從東也。其東南門鑒山之下，則南趨平樂，水陸之路，俱統於此。正南門路亦西北轉通省道。直南則為南斗山延壽殿，今從其旁建文昌閣焉，無徑他達。正北即陽朔山，層峰屏峙，東接龍頭。東西城俱屬於南隅，北則以山為障，竟無城，亦無門焉。而東北一門在北極宮下，僅東通江水，北抵儀安祠與讀書岩而已，然俱草塞，無人行也。惟東臨灕江，開三門以取水。從東南門外渡江而東，瀕江之聚有白沙灣、佛力司諸處，頗有人煙云。

注釋

1 陽朔縣：隋開皇十年（五九〇）設陽朔縣，明隸桂林府，即今陽朔縣，轄白沙、福利（佛力司）、興坪等鎮。縣治陽朔鎮東與福利鎮交界，北與白沙鎮、興坪鎮接壤。群山環繞。陽朔山水甲桂林，風景名勝甚多，選文中徐霞客主要去了興坪鎮、陽朔縣城、白沙鎮、福利鎮等處灕江段沿岸山峰、寺廟。

譯文

陽朔縣的北面起自龍頭山，南邊抵達鑒山，兩座山峰巍峨雄峙，就在灕江的上、下游，當中有像手掌平坦的一塊地，東面靠近江水，緣江岸建築城墻，南北分別連着兩座山，西面築牆作為城牆，而且南北也連着山。

城西的外面，最近的地方是來仙洞山，而石人、牛洞、龍洞等山巒繁密地環繞着，通往省城的大路也經過那裏，大概是陸路從西面走，而水路從東邊走吧。縣城東南門的鑒山下面，往南通向平樂府，水路和陸路，全都聚集於此。正南門的道路也可從西北轉到省城。一直往南就是南斗山延壽殿，而今在它的旁邊構建文昌閣，沒有路通往其他地方了。正北就是陽朔山，山峰層疊似屏風峙立，東邊接着龍頭山。東西兩面的城牆都連着南邊的山，北面直接以山為屏障，竟然沒有城牆，也沒有城門。而東北的一道城門在北極宮下，僅往東面通到灕江，往北抵達儀安祠與讀書岩而已，然而道路全都長滿荒草，無人行走。只有東邊面對灕江，開了三道門以便取水。從東南門外渡江東去，聚居江畔的村落有白沙灣、佛力司等地，堪稱人煙稠密。

正東門—縣治—「市橋雙月」龍潭—易山—東南門—鑒山寺—文廟門—東南門—白沙灣

上午抵城，入正東門，即文廟前，從其西入縣治，荒寂甚。

縣南半里，有橋曰「市橋雙月」，八景之一也。橋下水西自龍洞入城，橋之東，飛流注壑。壑大四五丈，四面叢石盤突，是為龍潭，入而不溢。

橋之南有峰巍然獨聳，詢之土人，名曰易山，蓋即南藉以為城者。其東麓為鑒山寺，亦八景之一鑒寺鐘聲。寺南倚山臨江，通道置門，是為東南門。山之西麓，為正南門。其南崖之側，間有罅如合掌，即土人所號為雌山者也。從東南門外小磴，可至罅傍。余初登北麓，即覓道上躋，蓋其山南東二面即就崖為城，惟北面在城內，有微路級，久為莽棘所蔽。乃攀條捫隙，久之，直造峭壁之下，莽徑遂絕。復從其旁躡巉石，緣飛磴，盤旋半空，終不能達。乃下，已過午矣。

時顧僕守囊於舟，期候於東南門外渡埠旁。於是南經鑒山寺，出東南門，覓舟不得，得便粥就餐於市。詢知渡江而東十里，有狀元山，出西門二里，有龍洞岩，為此中名勝，此外更無古跡新奇著人耳目者矣。

急於覓舟，遂復入城，登鑒山寺[1]。寺倚山俯江，在翠微中，城郭得此，沈彬詩云「碧蓮峰裏住人家」，誠不虛矣。時午日鑠金[2]，遂解衣當窗，遇一儒生以八景授市橋雙月，鑒寺鐘聲，龍洞仙泉，白沙漁火，碧蓮波影，東嶺朝霞，狀元騎馬，馬山嵐氣。

復北由二門覓舟，至文廟門，終不得舟。於是仍出東南門，渡江而東，一里至白沙灣，則舟人之家在焉。而舟泊其南，乃入舟解衣避暑，濯足沽醪[3]，竟不復搜奇而就宿焉。

注釋

1 鑒山寺：鑒山即碧蓮峰，位於陽朔縣城邊、灕江西岸。山麓有鑒山寺。
2 鑠金：鑠（粵：勺；普：shuò），鎔化。熱得鎔化了金屬。
3 醪（粵：勞；普：láo）：「醪，汁滓酒也」（《說文解字》），濁酒，也為酒的總稱。

譯文

上午到達縣城，進了正東門，也就是文廟前面，從西邊進入縣衙，十分荒寂。在縣城南面半里，有座橋叫「市橋雙月」，是八景之一。橋下的水從西邊龍洞岩流入城，橋的東面，飛流注入山谷裏。山谷大四五丈，四面的岩石盤結突起，這是龍潭，水流進去卻不見溢出。橋的南邊有座山峰高峻獨聳，問了本地人，名叫易山，大概就是城南藉以築城墻的山。東山腳是鑒山寺，也是八景之一（鑒寺鐘聲）。寺的南面依山臨江，通道上安設城門，就是東南門。西山腳是正南門。南山崖的旁邊，崖壁間有條裂縫像合起來的手掌，就是當地人稱為雌山的地方了。從東南門外的小石磴，可以走到裂縫旁。我起初登上北麓，立即找路往上登，原來此山南東兩面就是可以依勢建築城墻的山崖，只有北面在城內，有小路石階，長期被草莽荊棘遮蔽。於是攀着枝條扣住石縫往前，很久之後，直達峭壁之下，叢草雜生的小徑也斷了。再從峭壁旁踩着高峻的岩石，沿着淩空的石磴，輾轉在半山，始終不能到達。只好下山，已經過了中午了。

此時顧僕在船上看守行李，約好在東南門外的渡口碼頭旁等候。於是往南路過鑒山寺，出了東南門，找不到船，只得在街上買些稀粥就餐。問到渡江後往東走十里，有座狀元山，出了西門走二里，有個龍洞岩，是這一帶的名勝，此外再無古跡和新奇的景色能吸引人了。

急忙找船，再次進城，登上鑒山寺。寺院靠山臨江，在一片青翠的煙嵐中，縣城就在這種景色之中，沈彬詩裏所說「碧蓮峰裏住人家」，確實不假呀！這時是正午，烈日當空，便脫了外衣站在窗前，遇到一個儒生細數八景的名稱（市橋雙月，鑒寺鐘聲，龍洞仙泉，白沙漁火，碧蓮波影，東嶺朝霞，狀元騎馬，馬山嵐氣）。再往北經過兩道城門去找船，直到文廟門，始終找不到船。只能再從東南門離開，渡江往東走，一里路後來到白沙灣，船夫的家就在這裏。船停泊在他家的南邊，於是進船脫衣避暑，洗腳買酒，居然不再去搜尋奇景就休息了。

白沙灣白鶴山、畫童山

白沙灣在城東南二里[1]，民居頗盛，有河泊所在焉。其南有三峰並列，最東一峰曰白鶴山。江流南抵其下，曲而東北行，抱此一灣，沙土俱白，故以白沙名。其東南一溪，南自二龍橋來，北入江。溪在南三峰之東，逼白鶴西址出。溪東又有數峰，自南趨北，界溪入江口，最北者，書童山也，江以此乃東北逆轉。

注釋

1 白沙灣：在陽朔城東南，灕江轉一大灣。河灣岸上，遍地白沙，稱白沙灣。岸上的村子也叫白沙灣村。

譯文

白沙灣位於縣城東南二里，人煙興盛，這裏有河泊。南邊有三座並列的山峰，最東的一座山峰叫白鶴山。江流向南流抵山下，曲折地流往東北，環抱着這裏的水灣，沙土都是白色的，所以叫白沙。它的東南方有一條溪，從南面的二龍橋流來，往北流入灕江。溪流在南邊三座山峰的東面，靠近白鶴山的西山腳再流出去。溪流的東邊又有幾座山峰，從南延伸到北，連着溪流的入江處，最北面的是書童山，江水從這裏轉向東北流去。

白沙—澄心亭—穆山村—佛力司—紅旗峒—富教山—佛力—白沙灣

二十三日　早索晨餐，從白沙隨江東北行。一里，渡江而南，山東界書童山之東。由渡口東望，江之東北岸有高峰聳立，四尖並起，障江南趨。其北一峰，又岐分支石，綴立峰頭作人形，而西北拱邑，此亦東人山之一也。

既渡，南抵東界東麓。陂塘高下，林木翛然，有澄心亭峙焉，可憩。

又東一里，過穆山村，復渡江而東，循四尖之南麓趨出其東，山開目曠，奇致愈出。前望東北又起一峰，上分二岐，東岐矮而欹斜，若僧帽垂空，西岐高而獨聳，此一山之二奇也。四尖東枝最秀，二岐西岫最雄，此兩山之一致也。而迴眺西南隔江，下則尖崖並削，上則雙岫齊懸，此又即書童之南，群峰所幻而出者也。

時循山東向，又五里已出二岐，東南逾一嶺而下，是為佛力司[1]。司當江南轉處，北去縣十里。置行李於旅肆，問狀元峰而上，猶欲東趨，居人指而西，始知即二岐之峰是也。西峰最高，故以狀元名之。

乃仍逾後嶺，即從嶺上北去，越嶺北下，西一里，抵紅旗峒。竟峒，西北一里抵山下，路為草沒，無從得上，乃攀援躑躅，漸高漸得磴道，旋復失之，蓋或翳或現，俱草之疏密為致也。西北上一里，逾山西下坳。乃東北上二里，逾山東上坳，此坳乃兩峰分岐處也。從坳西北度，亂石重蔓，直抵高峰，崖畔則有洞東向焉。洞門雖高，而中不深廣，內置仙妃像甚眾，土人刻石於旁，言其求雨靈驗，又名富教山焉。洞上懸竅兩重，簷覆而出，無由得上。洞前有峰東向，即似僧帽者。其峰亦有一洞西與茲山對，懸崖隔莽，不能兼收。坐洞內久之，東眺恭城，東南瞻平樂，西南睨荔浦[2]，皆重山橫亙。時欲一登高峰之頂，洞外南北俱壁立無磴，從洞南攀危崖，緣峭石，梯險躡虛，猿垂豹躍，轉從峭壁之南，直抵崖半，則穹然無片隙，非復手足之力所及矣。時南山西市，雨勢沛然，計上既無隙，下多灌莽，雨濕枝繆，益難著足。亟投崖而下，三里，至山足，又二里，逾嶺，飯於佛力肆中。

居人蘇氏，世以耕讀起家以明經貢者三四人[3]。見客至，俱來聚觀，言此峰懸削，曾無登路。數年前，峰側有古木一株，其僕三人禱而後登，梯轉級，備極其險，然止達木所，亦未登巔，此後從無問津者。

下午，雨中從佛力返，共十里，仍兩渡而抵白沙灣，遂憩舟中。

注釋

1 佛力司：即今陽朔縣福利鎮。

2 荔浦：即今荔浦縣。

3 明經：唐時科舉制度的科目之一，與進士科並列，主要考經義。明清時用作貢生的別稱。

譯文

二十三日　早上找到早餐，從白沙灣沿江往東北走。一里後，渡江往南走，以東面書童山為界往東去。從渡口向東望，江的東北岸有高峰聳立，四個山尖並排聳起，擋住江水往南流。北面的一座山峰，又岔分出岩石，綴立在峰頭如人像，並向西北拱手作揖，這也是東人山之一了。渡江後，往南到達東面分界的東山腳。上下都是池塘，林木自由地生長着，有個澄心亭峙立在那裏，可供歇息。

再往東一里，路過穆山村，渡江東行，沿着四座尖峰的南麓趕到它的東面，山勢和眼界都開闊起來，奇異的景致愈來愈多。望見前邊東北方又突立一座山峰，上邊分為兩枝，東邊又矮又斜，像和尚的帽子垂在半空，西邊高峻獨聳，這是同一座山上的兩個奇景。四座尖峰之中，東面的支峰最秀麗，分出兩枝的峰，其西峰最雄壯，這是兩座山相同之處。轉頭眺望西南方的灕江對岸，下邊並立着尖削的石崖，上面則是一樣的高懸雙峰，這是書童山的南面，群峰變幻而出現的景色。此時沿着山向東行，再走五里已走出分為兩枝的那座山，往東南越過一座山嶺向下走，就是佛力司。佛力司位於江流南轉之處，北邊距離縣城十里。把行李放在旅店，問了狀元峰的路徑就去攀爬，原打算趕去東邊，居民指向西邊，這才知道就是那座分出兩枝的山峰。西峰最高，所以叫狀元。

於是依舊越過後嶺，就從嶺上往北走，穿過山嶺向北，向西一里，抵達紅旗峒。走遍全峒，往西北走了一里來到山下，路被草遮蓋了，無路上去，只得曲折地攀援而上，漸漸往上漸漸看到石磴路，不一會兒路又消失了，基本是若隱若現的，全由草叢疏密不均所造成的。往西北爬了一里，翻過山向西走到下坳，再往東北爬了二里，翻過山向東爬到上坳，這個山坳就是兩座山峰的分岔口了。從山坳越過西北，亂石重疊雜亂，一直延伸到高峰，山崖旁就有個朝東的洞。洞門雖高，洞中並不深廣，裏面供奉了很多仙妃像，當地人在旁邊刻了石碑，說向仙妃求雨很靈驗，又叫富教山。洞的上方懸着兩層洞穴，像屋簷那樣傾覆而出，無法上去。洞前有座朝東的山，就是那座像和尚帽子的山峰。那裏也有一個洞朝西與此山對望，懸崖隔着雜草叢，不能兼收美景。在洞內坐了很久，向東邊眺望恭城縣，往東南欣賞平樂府，朝西南斜看荔浦縣，都有重重的山峰橫伸蔓延。這時想要一氣登上高峰之頂，洞外的南北兩面全是聳立的絕壁，沒有石磴，從洞南攀着危崖，沿着陡峭的岩石，踏着危險梯子，在空中騰躍，猿猴似的垂吊着，豹子般跳躍，轉向峭壁的南邊，直到懸崖半山，卻高高隆起，沒有絲毫縫隙，不再是僅靠手腳就爬得上去的了。此時的南山和西面集市的上空，雨勢很大，考慮山上沒有裂縫，山下灌木草叢又很多，雨水潮濕，草木的枝條糾結，更加難以落腳。急忙下了懸崖，三里後，來到山腳，再走二里，越過山嶺，到佛力司的旅店吃飯。居民姓蘇，世代靠種田讀書起家（考上明經科而成為貢生的有三四人）。看到有客人，都來圍觀，都說此峰高懸陡峭，歷來都無路可上。幾年前，山峰側有一棵古樹，他的三個僕人禱告後登山，憑藉梯子一層層地轉上去，飽經艱險，卻只到達古樹那裏，也未爬上頂峰，此後再無人問津。下午，冒雨從佛力司返回來，共走了十里，經過兩次渡江後抵達白沙灣，於是在船上歇息。

佛力司

佛力司之南，山益開拓，內雖尚餘石峰離立，而外俱綿山亙嶺，碧簪玉筍之森羅，北自桂林，南盡於此。聞平樂以下，四顧皆土山，而巉厲之石，不挺於陸而藏於水矣。蓋山至此而頑[1]，水至此而險也。

注釋

1 頑：固執、愚蠢。頑石，指無光澤且體粗質鈍的石塊。

譯文

佛力司的南面，山勢更加開闊，裏邊雖然還有石峰並立，但外面都是連綿不斷的山嶺，碧簪玉筍般地密佈着，北邊起自桂林，南面盡於此地。聽說平樂府以下，四面環顧都是土山，而危險陡峭的岩石，沒有挺立在陸地上卻藏在水中。山勢至此愚鈍起來；水勢到此卻險惡起來了。

十五　隨筆二則

本篇導讀——

〈隨筆二則〉選自〈滇遊日記一〉，作於崇禎十一年（一六三八）六到八月以前。記述兩件事：一則講雲南省府沐王府黔國公飛揚跋扈，被雲南儒生和當地官員聯合起來抗爭；另一則講明末雲南滇南邊疆地區少數民族頭領普名勝造反始末，老百姓家園受難情形。

此時，中國北方，皇太極稱帝，改「後金」為「大清」，大肆襲擊北京附近城市，掠奪人畜，施反間計讓袁崇煥淩遲於市。明邊關岌岌可危。在雲南上面的四川和陝西，李自成連番敗退，明朝內部動盪。此時，歷史的焦點在北方大明和大清的戰事。而在西南边陲雲南，透過徐霞客兩則日記，也在經歷着相同的風雨。

黔國公沐氏永鎮雲南，是明代雲南第一貴族。當時沐府僕人和省府儒生群毆，儒生被打傷。儒生去朝廷特派使金公處告狀，金公抓了沐府僕人。黔國公拉軍隊包圍金府，並開炮恐嚇。金公沒理會。黔國公轉而去抓了十幾個儒生來拷打。金公穩住其他儒生後，報告給了朝廷。朝廷派人核查，但那時太監當政，就下了調停令，致使黔國公更猖獗，激起民憤已然失控。黔國公生母為了維持世襲爵位，哭了三天，把那任黔國公毒死，並上疏朝廷，恩請等下任繼承人長大後再繼位，於是沐天波十二歲時才繼承爵位。

另一則故事講普名勝叛亂始末，民眾為此受難。普名勝的父祖叛亂，地方官圍剿，其父、祖皆被殺。因地方官相互鬥氣，怕對方坐大，就保留普名勝實力以威脅另一地方官，致使普名勝勢力越來越大。他再次起事，並利用地方官員、中央官史間種種矛盾，大行反間計，打擊平叛官員，獨霸一方。即使是普名勝去世後，他妻子帶着幼小的兒子主事，地方官仍然無法合作起來圍攻普氏佔地。徐霞客在普氏領地遊歷，目睹民眾受苦受難，地方官不作為，朝廷卻一無所知。他感嘆，大明朝的邊防真不行啊。

兩則隨筆文字不多，資訊、意蘊卻頗深廣，後人聯繫當時整個大明朝局勢，或許會有更多收穫。

選自《滇苗圖説》，明顧見龍原畫，含彩繪三十五幅，
清代摹本

黔國公沐昌祚卒[1]，孫啟元嗣爵。邑諸生往祭其祖，中門啟，一生翹首內望，門吏杖箠之。多士怒，亦箠其人，反為衆桀奴所傷，遂訴於直指金公[2]。公諱瑊，將逮諸奴，奴聳啟元先疏誣多士。事下御史，金逮奴如故。啟元益嗔，徵兵祭纛[3]，環直指門，發巨炮恐之，金不為動。沐遂掠多士數十人，毒痛之，囊其首於木。金戒多士毋與爭，急疏聞。下黔督張鶴鳴勘[4]，張奏以實。時魏璫專政[5]，下調停旨，而啟元愈猖狂不可制。母宋夫人懼斬世緒，泣三日，以毒進，啟元隕，事乃解。宋夫人疏請，孫稚未勝爵服，乞權署名，俟長賜襲。會今上登極[6]，憐之，輒賜敕實授。即今嗣公沐天波，時僅歲一周支也[7]。

注釋

1 黔國公：沐英，朱元璋養子，明朝開國勳臣之一，世襲鎮守雲南總兵官，其子孫世襲「黔國公」，與省機構沒有直接隸屬關係，鎮守邊疆雲南兩百八十多年，直至明朝滅亡，共傳十六位黔國公。時稱昆明「黔府」或「沐王府」。

2 直指：漢武帝派遣直指使者，衣繡衣，持節發兵，有權誅殺不力的官員。直指，意即指事而行，挺直不阿。

3 益嗔（粵：親；普：chēn）：越發生氣。纛（粵：毒；普：dào）：古時軍隊或儀仗隊的大旗。

4 **張鶴鳴**：明代安徽阜陽人，歷任南京工部、兵部尚書，總督貴州、四川、雲南等西南地域軍務，八十五歲時被流匪吊死。

5 **魏璫**：即魏忠賢，明末宦官。

6 **今上登級**：指朱由檢當皇帝，年號崇禎，時在一六二八年。

7 **沐天波**：一六一八——一六六一，第十二代黔國公，十歲（一六二八）襲位，此時大明已千瘡百孔，無力回天，沐王府和雲南官場營私舞弊、少數民族土司多已叛亂。明亡，隨南明永曆帝朱由榔入緬甸。後被緬軍圍困，奪刀擊殺緬兵九人，力竭被殺。**歲一周支**：「支」指地支，古人用十二地支計年，歲一周支即一輪地支，為十二歲。

譯文

雲南黔國公沐王府

黔國公沐昌祚去世，孫兒沐啟元繼承爵位。城裏的儒生都去祭弔他的祖父，中門打開，有一個儒生抬頭朝門內看，守門的官吏竟然用杖打他。儒生們氣憤了，也打了那守門的人，卻被沐府的惡奴打傷，於是儒生們向繡衣直指御史金公投訴。金公名為瑊，他打算逮捕那些奴僕，奴僕慫恿沐啟元先上疏誣告眾儒生。事情驚動了監察御史處，金公還是逮捕了沐家的奴僕。沐啟元更加生氣，調動軍隊、祭奠軍旗，包圍金公的衙門，發炮恐嚇金公，金公毫不動搖。於是沐啟元拷打了數十名儒生，殘害他們，用木枷夾他們的頭。金公告誡儒生不要和沐啟元鬥，急忙上奏朝廷。朝廷命令貴州省總督張鶴鳴稽查，張鶴鳴據實上報。當時正值魏瑲專政，下旨調停，沐啟元卻更加猖狂，無法控制。他的母親宋夫人擔心斷送世襲的爵祿，哭了三天，用毒藥毒死了沐啟元，事情才得以解決。宋夫人上奏請求，孫子年幼，不能勝任爵位，請求暫時代理權位，等他長大後再繼承爵位。恰逢崇禎皇帝繼位，憐惜沐昌祚的後裔，就下令授以實爵。就是現在繼任黔國公爵位的沐天波，他繼承爵位時才十二歲。

賞析與點評

明朝雲南沐王府，名人甚多，史載甚多，對於在位僅三年的沐啟元則所載不多，這則筆記因而顯得珍貴。同時對於了解晚明雲南乃至大明局勢有所裨益。這則實錄，我們可以見到幾則信息：當時，黔國公是有明以來雲南幾百年最高貴族，但直指中央特派員和貴州總督可以調查和去沐王府抓人；宦官魏忠賢權力極大，可以定奪國家大事；沐啟元太猖獗，逼得宋夫人出來毒殺；明代讀書人上言力爭，鐵骨錚錚。等等。

由此，我們見到《遊記》除名勝地理考察外，對了解晚明人們的生活狀況、邊疆情況、社會狀況乃至民眾心態，也大有裨益。

普名勝之亂

普名勝者[1]，阿迷州土寇也[2]。祖者輅，父子為亂三鄉、維摩間。萬曆四十二年，廣西郡守蕭以裕[3]，調寧州祿土司兵合剿，一鼓破之，輅父子俱就戮，始復維摩州[4]，開三鄉縣[5]。時名勝走阿迷，寧州祿洪欲除之。臨安守梁貴夢、郡紳王中丞撫民，畏寧州強，留普樹之敵，曲庇名勝。初猶屯阿迷境，後十餘年，兵頓強，殘破諸土司，遂駐州城，盡奪州守權。

崇禎四年，撫臣王伉憂之，裹氈笠，同二騎潛至州，悉得其叛狀，疏請剿。上命川、貴四省合剿之。石屏龍土司兵先薄漾田，為所殲。三月初八日，王中丞親駐臨安，布政周士昌統十三參將[6]，將本省兵萬七千人，逼沈家墳。賊命黎亞選扼之，不得進，相持者二月。五月初二日，亞選自營中潛往為名勝壽，醉返營。一童子洩其事於龍。龍與王土司夜劫之，遂斬黎；進薄州城，環圍四月，卒不下。時州人廖大亨任職方郎，賊恃為奧援[7]，潛使使入京縱反間，謂普實不叛，王撫起釁徼功，百姓悉糜爛。於是部郎疏論普地不百里，兵不千人，即叛可傳檄定，何騷動大兵為？而王宮諭錫袞、楊庶常繩武[8]，各上疏言宜剿。事下樞部議。先是王撫疏名勝包藏禍心已久，前有司養疽莫發奸，致成難圖蔓草，上因切責前撫、按。而前撫閔洪學已擢塚宰[9]，懼勿能自解，即以飛語慫恿大司馬[10]。大司馬已先入部郎言，遂謂名勝地不當一縣，撫、按比周，張大其事勢，又延引日月，徒虛糜縣官餉[11]。疏上，嚴旨逮伉及按臣趙世龍。十月十五日，撫、按俱臨安就逮。十二月十八，周士昌中銃死[12]，十三參將悉戰沒。

五年正月朔，賊悉兵攻臨安，詐郡括萬金犒之，受金，攻愈急。迨十六，城垂破，賊忽退師，以何天衢襲其穴也。天衢，江右人，居名勝十三頭目之一，見名勝有異志，心不安，妻陳氏力勸歸中朝，天衢因乞降，當道以三鄉城處之，今遂得其解圍力。後普屢以兵攻三鄉，各相拒，無所勝，乃退兵，先修祖父怨於寧州。方攻寧時，洪已奉調中原，其母集眾目，人犒五金、京青布二，各守要害，賊不得入。後洪返，謂所予太重，責之金，諸族目悉解體。賊諜之，乘之入，洪走避撫仙湖孤山[13]，州為殘破。歲餘，洪復故土，鬱鬱死。賊次攻石屏州，及沙土司等十三長官，悉服屬之。志欲克維摩州南魯白城，即大舉。魯白城在廣南西南七日程，臨安東南九日程，與交趾界，城天險，為白彝所踞。名勝嘗曰：「進圖中原，退守魯白，吾無憂矣。」攻之三年，不能克。

七年九月，忽病死。子福遠，方九歲。妻萬氏，多權略，威行遠近。當事者姑以撫了局，釀禍至今，自臨安以東、廣西以南，不復知有明官矣！至今臨安不敢一字指斥，旅人詢及者，輒掩口相戒，府州文移，不過虛文。

予過安莊，見為水西殘破者，各各有同仇志，不惜為致命；而此方人人沒齒無怨言，不意一婦人威略乃爾！南包沙土司，抵蒙自縣[14]；北包彌勒州[15]，抵廣西府；東包維摩州，抵三鄉縣；西抵臨安府：皆其橫壓之區。東唯三鄉何天衢，西唯龍鵬龍在田[16]，猶與抗鬥，餘皆聞風懾伏[17]。有司為之籠絡，仕紳受其羈靮者[18]，十八九。王伉以啟釁被逮，後人苟且撫局，舉動如此，朝廷可謂有人乎！夫伉之罪，在誤用周士昌，不諳兵機，彌連數月，兵久變生耳。當時止宜責其遲，留策其後效。臨敵易帥且不可，遽就軍中逮之，亦太甚矣。嗟乎！朝廷於東西用兵，事事如此，不獨西南彝也！

注釋

1 普名勝：即普名聲。滇南阿迷州土司普名聲在從征「奢安之亂」後，實力大增，於崇禎四年（一六三一）發動叛亂，崇禎五年（一六三二）普名聲死後，其妻萬氏仍領其眾，繼續為亂滇南。招沙定洲為婿，沙普兩強土司結親，勢力空前強大。後沙定洲發動兵變攻打沐天波，並佔領沐王府。史合稱普名勝之亂和沙定洲等土司之亂為「沙普之亂」。

2 阿迷州：即今開遠市，雲南東南部。

3 廣西：明代雲南關西府，治所在今雲南省東南部瀘西縣。包括瀘西縣、師宗縣、丘北縣、彌勒縣等地。

4 維摩州：隸廣西府，治今硯山縣北境的維摩，明末維摩州治在今丘北縣下寨馬頭山的舊城。

5 三鄉縣：在今邱北縣治稍西下寨馬頭山的新城。

6 周士昌：明參將。明在邊區軍事要地設參府，分守各路。主持參府的統兵官即參將，又稱參戎，位在總兵、副總兵之下，無定員。

7 職方郎：明代於兵部設職方司，掌管疆域圖籍、軍制、城隍、鎮戍、簡練、征討等事。職方司的長官稱職方郎。奥援：暗中援助的力量、靠山。

8 王錫袞：雲南祿豐人，官至大學士，明末為沙定洲所執殺。楊繩武：字念爾，雲南彌勒人，崇禎進士，選庶常授監察御史，官至兵部侍郎。

9 擢（粵：鑿；普：zhuó）：提升。塚宰：周官名，為六卿之首。後世亦稱吏部尚書為塚宰。

10 飛語：沒有根據的流言，或惡意的誹謗。大司馬：漢武帝時改太尉置大司馬，為全國軍事首腦。後來則用作高級武官的專稱，明代亦別稱兵部尚書為大司馬。

11 縣官：朝廷，官府。

12 銃（粵：cung3；普：chòng）：古代的一種火器。

13 孤山：又名環玉山、瀛海山，位於今雲南玉溪市江川縣撫仙湖南部，元明時期殿閣甚多，後毀於戰火，近年重建亭閣，為風景勝地。

14 蒙自縣：即今蒙自縣。

15 彌勒州：隸廣西府，即今彌勒縣。

16 龍鵬：今作龍朋，在石屏縣北境。

17 慴（粵：攝；普：shè）伏：懾於威勢而屈服。

18 靮（粵：的；普：dí）：馬韁繩。

譯文

普名勝之亂

普名勝是阿迷州的土匪。他的祖父普者輅和兒子在三鄉縣、維摩州一帶作亂。萬曆四十二年（一六一四），廣西府知府蕭以裕調集寧州祿土司的軍隊，合兵圍剿，一鼓作氣地打敗了亂黨，普者輅和兒子都被殺了，朝廷才收復維摩州，設置三鄉縣。當時普名勝逃到阿迷州，寧州土司祿洪打算剿滅他。臨安府知府梁貴夢、府中鄉紳王撫民中丞，擔心寧州土司坐大，留下普名勝藉此與寧州土司抗衡，便曲意包庇普名勝。普名勝最初屯駐在阿迷州的邊境，之後十餘年，普名勝的兵力日漸強大，消滅了各個土司，最後進駐州城，奪取阿迷州知府的政權。

崇禎四年（一六三一），巡撫王伉憂慮阿迷州的情況，裹着氈子戴着斗笠，與兩名騎兵潛入阿迷州，全面了解了普名勝叛亂的情況，上奏請求圍剿。崇禎皇帝命令四川、貴州等四省合力圍剿。石屏州龍土司的軍隊首先逼近漾田，被普名勝殲滅。三月初八日，王巡撫親自駐守臨安，布政使周士昌統領十三位參將，率領雲南省的軍隊一萬七千人，逼近沈家墳。賊軍命令黎亞選阻攔官軍，周士昌無法前進，雙方僵持了兩個月。五月初二，黎亞選從軍中潛返為普名勝祝壽，喝醉酒後返回軍營。一個童僕把消息洩露給龍土司知道。龍土司和王土司連夜強攻，結果殺了黎亞選；進逼阿迷州城，圍城四個月，最終沒能攻下。當時阿迷州人廖大亨擔任職方郎，賊軍依靠他為內部的靠山，暗中派使者進京城施行反間計，說普名勝其實沒有叛亂，是王巡撫挑起爭端，藉以邀功，使得生民塗炭。於是兵部職方郎上疏說普名勝的土地不到百里，軍隊不到千人，即使反叛，一次征討就能平定，何必調動大批軍隊呢？而宮諭王錫衮、庶常楊繩武，分別上疏說應當圍剿。此事下達中樞部討論。在這之前，王巡撫上疏說普名勝長久以來包藏禍心，前任長官像養疽一樣，沒有揭發他的奸惡，導致野草蔓延為患的局面，皇上因此嚴詞譴責前任巡撫和巡按御史。而前任巡撫閔洪學已擢升為吏部尚書，害怕無法自我辯解，就用流言慫恿兵部尚書。兵部尚書已經先聽到兵部職方郎的話，也認為普名勝的領域比不上一個縣，巡撫和巡按御使勾結，擴大事態，又拖延時間，虛耗朝廷糧餉。呈上這封奏章後，朝廷嚴令逮捕王伉和巡按御史趙世龍。十月十五日，倆人在臨安府被捕。十二月十八日，周士昌中槍死亡，十三名參將全部戰死。

崇禎五年（一六三二）正月初一，賊軍全力攻打臨安府，訛詐臨安府搜括了一萬兩銀子犒勞他們，收到賞銀，他們卻攻打得更急劇。直到十六日，府城即將被攻破，賊軍忽然退兵，因為何天衢偷襲了賊穴。何天衢是江西人，是普名勝的十三個頭目之一，看到普名勝心懷異志，內心不安，妻子陳氏竭力勸他歸順朝廷，所以何天衢請求投降，當權者將他安置在三鄉縣城，現在靠他的力量解除圍困。後來普名勝多次率領軍隊攻打三鄉縣，雙方相持不下，普名勝不能取勝，所以退兵，去找寧州土司報祖上之仇。正要攻打寧州時，土司祿洪已奉命調到中原，他的母親招集眾頭目，每人犒賞五兩銀子、兩疋京青布，要他們守衛要道，阻擋賊軍入城。後來祿洪回來，認為犒賞得太多，索回銀兩，各族頭目全都離心離德。賊軍刺探到這消息，乘機攻入寧州，祿洪逃到撫仙湖的孤山避難，寧州被攻破。過了一年多，祿洪返回故土，抑鬱而死。賊軍接着進攻石屏州，以及沙土司等十三個長官司，這些地區全部投降。普名勝立志要攻克維摩州南部的魯白城，於是大舉進攻。魯白城位於廣南的西南方，需要七天的路程，從臨安府的東南出發，需要九天，與交趾接壤，依傍天險為城，被白彝盤踞。普名勝常說：「前進攻克中原，退卻死守魯白，我就沒有後顧之憂了。」攻打三年，無法攻克。

崇禎七年（一六三四）九月，普名勝忽然病死。兒子普福遠才九歲。妻子萬氏擅長權術謀略，威勢震懾遠近。當權者只能以安撫解決殘局，釀成災禍延續至今，從臨安府以東、廣西府以南，百姓都不知道還有明朝的官員了！至今臨安府不敢對此事指責一句，旅客問到此事，往往閉口戒備，府、州的公文，不過是一紙虛文。我路過安莊時，看到被水西土司殘害的人，大家都同仇敵愾，不惜為此獻出生命；而這裏的人卻閉口無怨言，想不到一個婦人的威勢謀略竟如此厲害！往南包括沙土司，直到蒙自縣；往北包括彌勒州，直至廣西府；往東包括維摩州，抵達三鄉縣；往西抵達臨安府，都是萬氏橫行壓制的地區。東邊只有三鄉縣的何天衢，西邊只有龍鵬的龍在田，還能與萬氏抗衡，其餘的都聞風喪膽，懾服在她的威勢之下。地方官受到萬氏籠絡，官吏和鄉紳受到萬氏掣肘的，十有八九。王伉以挑起爭端的罪名被捕，後來的官員苟且安撫了事，如此行為，朝廷還有能人嗎！

王伉的過失，在於誤用周士昌，不通兵略，戰爭長達數月，拖耗戰事容易生變。當時的情況下只能責備王伉用兵遲緩，應該把他留下來，督促他，觀其日後的表現。臨敵之際更換主帥尚且不行，何況突然到軍中逮捕他呢，太過分了！唉！朝廷對邊塞用兵，每次都這樣，不只是對西南地區的少數民族才這樣啊！

賞析與點評

普名勝在崇禎四年（一六三一）起事，徐霞客七年後來到當時戰亂之地，親身經歷了當時戰後民眾的生活狀況，並收集叛亂始末，記錄下來，這則筆記是記載普名勝之亂最早、最詳實的文獻材料。

圍繞着普名勝之亂的始末，我們見到晚明雲南官場政治狀況：中央和地方土司、土司和地方官、地方官和中央關係複雜。還見到一系列與這次叛亂相關明朝官場人物：崇禎帝、吏部尚書、兵部尚書、大學士、監察御史、布政使、總督、巡撫、縣守、郡紳、土司、反將等等。邊疆叛亂，地方政府和中央政府之間的政令傳達、辦事模式、人員間暗鬥等等複雜多變的情況，使得叛亂遲遲得不到很好的解決。

徐霞客為此擔憂、憤怒。擔憂普名勝雖已死，勢力尚在，儘管普名勝遺孀併入沙定洲勢力。一六四五年，徐霞客已過世幾年，沙定洲攻佔沐王府。徐霞客的憤怒在於，在普名勝之亂中受難的民眾甚多，都想為解除普名勝勢力而出力，但是官家沒人理會。普名勝遺孀萬氏有權謀，很多地方官員被賄賂，抵抗的地方官為數極少。中央甚至連叛亂的真實情況都不了解，還加害於努力抵抗的官員。官員之間為這事而明爭暗鬥，擱置不理。最後，受苦的還是普通民眾，以及動盪中的大明朝。

徐霞客在結尾說了這樣一句話：「朝廷於東西用兵，事事如此，不獨西南彝也！」朝廷在邊疆打仗，與平定普名勝之亂一樣，「事事如此」。其實，大明和大清的戰事，大明節節敗退，是整個明朝漏洞太多、腐敗叢生。

十六　遊大理日記[1]

本篇導讀——

雲南是徐霞客遊歷的末站，也算是他人生的末站。他在雲南患風疾，雙足癱瘓，僕人顧氏拿完徐的錢財，並離開了他。好在當地木土司雇人用竹椅抬了徐霞客從雲南返江陰老家。崇禎十四年（一六四一）正月，他在家中辭世。過世前，他將雜亂的手稿託付友人季氏整理出版。〈滇遊日記〉，佔現存〈徐霞客遊記〉篇幅的五分之二。在當時的西南邊疆雲南，山脈水文資料缺乏，他所留下來的實地調查資料，彌足珍貴。崇禎十一年到崇禎十三年（一六三八—一六四〇），一年多時間內，徐霞客徒步雲南，探訪山水人文，每日堅持將關鍵的記下來，後由人整理出《滇遊日記》十六卷，所選文節選自〈滇遊日記八〉。

崇禎十一年十二月十五日，徐霞客到了大理州，二月十八日抵洱源境內，待了十幾天，日記選文是他其中三天的遊歷。三月十二日，遊蒼山十八溪的清碧溪，宿感通寺；十三日，遊感通寺諸院和波羅岩，走大道回大理城；十四日，遊崇聖（三塔）寺，賞文物和大理石。

大理古城背靠蒼山十九峰，前朝洱海，兩邊為上關和下關、一塔寺和三塔寺。十九峰從北到南依次為：雲弄、滄浪、五台、蓮花、白雲、鶴雲、三陽、雪人、應樂、觀音、中和、龍泉、玉局、馬龙、聖應、佛頂、馬耳、斜陽。每兩峰間一溪流入洱海，從北到南依次為：霞移、萬花、陽溪、茫涌、錦溪、靈泉、白石、雙鴛、隱仙、梅溪、桃溪、中溪、綠玉、龍溪、清碧、莫殘、葶溟、陽南。清碧溪為其中第一溪。

感通寺在聖應峰山腳，離大理城約十里。崇聖寺在應樂山腳，離大理城約兩里，崇聖寺是大理國段氏皇族「皇家寺廟」，即金庸小說《天龍八部》裏的「天龍寺」原型，大理段氏有九位皇帝在崇聖寺出家，其中有十五代王段正淳（段譽之父原型）、十六代王段和譽（段譽原型）。明時，大理的名勝為：三塔、南詔建極大鐘、雨銅觀音像、元代高僧圓護手書「佛都」匾、明代三聖金像。現在只剩三塔，其他的已不存。崇聖寺屬藏傳佛教，聲明遠播南亞、東南亞。

徐霞客的日記裏，除他一如既往的觀察細緻、探險尋奇外，給當時的邊疆雲南，從前的南詔大理國，帶來一份江浙主流文化圈的述說。比如徐霞客講山水畫不如洱海大理石，茶樹、佛寺、道觀等等。

選自《梵像圖長卷》，大理國（南宋）張勝溫畫，現藏於台北故宮博物院。左上文字是：「（為）利貞皇帝白口票信畫」，這段圖描繪大理國第十九代國王利貞皇帝領百官到蒼山下寺院中禮佛的場景

小紙房、大紙房—石馬泉—一塔寺諸葛祠並書院—中和、玉局—清碧溪下流—阮尚賓之墓

十二日　覺宗具騎挈餐，候何君同為清碧溪遊[2]。出寺即南向行，三里，過小紙房，又南過大紙房。其東即郡城之西門，其西山下即演武場。

又南一里半，過石馬泉。泉一方在坡坳間，水從此溢出，馮元成謂其清冽不減慧山。甃為方池，其上有廢址，皆其遺也。《志》云：「泉中落日照見有石馬，故名。」

又南半里，為一塔寺[3]，前有諸葛祠並書院。又南過中和、玉局二峰。六里，渡一溪，頗大。又南，有峰東環而下。

又二里，盤峰岡之南，乃西向覓小徑入峽。峽中西望，重峰罨映[4]，最高一峰當其後，有雪痕一派，獨高垂如匹練界青山，有溪從峽中東注，即清碧之下流也。

從溪北躡岡西上，二里，有馬鬣在左岡之上[5]，為阮尚賓之墓。從其後西二里，躡峻凌崖。其崖高穹溪上，與對崖駢突如門，上聳下削，溪破其中出。從此以內，溪嵌於下，崖夾於上，俱逼仄深窅[6]。

路緣崖端，挨北峰西入，一里餘，馬不可行，乃令從者守馬溪側，顧僕亦止焉。

注釋

1 大理位於雲南省中部偏西，為雲南古代文化中心城市。雲南在西漢入漢王朝版圖，三國諸葛亮七敗孟獲，唐代建南詔國，五代後晉時段思平建大理國。元時滅大理國，設雲南行中書省，政治中心遷往昆明。明代朱元璋冊封義子沐英為黔國公，設雲南承宣布政使，衙門雲南府（昆明）。風花雪月大理城，即上關風、下關花、點蒼雪和洱海月，大理古城在中間。其中的蒼山洱海，蒼山有十九峰，每兩峰間一條溪水流下入洱海，係十八溪。十九峰海拔均三千以上，最高峰馬龍峰四千多米。此地自古流行佛教，大理國歷代有多任段氏國王出家為僧，名寺有崇聖寺、感通寺等。

2 清碧溪：位於蒼山聖應峰和馬龍峰間，兩峰對峙成一狹口，一股清泉從狹隘懸崖，分三疊泉，傾瀉下來，故又分上中下三潭。為蒼山十八溪第一溪。這水灌溉四周農田，當地人稱為「德溪」。

3 一塔寺：位於今大理古城西南一里多，也叫弘聖寺，大理國時建，明李元陽重修，為十六級密簷式方形空心磚塔。

4 罨：通「掩」。罨映：彼此掩覆而襯托。

5 馬鬣（粵：獵；普：liè）：馬鬃；馬鬣封，一種像馬鬃的墳墓封土。

6 窅（粵：夭；普：yǎo）：眼睛凹進去，比喻深遠。

譯文

十二日　覺宗備好馬匹帶上午飯，等候何君一起去清碧溪遊玩。

出寺後就向南行，三里，經過小紙房，再往南經過大紙房。村東就是府城的西門，西山下就是演武場。

再往南．里半，經過石馬泉。一眼泉水在坡坳之間，水從這裏往外流，馮元成認為泉水清冽不遜色於慧山的泉水。砌成方池，池上有廢址，都是它的遺跡。《志》書說：「落日照在泉水上看見有石馬，因此命名。」

再往南半里，是一塔寺，寺前有諸葛祠和書院。再往南經過中和、玉局兩座山峰。六里後，渡過一條溪水，水勢很大。

再往南走，有座山峰往東方環繞而下。再走了二里，繞過山岡的南邊，就向西邊尋找小徑進入峽谷。從峽谷中向西望，重巒互相掩映，最高的山峰位於峽谷的後方，有一抹積雪的痕跡，獨自高高地下垂，如同一匹白絹隔斷了青山，有一條溪從峽谷中往東流，這就是清碧溪的下游了。

從溪流北面沿着山岡向西爬，二里，有墳墓在左面山岡上，那是阮尚賓的墳。從墓地後往西行二里，沿着峻嶺登上山崖。山崖在溪流上高高隆起，與對面的山崖並立突出如門扉一般，上邊高聳下面陡削，溪流從中流出去。從這裏往裏面，溪流都嵌在下方，山崖夾立在上面，全都狹窄深遠。

路沿着山崖的頂端，沿着北面的山峰向西走，一里多後，馬匹不能再前進，就叫隨從在溪邊守馬，顧僕也留在這裏。

余與巢阿父子同兩僧溯溪入。屢涉其南北，一里，有巨石蹲澗旁，兩崖巉石，俱堆削如夾。西眺內門，雙聳中劈，僅如一線，後峰垂雪正當其中，掩映層疊，如掛幅中垂，幽異殊甚。覺宗輒解筐酌酒，凡三勸酬。復西半里，其水搗峽瀉石間，石色光膩，文理燦然，頗饒煙雲之致。於是盤崖而上，一里餘，北峰稍開，得高穹之坪。又西半里，自坪西下，復與澗遇。循澗西向半里，直逼夾門下，則水從門中突崖下墜，其高丈餘，而下為澄潭。潭廣二丈餘，波光瑩映，不覺其深，而突崖之槽，為水所汩，高雖丈餘，膩滑不可著足。

時余狎之不覺，見二僧已逾上崖，而何父子欲從澗北上，余獨在潭上覓路不得。遂躡峰槽，與水爭道，為石滑足，與水俱下，傾注潭中，水及其項。亟躍而出，踞石絞衣。攀北崖，登其上，下瞰余失足之槽，雖高丈餘，其上槽道曲折如削，膩滑尤甚；即上其初層，其中升降，更無可階也。

再逾西崖，下覷其內有潭，方廣各二丈餘，其色純綠，漾光浮黛，照耀崖谷，午日射其中，金碧交蕩，光怪得未曾有。潭三面石壁環窩，南北二面石門之壁，其高參天，後面即峽底之石，高亦二三丈；而腳嵌顙突[1]，下與兩旁聯為一石，若剖半盎，並無纖隙透水潭中，而突顙之上，如簷覆潭者，亦無滴瀝拋崖下墜；而水自潭中輒東面而溢，轟倒槽道，如龍破峽。

余從崖端俯而見之，亟攀崖下墜，踞石坐潭上，不特影空人心[2]，覺一毫一孔，無不瑩徹。亟解濕衣曝石上，就流濯足，就日曝背，冷堪滌煩，暖若挾纊[3]。

何君父子亦百計援險至，相叫奇絕。

注釋

1 顙（粵：爽；普：sǎng）：前額。

2 不特：不只是，不僅僅。影空人心：「清晨入古寺，初日照高林。曲徑通幽處，禪房花木深。山光悅鳥性，潭影空人心。萬籟此皆寂，惟聞鐘磬音。」（唐．常建〈題破山寺後禪院〉）

3 挾纊（粵：曠；普：kuàng）：挾，夾在腋下。纊，棉絮。披着棉衣，比喻受人恩澤而感到溫馨。

譯文

我與何巢阿父子還有兩個和尚逆水深入。

多次走到溪水的南北兩岸，一里，有巨石盤踞在溪旁，兩崖山勢高峻，全都陡削地堆積着如同夾道。往西眺望裏面的石門，雙雙高聳，中間劈開，僅如一條線，後面的山峰上降落的積雪就在正中央，層層疊疊地互相掩映，如同掛在中央的條幅，格外幽雅奇異。

覺宗就解下竹筐斟酒，共勸飲了三次。

再往西走了半里，溪水沖入峽谷奔瀉在岩石間，石頭的顏色光滑細膩，紋理鮮豔明亮，頗有煙雲繚繞的情趣。從這裏繞着山崖往上走了一里多，北面的山峰略微開闊，看到一塊高高隆起的平地。再向西走了半里，從平地往西下山，再次看到溪流。

沿水流往西走了半里，一直逼近夾立的石門下，就見水從石門中突立的石崖往下傾瀉，石崖高一丈多，而下方是澄澈的水潭。水潭寬二丈多，波光晶瑩映照，不覺水深，而突立在石崖上的溝槽，被急流沖刷，高處雖然只有一丈多，卻滑溜得不能落腳。

當時我只顧着玩水，沒有察覺，看見兩個和尚已爬到上面的石崖上，而何家父子想從溪流的北邊往上爬，我獨自一人在水潭上找不到路。於是踩着峰上的溝槽往上走，與水流爭路，因腳滑摔倒，與流水一起沖下去，掉進深潭，水沒脖子。急忙跳出水，坐在石頭上擰乾衣服。攀着北邊的山崖，登到山上，下瞰我失足摔倒的溝槽，雖然有一丈多高，上面的溝槽水道，曲折得如同刀削一般，格外滑膩光溜；即使爬到它的第一層，其中間上上下下，再沒有可供踩踏之處了。再翻過西面的山崖，往下看到裏面有水潭，長寬各有二丈多，水色純綠，波光蕩漾，翠黛浮動，照耀在山崖峽谷之中，正午的烈日照射在水面上，金碧交匯激蕩，光怪陸離，前所未有。水潭三面的石壁圍成一個窩，南北兩面石門的崖壁，高聳入天，後面就是峽底的岩石，高度也有兩三丈；石腳下嵌上面卻突起，下面與兩旁聯結為一塊岩石，像剖開的半個瓦甕，並無絲毫縫隙滲入水潭中，上面突起的崖石之上，如屋簷覆蓋在水潭上方，也沒有水滴灑落石崖下；而水總是從潭中直接往東面溢出去，轟鳴着倒入溝槽，如天龍衝破峽谷。

我從崖頂俯身看見這個美景，急忙攀着山崖下來，坐在潭邊的岩石上，不僅山影洗滌人心的雜念，還覺得每根汗毛每個毛孔都晶瑩透徹。連忙脫下濕衣服曬在石上，就着流水洗腳，就着陽光曬脊背，冷水足以洗去煩惱，暖日好似懷抱棉被。何君父子也千方百計歷險來到，互相高叫奇絕。

賞析與點評

蒼山清碧溪的景物讓五十多的老徐很興奮，爬上爬下，還逆流而上被山溪沖到了山下湖裏。山裏都是水，徐霞客一行往上攀爬，沒有階梯，都是被水澆濕的石頭山路。在石叢裏穿行，徐霞客文字裏一直緊盯着水不放，去到哪，水就跟到哪，嘩啦啦都是水聲。基本用的是白描手法，靜穆蘊藉，簡約而富含深意。湖水顏色像綠寶石，山石光滑、紋路奇特，山景幽美，連大和尚也不禁要喝幾杯慶祝一下。坐在山裏看水，徐霞客的俗心也自散了幾分：「踞石坐潭上，不特影空人心，覺一毫一孔，無不瑩徹。」

另外，徐霞客這次爬山，沿途山、石和景的名字記述卻極少，徐霞客叫不上那些山水景的書名。為甚麼呢？有兩個可能：課前預習沒做足；抑或是這些山水在當時沒有書名，仍是蠻山蠻水。

不過對於旅遊觀光，原始生態的魅力別有滋味。

久之，崖日西映，衣亦漸乾，乃披衣復登崖端，從其上復西逼峽門，即潭左環崖之上。其北有覆崖庋空[1]，可當亭榭之憩，前有地如掌，平甃若台，可下瞰澄潭，而險逼不能全見。

既前，余欲從其內再窮門內二潭，以登懸雪之峰。何君輩不能從，亦不能阻，但云：「余輩當出待於休馬處。」余遂轉北崖中垂處，西向直上。

一里，得東來之道，自高穹之坪來，遵之曲折西上，甚峻。一里餘，逾峽門北頂，復平行而西半里，其內兩崖石壁，復高駢夾起，門內上流之間，仍下嵌深底。路旁北崖，削壁無痕，不能前度，乃以石條緣崖架空，度為棧道者四五丈，是名陽橋，亦曰仙橋。橋之下，正門內之第二潭所匯，為石所虧蔽，不及見。

度橋北，有疊石貼壁間。稍北，疊石復北斷，乃趁其級南墜澗底。底有小水，蛇行塊石間，乃西自第一潭注第二潭者。時第二潭已過而不知，只望澗中西去，兩崖又駢對如門，門下又兩巨石夾峙，上有石平覆如屋而塞其後，覆屋之下，又水潴其中，亦澄碧淵渟[2]，而大不及外潭之半。其後塞壁之上，水從上澗垂下，其聲潺潺不絕，而前從塊石間東注二潭矣。

余急於西上，遂從澗中歷塊石而上。澗中於是無纖流，然塊石經沖滌之餘，不特無污染，而更光膩，小者踐之，巨者攀之，更巨者則轉夾而梯之。上矚兩崖，危矗直夾，彌極雄厲。漸上二里，石高穹，滑不能上，乃從北崖轉陟箐中。崖根有小路，為密箐所翳，披之而行。

又二里，聞人聲在絕壁下，乃樵者拾枯枝於此，捆縛將返，見余，言前已無路，不復可逾。余不信，更從叢篁中披陟而西上。其處竹形漸大，亦漸密，路斷無痕。

余莽披之，去巾解服，攀竹為絙[3]。復逾里餘，其下壑底之澗，又環轉而北，與垂雪後峰，又界為兩重，無從竟升。

聞清碧澗有路，可逾後嶺通漾濞，豈尚當從澗中歷塊耶？

注釋

1 庋（粵：幾；普：guǐ）：依托屋柱搭建成的儲物木架。

2 淵渟：深水潭。

3 絙（粵：更；普：huán）：古同「緪」，「緪，大索也。」（《說文解字》）

譯文

很久之後，山崖上的陽光西曬，衣服也漸漸乾了，於是披上衣服再登上山崖的頂端，從上面再向西邊逼近峽門，也就是在水潭左邊環繞的山崖上面。它的北邊有傾覆的石崖平架在空中，可以當作休息的亭台樓榭，前方有塊手掌般大小的地方，平整得好像磚砌成的高台，可以下瞰澄清的水潭，但險要狹窄的地勢不能得見全貌。

於是再往前走，我想從裏面再去玩賞石門裏的兩個水潭，並上登積雪高懸的山峰。何君他們不能跟隨，也不能阻擋我，只是說：「我們將下山在馬匹休息的地方等你。」於是我就轉到北面山崖中的下垂處，向西一直往上走。

一里，看到東邊的路，從高高隆起的平地延伸而來，沿路曲折地向西攀爬，非常陡峻。一里多，越過峽門北邊的頂部，再往西邊平行半里，其內部兩側的崖壁，又並排相夾高高地聳起，峽門裏的溪水的上游，仍然往下深深嵌入谷底。路旁北面的山崖，陡削的石壁上沒有裂痕，不能越到前方，就用石條沿着山崖架在空中，架成四五丈長的棧道，名叫陽橋，也稱為仙橋。橋的下面，正是峽門內匯成的第二個水潭，被岩石遮蔽着，未能見到。

走到橋北，有層疊的石階貼在石壁之間。略向北走，層疊的石階又在北邊中斷了，於是趁着石階往南下行到澗底。澗底有小溪，蛇行般流淌在石塊間，這是從西邊第一個水潭流到第二個水潭中的水流。此時卻不知道已經錯過了第二個水潭，只是望着澗中向西走去，兩面的山崖又並排相對像門一樣，門下又有兩塊巨石夾立對峙，上邊有塊岩石平平地覆蓋着如同屋子，卻堵住了後面，覆蓋的石屋下邊，又有水積儲其中，也是凝碧似的深潭，只是沒有外邊水潭的一半大。後邊被它堵塞的石壁之上，水流從上邊的山澗中往下垂注，水聲潺潺不絕，然後從前面的石塊間向東注入第二個深潭。

我急於往西上登，就從山澗中踩着石塊往上。澗中自此沒有涓涓細流，然而石塊經過水流的沖洗之後，不但沒有污泥沾染，而且更加細膩光滑，小的可以踩着走，大的要攀過去，更大的就要轉到夾縫處攀登了。在上面遠望兩面的山崖，危崖矗立，筆直相夾，更加雄偉壯麗。慢慢爬上二里，岩石高大隆起，滑溜得上不去，只好從北邊的山崖轉到箐谷中。崖底有條小路，被濃密的竹叢遮住，撥開竹叢前行。

再走二里，聽見絕壁下有人聲，是樵夫在這裏揀枯枝，捆好後即將回去，見到我，說前邊已經沒路，不能再翻過去了。我不信，再撥開竹叢從陡坡往西爬。這裏的竹子逐漸變大，也逐漸濃密，路斷得毫無痕跡。我莽撞地撥開竹叢，摘掉頭巾脱下衣服，抓住竹子當繩索，再走一里多。山谷下的溪流，又環繞着轉向北，與後面積雪下垂的山峰，又隔為兩重，無法爬到頂上。

聽説過清碧澗有路，可以翻過後嶺通到漾濞，難道還要從山澗中踩着石塊走麼？

第一潭—第二潭—陽橋—高穹之坪—阮墓—宕山感通寺

時已下午，腹餒甚，乃亟下；則負芻之樵[1]，猶匍匐箐中。遂從舊道五里，過第一潭，隨水而前，觀第二潭。其潭當夾門逼束之內，左崖即陽橋高橫於上，乃從潭左攀磴隙，上陽橋，逾東嶺而下。

四里至高穹之坪，望西澗之潭，已無人跡，亟東下沿溪出，三里至休馬處。何君輩已去，獨留顧僕守飯於此，遂啜之東出。

三里半，過阮墓，從墓右下渡澗，由澗南東向上嶺。路當南逾高嶺，乃為感通間道；余東逾其餘支，三里，下至東麓之半。牧者指感通道，須西南逾高脊乃得，復折而西南上躋，望崖而登，竟無路可循也。二里，登嶺頭，乃循嶺南西行。三里，乃稍下，度一峽，轉而南，松檜翳依，淨宇高下，是為宕山[2]，而感通寺在其中焉。

注釋

1 芻：禾莖、禾桿。

2 宕（粵：蕩；普：dàng）山：即蒼山聖應峰，又稱蕩山、上山。感通寺古稱上山寺、蕩山寺，位於聖應峰南麓，元代已很著名。有楊慎「寫韻樓」，明代僧人舍利塔甚多。現「感通茶」為雲南出口名茶。

譯文

當時已是下午，飢腸轆轆，就急忙下山；看見背着草料的樵夫，仍在竹林中攀爬。於是從原路折回五里，經過第一個深潭，順水流往前走，觀看第二個水潭。這個水潭就在狹窄的峽門裏邊，左邊的石崖上就有陽橋高高地橫在上方，於是從水潭的左邊攀着石縫中的石磴，登上陽橋，越過東嶺往下走。

四里後來到高高隆起的平地，看見西澗中的水潭旁已沒有人跡，急忙從東邊沿着溪流往下離開，三里路後來到馬匹休息的地方。何君他們已經離開，只留下顧僕在這裏看着飯，於是吃了飯往東離開。

三里半，經過阮尚賓的墳墓，從墳墓的右下方渡河，由河的南邊往東爬上山嶺。路應該是向南翻過高大的山嶺，是去感通寺的捷徑；我往東穿過它的分支，三里，下到東山腳的半中腰。牧人指着說：去感通寺的路，必須往西南越過高大的山脊才能到達。又折回頭向西南攀爬，望着山崖往上爬，居然無路可走了。二里，登上嶺頭，就沿着嶺南往西走。三里，才稍稍往下，穿過一條峽谷，轉向南方，松柏掩映相依，佛寺高低錯落，這就是宕山，而感通寺就在山中。

感通寺斑山（楊升庵寫韻樓故址）、大雲堂

蓋三塔、感通，各有僧廬三十六房，而三塔列於兩旁，總以寺前山門為出入；感通隨崖逐林，各為一院，無山門總攝，而正殿所在，與諸房等，正殿之方丈有大雲堂，眾俱以大雲堂呼之而已。

時何君輩不知止於何所，方逐房探問。中一房曰斑山，乃楊升庵寫韻樓故址[1]，

初聞何君欲止此，過其門，方建醮設法於前，知必不在，乃不問而去。後有人追至，留還其房。

余告以欲覓同行者，其人曰：「余知其所止，必款齋而後行。」余視其貌，似曾半面，而忘從何處，諦審之，知為王賡虞，乃衞侯之子，為大理庠生，向曾於大覺寺會於遍周師處者也。今以其祖母忌辰，隨其父來修薦於此，見余過，故父子相諗[2]，而挽留余飯焉。飯間，何君亦令僧來招。

既飯而暮，遂同招者過大雲堂前北上，得何君所止靜室，復與之席地而飲。夜月不如前日之皎。

注釋

1 楊升庵寫韻樓：楊慎，號升庵，明朝三大才子之首，三朝元老、內閣首輔楊廷和之子，正德六年狀元，博聞強識，著錄萬言，後人編有《升庵集》八十一卷，被流放滇南三十餘年，留有遊記〈遊點蒼山記〉。楊慎在大理與大理文豪李元陽相識，兩人遊感通寺，宿於斑山樓，曾在樓上寫千字韻，著《轉注古音略》，李因此題此樓為「寫韻樓」。

2 諗（粵：審；普：shěn）：認識。

譯文

三塔寺、感通寺，各有僧舍三十六間，而三塔寺的僧舍排列在兩旁，全部以寺前的山門作為出入口；感通寺則順着山勢依着樹林，各自闢為一院，沒有山門統領，而正殿所在地，與各處僧房一樣高，正殿的方丈有大雲堂，僧人都叫它「大雲堂」而已。

當時不知道何君他們住在甚麼地方，就逐間僧舍去打聽。其中一間名叫斑山，是楊升庵寫韻樓的故址，聽説何君起初打算住在這裏，經過門口，看見門前正設壇作法，心知必定不在，不問就走了。後邊有人追上來，請我折返他們的房中。我告訴他想要去找同伴，那人説：「我知道他們住在哪裏，務必請您享用齋飯後再走。」我看他的樣子，似曾相識，但忘了是在甚麼地方，仔細端詳，才知道是王賡虞，他是衞侯的兒子，大理府的生員，以前曾在大覺寺遍周禪師處見過面。今天因為是他祖母的祭日，隨父親來此施齋做法事，見我路過，父子倆都認得我，便挽留我吃飯。吃飯時，何君也叫僧人來招呼我。飯後天便黑了，於是跟前來招喚我的僧人從大雲堂的前邊向北走，到了何君居住的靜室，再與他席地飲酒。夜晚的月光卻不如前一晚皎潔。

賞析與點評

在感通寺，徐霞客遇到兩位讀書人：一位是大理外地人、已過世的狀元大學問家楊慎，一位是大理本地讀書人王生員。楊慎在佛寺留下紀念堂，供後人膜拜。王生員在佛堂施齋做法事，順便請徐霞客吃了一頓齋飯。徐霞客在山裏一般在寺廟吃宿。

南詔、大理自古是尚佛地區，明代在雲南實行僧官制度——政府對和尚進行冊封任命用以管理佛事。佛教徒和讀書人關係密切，很多讀書人在寺廟裏清修唸書，乃至貧困學子可以依托寺廟維持基本生活，和尚與讀書人相互間的文化交流活動甚多。

（感通寺）中庭茶樹——正殿詩碑

十三日　與何君同赴齋別房，因遍探諸院。時山鵑花盛開，各院無不燦然。中庭院外，喬松修竹，間以茶樹[1]。樹皆高三四丈，絕與桂相似，時方採摘，無不架梯升樹者。茶味頗佳，炒而復曝，不免黝黑。

已入正殿，山門亦宏敞。殿前有石亭，中立我太祖高皇帝[2]賜僧無極歸雲南詩十八章，前後有御跋。此僧自雲南入朝，以白馬、茶樹獻，高皇帝臨軒見之，而馬嘶花開，遂蒙厚眷。後從大江還故土，帝親灑天葩，以江行所過，各賦一詩送之，又令諸翰林大臣皆作詩送歸。今宸翰已不存[3]，而詩碑猶當時所鐫者。李中谿《大理郡志》以奎章不可與文獻同輯[4]，竟不之錄。然其文獻門中亦有御製文，何獨詩而不可同輯耶？殿東向，大雲堂在其北。僧為瀹茗設齋[5]。

注釋

1 茶樹：《明一統志》大理府物產：「感通茶，感通寺出，味勝他處產者。」《滇略・產略》將感通茶與太華茶相比，結論是：「點蒼感通寺之產過之，值亦不廉。」

2 太祖高皇帝：即明太祖朱元璋。

3 宸（粵：神；普：chén）：帝王的宮殿，引申為帝王的代稱。宸翰：御筆。

4 奎章：帝王的手筆。

5 瀹（粵：藥；普：yuè）茗：煮茶。

譯文

十三日　與何君一同去別的僧房赴齋宴，因此得以探玩各處僧舍。時值山杜鵑盛開，各寺院無處不亮麗燦爛。

中庭外面，高大的蒼松和修長的翠竹中，偶爾夾雜茶樹。茶樹都有三四丈高，跟桂樹相像，這時正好在採茶，到處都有架梯爬樹的人。茶的味道很好，炒了再曬，色澤難免黝黑。

不久走進正殿，山門也十分宏偉寬敞。殿前有座石亭，亭中豎立着我朝太祖高皇帝賜給無極和尚的十八首辭歸雲南的詩，前後都有高皇帝寫的跋。這個和尚從雲南到朝廷，以白馬、茶樹進貢，高皇帝到軒廊接見他，當時馬鳴花開，於是得到厚愛。後來（和尚）從長江返回故鄉，皇帝御筆寫下秀逸的詩歌，在沿江經過的地方，各賦了一首詩送給他，又命令翰林院的諸位大臣都作詩送他還鄉。皇帝親手寫的文章現在已經不在了，但詩碑還是當時刻的。李中谿的《大理郡志》認為帝王的詩不能與文獻一同輯錄，竟然沒有收錄。但是他編輯的文獻類卻收錄了皇帝寫的文章，為何只有詩作不能一同輯錄呢？

正殿面向東方，大雲堂在它的北邊。和尚為我們沏茶設齋。

賞析與點評

《遊記》記載多種徐霞客所見的當地有名植物。他在感通寺見到了一些老茶樹，也把雲南茶葉的製作工藝記述了出來——茶味頗佳，炒而復曝，不免黝黑——難道這是普洱茶（黑茶）？我們也注意到，徐霞客在《遊記》中記述吃的都極其簡單，寫茶的地方卻很多，以其中僧人請他喝茶居多。

雲南是茶馬古道的重要一段，歷代皇宮御用茶很多產自雲南，普洱茶為世界很多人喜愛。

已乃由寺後西向登嶺，覓波羅岩。寺後有登山大道二：一直上西北，由清碧溪南峰上，十五里而至小佛光寨，疑與昨清碧溪中所望雪痕中懸處相近，即後山所謂筆架山之東峰矣；一分岐向西南，溯寺南第十九澗之峽，北行六里而至波羅岩。波羅岩者，昔有趙波羅棲此，朝夕禮佛，印二足跡於方石上，故後人即以「波羅」名。波羅者，乃此方有家道人之稱。其石今移大殿中為拜台。

時余與何君喬梓騎而行[1]。離寺即無樹，其山童然。一里，由岐向西南登[2]。四里，逾嶺而西，其嶺亦南與對山夾澗為門者。澗底水細，不及清碧，而內峽稍開，亦循北山西入。又一里，北山有石橫疊成岩，南臨深壑。壑之西南，大山前抱，如屏插天，而尖峰齒齒列其上，遙數之，亦得十九，又蒼山之具體而微者。岩之西，有僧構室三楹，庭前疊石明淨，引水一龕貯岩石下，亦饒幽人之致。僧瀹茗炙麵為餌以啖客。久之乃別。

注釋

1 喬梓：喬木高、梓木低，喻父子為「喬梓」。

2 岐：分岔的（路）。

譯文

之後由寺後往西邊上山，去找波羅岩。寺後有兩條登山的大路：一條直伸向西北，由清碧溪的南峰上去，十五里後到達小佛光寨，懷疑接近昨天在清碧溪中看到懸掛積雪痕跡的山峰，也就是後山所謂筆架山的東峰了；一條分開伸向西南方，沿着寺南第十九條山澗的峽谷，往北走了六里後到達波羅岩。波羅岩這地方，從前有個叫趙波羅的人在此居住，朝夕拜佛，印下兩個腳印在方形的岩石上，所以後人就命名為「波羅」。波羅一詞，是這地方對有家室的僧人的稱呼。那塊岩石如今移到大殿中作為拜台。

此時我與何君父子騎馬前行。離開寺就沒有樹了，這裏的山光禿禿的。一里後，從岔路往西南登山。四里，越嶺往西走，這裏的山嶺也是向南與對面的山夾住山澗形成門的樣子。澗底的水流涓細，比不上清碧溪，但裏面的峽谷比較開闊，也是沿着北山向西延伸。再走了一里，北山上有岩石橫着壘成岩洞，南邊面對着深谷。山谷的西南方，大山向前環抱，像屏風一樣高插天空，而尖尖的山峰像牙齒般排列在山上，遠遠的數了數，也是十九座山，這也是蒼山微縮而具體之處了。岩洞的西邊，有僧人建了三間房子，庭前層疊的岩石明亮潔淨，引了一潭水貯存在岩石下，也很有隱士的情趣。

僧人煮茶烤麵餅來款待客人。很久之後才道別。

大雲堂、斑山寫韻樓、龍女樹

從舊路六里，過大雲堂，時覺宗相待於斑山，乃復入而觀寫韻樓。樓已非故物，今山門有一樓，差可以存跡。問升庵遺墨，尚有二扁，寺僧恐損剝，藏而不揭也。僧復具齋，強吞一盂而別。其前有龍女樹[1]。樹從根分挺三四大株，各高三四丈，葉長二寸半，闊半之，而綠潤有光，花白，小於玉蘭，亦木蓮之類而異其名。時花亦已謝，止存數朵在樹杪[2]，而高不可折，余僅折其空枝以行。

注釋

1 龍女樹：所結花叫龍女花，也稱上關花，屬木蘭科，瀕臨滅絕的中國名花。感通寺僧送給朱元璋的即為此花。

2 樹杪（粵：秒；普：miǎo）：樹梢。

譯文

從原路折返六里，經過大雲堂，此時覺宗在斑山等候着，就再次進去參觀寫韻樓。樓房不再是原來的建築物，現在山門上有一座樓，尚可保存一點遺跡。打聽楊升庵遺下的墨跡，還有兩塊匾，寺中的僧人擔心損傷剝落，收起來不肯展示。僧人又準備了齋飯，勉強吃了一缽後告別。樓前有棵龍女樹。樹從根部分別生出三四枝強壯的枝幹，各高三四丈，樹葉長二寸半，寬是長的一半，葉子碧綠潤滑有光澤，白花，花朵比玉蘭花小，也是木蓮科的植物，但名字不同。這時花朵也已凋謝，只留下幾朵在樹梢，但高不可折，我只是折下空枝就走了。

上睦——七里橋、五里橋——大理郡南門——大街——鼓樓——北門——吊橋——大空山房

於是東下坡，五里，東出大道，有二小塔峙而夾道；所出大道，即龍尾關達郡城者也。其南有小村曰上睦，去郡尚十里。乃遵道北行，過七里、五里二橋[1]，而入大理郡城南門。經大街而北，過鼓樓，遇呂夢熊使者，知夢熊不來，而乃郎已至。以暮不及往。乃出北門，過吊橋而北，折而西北二里，入大空山房而宿[2]。

注釋

1 七里橋：今名同。五里橋：今名同。皆在大理南境，從南往北依次排列於下關至大理古城的公路附近。

2 山房：山中的寺院、房舍。

譯文

於是往東下坡，五里，往東踏上大道，有兩座小塔夾道峙立；踏上的大道，就

是從龍尾關到府城的路了。塔的南邊有個小村叫上睦，離府城還有十里。於是順着大路往北走，經過七里橋、五里橋，而後進入大理府城的南門。經過大街往北走，路過鼓樓，遇見呂夢熊的使者，知道呂夢熊不來了，但他的兒子已經到了。因為天晚來不及前去。於是離開北門，過吊橋往北走，轉向西北走了二里，到大空山房住下。

寺南石工家——崇聖三塔、高松、鐘樓、碑、雨珠觀音殿、正殿、淨土庵、玉皇閣道院

十四日　觀石於寺南石工家。何君與余各以百錢市一小方。何君所取者，有峰巒點綴之妙；余取其黑白明辨而已[1]。

因與何君遍遊寺殿。

是寺在第十峰之下，唐開元中建，名崇聖。寺前三塔鼎立，而中塔最高，形方，累十二層，故今名為三塔。塔四旁皆高松參天。

其西由山門而入，有鐘樓與三塔對，勢極雄壯；而四壁已頹，簷瓦半脫，已岌岌矣。樓中有鐘極大，徑可丈餘，而厚及尺，為蒙氏時鑄[2]，其聲聞可八十里。

樓後為正殿，殿後羅列諸碑，而中谿所勒黃華老人書四碑俱在焉。

其後為雨珠觀音殿，乃立像鑄銅而成者，高三丈。鑄時分三節為範，肩以下先鑄就而銅已完，忽天雨銅如珠，眾共掬而熔之，恰成其首，故有此名。其左右迴廊諸像亦甚整，而廊傾不能蔽焉。

自後歷級上，為淨土庵，即方丈也。前殿三楹，佛座後有巨石二方，嵌中楹間，各方七尺，厚寸許。北一方為遠山闊水之勢，其波流瀠折，極變化之妙，有半舟庋尾煙汀間。南一方為高峰疊障之觀，其氤氳淺深，各臻神化。此二石與清真寺碑趺枯梅[3]，為蒼石之最古者清真寺在南門內，二門有碑屏一座，其北趺有梅一株，倒撇垂趺間。石色黯淡，而枝痕飛白，雖無花而有筆意。新石之妙，莫如張順寧所寄大空山樓間諸石，中有極其神妙更逾於舊者。故知造物之愈出愈奇，從此丹青一家，皆為俗筆，而畫苑可廢矣張石大徑二尺，約五十塊，塊塊皆奇，俱絕妙著色山水，危峰斷壑，飛瀑隨雲，雪崖映水，層疊遠近，筆筆靈異，雲皆能活，水如有聲，不特五色燦然而已。

其後又有正殿，庭中有白山茶一株，花大如紅茶，而瓣簇如之，花尚未盡也。淨土庵之北，又有一庵，其殿內外庭除，俱以蒼石鋪地，方塊大如方磚，此亦舊製也；而清真寺則新製以為欄壁之用焉。

其庵前為玉皇閣道院，而路由前殿東鞏門入，紺宮三重，後乃為閣，而竟無一黃冠居守，中空戶圮，令人悵然。

注釋

1 「觀石」句：及下文蒼石，即雲南的大理石。

2 蒙氏：雲南南詔時期稱為「蒙氏時」，建極大鐘，鑄於南詔建極十二年（八七一）。

3 趺：碑下的石座。

譯文

十四日　在寺南的石匠家觀賞石頭。何君與我各用一百文錢買了一小塊石頭。何君選中的，有峰巒點綴在上邊的妙趣；我挑了黑白分明的而已。

於是與何君遍遊寺中的殿宇。

這座寺院在第十座山峰之下，唐代開元中期建的，叫崇聖寺。寺前的三塔像鼎一樣矗立着，中間的塔最高，方形，共十二層，所以現在稱為三塔。塔的四周全是高聳入雲的松樹。

由山門進去寺的西面，有鐘樓與三塔相對，氣勢極其雄偉壯麗；但四壁已經坍塌，屋簷上的瓦片大多脫落，已岌岌可危了。樓中有口很大的鐘，直徑約有一丈多，厚達一尺，是蒙氏時期鑄造的，鐘聲可傳到八十里外。鐘樓後是正殿，殿後羅列着許多碑，而李中谿用黃華老人書寫的文字刻成的四塊碑都在。

碑後是雨珠觀音殿，是用銅鑄成的雕像，高三丈。鑄造時，分為三截鑄成模型，肩部以下才鑄成而銅就用完了，忽然天上落下如珠子一樣的銅雨，大家一起捧着把它熔化，恰好完成頭部，所以有了這名字。觀音殿左右迴廊中的眾多神像都十分整齊，但迴廊倒塌不能遮蔽風雨了。

從後邊沿石階上去，是淨土庵，也就是方丈的住處了。前殿有三間房，佛座後面有兩塊巨石，鑲在中間的柱子間，各有七尺見方，厚一寸左右。靠北那塊有遠山闊水的氣勢，其中水流迴旋曲折，極盡變化的妙趣，有如小船停泊在煙靄綠洲之間。南邊的一塊是高峰重疊的景觀，其間煙雲彌漫深淺不一，各自達到出神入化的境界。這兩塊石頭與清真寺的枯梅紋碑座，是最古老的大理石（清真寺在南門內，二道門內有一座屏風似的石碑，碑座朝北的一面有一株梅花的紋理，倒垂飄拂在石座上。色澤黯淡，但樹枝卻露出白色，雖然沒有花卻有繪畫的意境）。新石的美妙，沒有比得上張順寧寄放在大空山樓中的各種石頭了，其中有些非常神妙的新石甚至還超過了舊石。由此知道造物主的創造是越來越奇妙，此後畫家的手下全是俗筆，而畫壇可以廢除了（張氏的石頭，大的直徑有二尺，約有五十塊，每塊都很奇特，全是絕妙的彩色山水畫，高峰絕谷，飛瀑逐雲霧，積雪的山崖倒映水中，層層疊疊，遠近疏朗有致，每筆都靈妙奇異，雲氣如活物，流水如有聲，不僅僅是五彩燦爛而已）。後面還有正殿，庭院中有一棵白山茶，花的大小如紅山茶，而且花瓣成簇也像紅山茶，花還沒有開完。

淨土庵的北邊，還有一座寺庵，佛殿內外的庭院，全是用大理石鋪地，石塊的大小如方磚，這也是以前製造的；但清真寺卻是新建的，用大理石來作欄杆和牆壁。庵前是玉皇閣道院，通道要從前殿東邊的拱門進去，裏面有三層殿宇，後面是樓閣，居然沒有一個道士留守，廟中空空，門戶倒塌，令人惋惜。

賞析與點評

這節選文包括了明末大理風物名勝如下。大理石：他同何君各購了一塊大理石工藝品；淨土庵佛座背後兩塊大理石紋路極美。崇聖寺：當時還有三塔、南詔建極大鐘、南詔雨銅觀音銅像、諸碑刻、淨土庵佛座巨石、玉皇閣道院等。也寫到有山茶花、茶樹等等。

十七　溯江紀源

本篇導讀──

〈溯江紀源〉又稱〈江源考〉，選自今本〈滇遊記十三〉，原文有前後兩段批注，如下：

甲、馮士仁曰：談江源者，久沿〈禹貢〉「岷山導江」之說。近邑人徐弘祖，字霞客。夙好遠遊，欲討江源，崇禎丙子（一六三六）夏，辭家出流沙外，至庚辰（一六四〇）秋歸，計程十萬，計日四年。其所紀核，從足與目互訂而得之，直補桑《經》、酈《注》所未及。夫江邑為江之尾閭，適志山川，而霞客歸，出〈溯江紀源〉，遂附刻之。（這段文字出自馮士仁崇禎版《江陰縣志》）

乙、陳體靜曰：此考原本已失，茲從本邑馮《志》中錄出，非全文也。前人謂其書數萬言，今所存者，僅千有餘言而已。考內「北龍亦只南向半支入中國」下注云：「俱另有說。」其說必甚長，乃一概刪去，殊為可惜。（明崇禎流傳《遊記》版本為陳體靜和楊名時抄本）

這篇地理科學論文是徐霞客幾十年遊歷探險的結晶，尤其是生命最後一次的長途遊的總結。他在崇禎九年（一六三六）出發，崇禎十三（一六四〇）年癱瘓由人抬回老家，四年間浙江江西湖南廣西貴州雲南等西南行，一年多在雲南，徒步尋找長江源頭。這篇可能完成於崇禎十三年，原有萬字，只剩千把字傳下。文章論述中國三大龍脈（北、中、南龍）的水系脈絡，以「河源唯遠」（長度）的原則，不同意歷代以來岷山是江源的觀點，鮮明提出金沙江是長江源頭的觀點，在清初引起激烈討論，眾多文化人士參與這個討論，包括康熙帝。

通過在雲南一年多的考察和豐富的地理著作閱讀，徐霞客在〈溯江紀源〉裏詳細描述金沙江、岷江和大渡河的水文情況。這部分先述黃河、長江的支流流域範圍：河流經明代五省，江流經十一省，故江水大於河水。其次述長江、黃河主幹水文脈絡，江河兩源頭的關係。還提出大渡河和岷江的水文關係，得出大渡河比岷江長、比金沙江短的觀點。通過論述長江和黃河的源頭水文脈絡、流域範圍和長度後，徐霞客明確提出「金沙江是長江源頭，岷江是長江支流」的觀點。這個觀點在清初有很多人參與討論，五四後又有一批知識分子（丁文江、梁啟超等）重新提及。

徐霞客在這篇裏提到《尚書．禹貢》「岷山導江」是錯誤的，這在當時是挺大膽的。《尚書．禹貢》是漢代以來經書聖典，歷代沿用，影響深遠。「江源金沙」的觀點明確提出後，明末清一朝相關人士持雙重觀點的居多：岷江是正源，金沙江是真源。長江源頭涉及風水堪輿中國主幹龍脈，還有大禹治水等幾千年文化認同問題。清人基於文化傳統的考慮，對江源問題持溫和態度，不肯定也不否定。民國提倡科學主義的知識分子，從科學的角度分析，〈溯江紀源〉是一個實地科學調查並得出結論的範例，備受推崇。

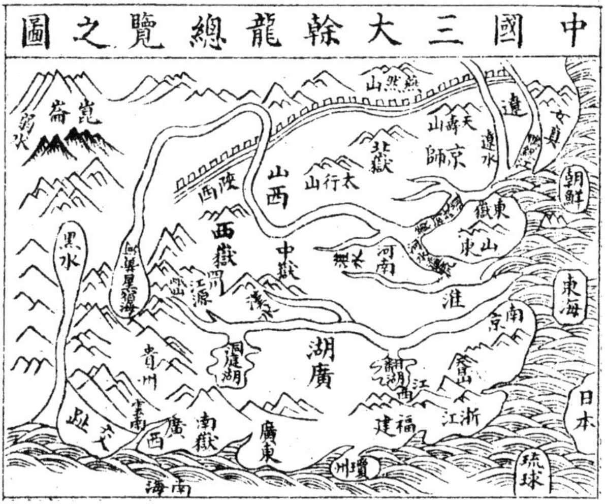

中國三大幹龍總覽之圖，選自《精校地理人子須知》，明徐善繼、徐善述著，民國五年石印本

江、河為南北二經流，以其特達於海也。而余邑正當大江入海之衝，邑以江名，亦以江之勢至此而大且盡也。生長其地者，望洋擊楫，知其大不知其遠；溯流窮源，知其遠者，亦以為發源岷山而已。

余初考紀籍，見大河自積石入中國[1]。溯其源者，前有博望之乘槎[2]，後有都實之佩金虎符[3]。其言不一，皆云在昆侖之北，計其地，去岷山西北萬餘里，何江源短而河源長也？豈河之大更倍於江乎？迨逾淮涉汴，而後睹河流如帶，其闊不及江三之一，豈江之大，其所入之水，不及於河乎？迨北歷三秦[4]，南極五嶺[5]，西出石門、金沙，而後知中國入河之水為省五陝西、山西、河南、山東、南直隸[6]，入江之水為省十一西北自陝西、四川、河南、湖廣、南直；西南自雲南、貴州、廣西、廣東、福建、浙江[7]。計其吐納，江既倍於河，其大固宜也。

注釋

1 大河：即黃河。積石：山名。明代分大積石山和小積石山。大積石山即阿尼馬卿山，在今青海省南部，距黃河源甚近。小積石山在青海省東部，兩山如削，黃河從中沖出，明有積石關，今稱積石峽，在甘肅、青海界上。附近的循化撒拉族自治縣今亦稱積石。

2 槎（粵：查；普：chá）：用竹木編成的筏。神話中稱乘木排上天河為乘槎。西漢人張騫（粵：牽；普：qiān）曾被封為博望侯，他出使西域，回來後對漢武帝說：「于闐之西，則水皆西流西海；其東，水東流注鹽澤。鹽澤潛行地下，其南則河源出焉。」這段話出自《史記．大宛傳》，是關於黃河源的最早記載。于闐，即今新疆維吾爾族自治區和田縣。鹽澤指今羅布泊。

3 **都實**：元代人。《元史．地理志．河源附錄》綜錄了元代探河源的成果，也概述了都實探河源的經過。「至元十七年（一二八〇）命都實為招討使，佩金虎符，往求河源。」「西去愈高，四閱月，始抵河源。是冬還報，並圖其城傳位置以聞。其後，翰林學士潘昂霄從都實之弟闊闊出得其說，撰為《河源志》。」

4 **三秦**：秦亡後，項羽把關中分為三份，封給秦降將章邯、司馬欣、董翳三人為王，後來即稱陝西（不包括漢中）、隴東為三秦。

5 **五嶺**：即南嶺，越城、都龐、萌渚、騎田、大庾五嶺的總稱。在今湘、贛、桂、粵四省區之間，為長江水系和珠江水系的分界線。

6 **入河之水為省五**：這是按明代的行政區劃而言。明代無甘肅省，今甘肅省大部分包入陝西，故不提甘肅。明代黃河往南奪淮入海，故說黃河經過南直隸，即今安徽、江蘇兩省。

7 **入江之水為省十一**：今廣東、福建不屬長江水系。江西屬長江水系，《遊記》未列。

譯文

長江、黃河分別是南北的主要河流，是因為它們都能通往大海。我們縣就在長江入海的要道，縣城也因長江而得名，也是因為長江的水勢到了這裏更加浩大而且將要到頭了。生長在這個地方的人，望着浩渺的水流擊槳，只知道它浩大卻不知道它遼遠；溯流窮源，知道它遼遠的人，也只是以為它發源於岷山而已。

我最初查考典籍的記載，只知黃河自積石山流入中原。追溯它的源頭的人，以前有博望侯乘木筏前往考察，之後有都實佩戴金虎符去查證。他們的說法不一致，卻都斷定是在昆侖山的北面，估計那地方，距離岷山的西北面有一萬多里，為何長江的源頭短而黃河的源頭長呢？莫非黃河比長江大了一倍嗎？直到越過淮河、涉過汴河，然後才看到黃河的水流如同衣帶，寬處不到長江的三分之一，難道長江這樣大，它匯入的水流，卻比不上黃河嗎？往北經過了三秦地區，往南歷盡了五嶺，西出石門關、金沙江，然後才知道中國流入黃河的水流有五個省（陝西、山西、河南、山東、南直隸），流入長江的水流有十一個省（西北自陝西、四川、河南、湖廣、南直隸，西南自雲南、貴州、廣西、廣東、福建、浙江）。計算水流的吞吐量，長江既然比黃河多一倍，流量大也是正常的。

賞析與點評

這小節先講文章緣起和總觀點，接着是對所見長江、黃河源文獻的懷疑，從幹流和支流的流域面積、長度來分析比較長江、黃河的異同，得出對江河源古文獻的質疑。

按其發源，河自昆侖之北，江亦自昆侖之南，其遠亦同也。發於北者曰星宿海佛經謂之徙多河[1]。北流經積石，始東折入寧夏[2]，為河套，又南曲為龍門大河，而與渭合。發於南者曰犂牛石佛經謂之殑伽河。南流經石門關[3]，始東折而入麗江，為金沙江，又北曲為敘州大江，與岷山之江合。

余按岷江經成都至敘[4]，不及千里，金沙江經麗江、雲南、烏蒙至敘，共二千餘里，捨遠而宗近，豈其源獨與河異乎？非也！河源屢經尋討，故始得其遠；江源從無問津，故僅宗其近。其實岷之入江，與渭之入河，皆中國之支流，而岷江為舟楫所通，金沙江盤折蠻僚溪峒間，水陸俱莫能溯在敘州者，只知其水出於馬湖、烏蒙[5]，而不知上流之由雲南、麗江；在雲南、麗江者，知其為金沙江，而不知下流之出敘為江源。雲南亦有二金沙江：一南流北轉，即此江，乃佛經所謂殑伽河也；一南流下海，即王靖遠征麓川，緬人恃以為險者，乃佛經所謂信度河也[6]。雲南諸志，俱不載其出入之異，互相疑溷[7]，尚不悉其是一是二，分北分南，又何由辨其為源與否也。

既不悉其孰遠孰近，第見〈禹貢〉「岷山導江」之文[8]，遂以江源歸之，而不知禹之導，乃其為害於中國之始，非其濫觴發脈之始也。導河自積石，而河源不始於積石；導江自岷山，而江源亦不出於岷山。岷流入江，而未始為江源，正如渭流入河，而未始為河源也。不第此也，岷流之南，又有大渡河，西自吐蕃，經黎、雅與岷江合[9]，在金沙江西北，其源亦長於岷而不及金沙，故推江源者，必當以金沙為首。

注釋

1 「佛經謂之」句：古代印度傳説，以為地面各大河都是從雪山（指今喜馬拉雅山西部帶）四向分流，因稱四河。往北流出的一條稱徙多（粵：思他；普：sī tā）河，後有人以今葉爾羌河和塔里木河為徙多河，並誤認為它是黃河上源。東面流出的一條稱殑伽（粵：靜家；普：jìng jiā）河，指今印度恒河。南面流出的一條稱信度河，即今巴基斯坦的印度河。西面流出的一條稱縛芻河，應為今阿姆河。在此篇，霞客對以上各河多有自己的解釋。

2 寧夏：明置寧夏衛和寧夏鎮，隸陝西省，治今寧夏回族自治區銀川市。

3 石門關：明設石門關巡檢司，在今麗江縣西一百二十里石鼓稍北的金沙江西岸，地當吐蕃、麼些界上。

4 敘：明置敘州府，在今四川宜賓市。

5 馬湖、烏蒙：馬湖，四川涼山境內，金沙江河谷之一，高山湖泊。烏蒙，烏蒙山脈，雲貴高原主要山脈之一，金沙江和北盤江分水嶺。

6 信度河：即今之印度河。古時入印度，不論中國、希臘、波斯等必經此河，遂以此為國名，稱身毒或印度。此河發源於青藏高原，西南穿喜馬拉雅山，經巴基斯坦入阿拉伯海。

7 溷（粵：運；普：hùn）：骯髒，混亂。

8〈禹貢〉：《尚書》裏面的一篇，中國最古老而系統性的地域地理經典，古人認為是大禹親筆、孔子修訂，影響至深。現今一般認為是戰國時作品，歷代諸儒有所修訂。裏有「岷山導江，東別為沱」，岷——岷江、沱——沱江，認為岷江是長江源。

9 黎：明置黎州安撫司，治今四川漢源縣九襄鎮。

譯文

考察它們的發源地，黃河來自昆侖山的北面，長江也來自昆侖山的南面，它們的長度也相同。發源於北面的叫星宿海（佛經稱之為徙多河），往北流經積石山，才向東轉入寧夏，形成河套，再向南彎成龍門峽的大河，然後與渭水匯合。發源於南面的叫犁牛石（佛經稱為殑伽河），往南流經石門關，才向東轉入麗江，成為金沙江，再向北彎成敘州府的大江，與源自岷山的江水合流。

據我考察，岷江經成都到敘州，不到一千里，金沙江流經麗江、雲南、烏蒙府到敘州，共二千多里，捨棄遠的卻把近的當做本源，難道是它的源頭特別與黃河不同嗎？

不是！黃河的源頭經過屢次探求，所以才找到它遠處的源頭；長江的源頭從來無人問津，所以才把近處的支流作為源頭。其實岷江流入長江，與渭水流入黃河一樣，都是中原地區的支流，而岷江是船隻通行的地方，金沙江曲折地盤繞在蠻僚聚居之地，水陸兩路都無人能追溯到源頭（在敘州府的人，只知江水源自馬湖府、烏蒙府，卻不知上游流經雲南、麗江；在雲南、麗江的人，知道它是金沙江，卻不知下游流到敘州府成為長江的源頭。雲南也有兩條金沙江：一條往南流然後向北轉的，就是此江，也是佛經所稱的殑伽河了；一條往南流向大海，就是王靖遠征討麓川時，緬甸人依仗為天險的江水，也就是佛經所說的信度河了。雲南各種志書，都沒有記載它們出入的不同處，互相疑惑混淆，還沒弄清楚它們是一條江還是兩條江，分在北方還是南方，又如何分辨它是不是長江的源頭呢？）。既然不清楚它們的遠近，只見到《尚書·禹貢》中「岷山導江」一句，便把長江的源頭歸為岷江，卻不知大禹疏導岷江，是因為它是中國水災的禍根，它並不是長江濫觴和起源的本源。疏導黃河起自積石山，但黃河的源頭並不始於積石山；疏導長江起自岷山，而長江的源頭也不是源出於岷山。岷江流入長江，卻不是長江的源頭，正如渭水流入黃河，也不是黃河的源頭一樣。不但如此，岷江流域的南部，還有條大渡河，源起於西面的吐蕃，流經黎州、雅州與岷江匯合，在金沙江的西北方，它的源頭也比岷江長，卻比不上金沙江，所以推測長江源頭的人，必定會以金沙江為第一。

賞析與點評

這小節論述長江和黃河的源頭支流的分佈脈絡和水域範圍等情況，並以長度進行對比，首次明確否定地理經典〈禹貢〉「岷山導江」的「江源岷山」觀點，肯定「故推江源者，必當以金沙為首」的「江源金沙」觀點。幾千年來，金沙江為長江源不是徐霞客首次發現，但他首次如此肯定提出金沙江為長江正源，岷山為長江支流的觀點。

另外，在論述長江源支流水脈情況時，有此一說：「岷流之南，又有大渡河，西自吐蕃，經黎、雅與岷江合，在金沙江西北，其源亦長於岷而不及金沙。」徐霞客在這裏肯定地提出岷山支流大渡河長於岷江、短於金沙江的觀點，這是在現存文獻中最早的。

中國三大龍脈 北龍 中龍 南龍

不第此也，宋儒謂中國三大龍[1]，而南龍之脈，亦自岷山，瀕大江南岸而下，

東渡城陵、湖口而抵金陵[2]，此亦不審大渡、金沙之界斷其中也。

不第此也，並不審城陵磯、湖口縣為洞庭、鄱陽二巨浸入江之口。洞庭之西源自沅[3]，發於貴州之穀芒關；南源自湘，發於粵西之釜山、龍廟。鄱陽之南源自贛，發於粵東之湘頭、平遠；東源自信、豐，發於閩之漁梁山、浙之仙霞南嶺[4]。是南龍盤曲去江之南且三千里，而謂南龍瀕江乎？

不第此也，不審龍脈，所以不辨江源。今詳三龍大勢，北龍夾河之北，南龍抱江之南，而中龍中界之，特短。北龍亦只南向半支入中國俱另有說。惟南龍磅礴半宇內，而其脈亦發於昆侖，與金沙江相持南下，經石門、麗江東金沙，西瀾滄，二水夾之，環滇池之南，由普定度貴竺、都黎南界[5]，以趨五嶺。龍遠江亦遠，脈長源亦長，此江之所以大於河也。

不第此也，南龍自五嶺東趨閩之漁梁，南散為閩省之鼓山[6]，東分為浙之台、宕。正脈北轉為小箪嶺閩浙界，度草坪驛江浙界，峙為浙嶺徽浙界、黃山徽寧界。而東抵叢山關[7]績溪、建平界。東分為天目、武林[8]。正脈北度東壩[9]，而峙為句曲[10]，於是迴龍西結金陵，餘脈東趨余邑。是余邑不特為大江盡處，亦南龍盡處也。龍與江同發於昆侖，同盡於余邑，屹為江海鎖鑰，以奠金陵，擁護留都千載不拔之基以此。豈若大河下流，昔曲而北趨碣石[11]，今徙而南奪淮、泗，漫無鎖鑰耶？

然則江之大於河者，不第其源之共遠，亦以其龍之交會矣。故不探江源，不知其大於河；不與河相提而論，不知其源之遠。談經流者，先南而次北可也。

注釋

1 中國三大龍：即中國三大地脈，土地的骨骼和脈絡，包括山脈和水脈，分北龍、中龍、南龍三大幹龍，三脈均源自昆侖山，分五脈，其中三脈入中國。古人認為龍脈影響着國運、部落聚居的吉祥，南宋朱熹的概括為後人所推崇。北龍沿黃河，經青、甘、晉、冀、東三省等地，至朝鮮半島止，代表城市有北京、天津等。中龍經黃河、長江之間地區，包括蜀、秦、冀、鄂、皖、魯等地，止於渤海，代表城市有西安、洛陽、濟南等。北、中龍古今較統一，南龍古今稍有不同。南龍大致始於岷山，沿長江經滇、黔、桂、湘、贛、粵、閩、浙、苏等地入海而止，代表城市有南京、成都、香港、廣州、福州、台灣、上海等。這三大幹脈分出支脈，支脈又分支脈，如此下去，遍佈華夏大地。反映在華人生活裏是觀風水擇地而居、葬。

2 城陵：城陵磯（粵：樊；普：fán），今名同，為洞庭湖口，在湖南省岳陽市北。湖口：明設湖口縣，今名同，為鄱陽湖口，在江西省九江市東。

3 沅：即沅江，發源黔東南斗篷山，經湘地入洞庭湖。

4 「鄱陽之南」句：漁梁山在福建北隅，仙霞南嶺在浙江西南隅，皆位於閩、浙、贛三省交界處。而信豐在贛南，今名同，贛水南源亦稱信豐江，與漁梁、仙霞不相值。信豐應為廣信、永豐的省稱，廣信府在今江西上饒市，永豐縣在今廣豐縣。鄱陽東源應指上饒江，即今信江。

5 普定：今貴州西部安順普定縣，「黔之腹，滇之喉」，處於長江水系和珠江水系分水嶺地帶，北為長江水系，南為珠江水系打幫河的源頭。貴竺：今貴陽市。都黎：今都泥江。

6 鼓山：今名同，在福州市東郊，閩江北岸名勝。

7 叢山關：在今安徽績溪縣北三十里。

8 東分為天目、武林：武林山為靈隱、天竺諸山的總名，在今浙江杭州市西。天目山在浙江省西北部，分為東天目山與西天目山兩支，多奇峰竹林，為風景勝地。

9 東壩：明時又稱廣通鎮，今在江蘇高淳縣東壩鎮。

10 句（粵：溝；普：gōu）曲：即句曲山，在今江蘇句容金壇交界，又稱茅山，主峰大茅在句容。道教上清派發源地。

11 碣石：依文意，此碣石應在古黃河口附近。

譯文

不僅如此，宋儒認為中國有三大龍脈，而南方的龍脈，也是起自岷山，臨近大江南岸往下延伸，往東經過城陵磯和湖口縣之後抵達金陵，這是因為不清楚大渡河和金沙江在交匯處中斷了。

不單是這樣，他們也不清楚城陵磯和湖口縣是洞庭湖、鄱陽湖這兩個巨大的湖澤匯入長江的入口。洞庭湖西邊的水來自於沅江，發源於貴州的穀芒關；南邊的水來自於湘江，發源於廣西的釜山、龍廟。鄱陽湖南邊的水來自贛江，發源於廣東的浰頭、平遠；東邊的水來自信江、永豐溪，起源於福建的漁梁山、浙江的仙霞南嶺。南方的龍脈如此盤繞屈曲離長江南部將近三千里，卻認為南方的龍脈是瀕臨長江嗎？

不但如此，不清楚龍脈，所以不能分辨長江的源頭。如今明了三條龍脈的大體趨勢，北方的龍脈夾在黃河的北面，南方的龍脈環抱在長江的南面，而中部的龍脈隔在它們中間，特別短。北方的龍脈也只能向南邊延伸半條支脈到中原（全都另有解說）。只有南方的龍脈在半個中原內氣勢逼人，而且它的山脈也始自昆侖山，與金沙江並列南下延伸，經過石門關、麗江（被東邊的金沙江和西面瀾滄江，這兩條江水夾着），繞過滇池的南部，由普定延伸到貴竺縣、都黎的南境，直奔五嶺。龍脈遠，長江也遠；山脈長，水源也長，這就是為甚麼說長江大於黃河的原因了。

不止這樣，南方的龍脈從五嶺往東延伸到福建的漁梁山，往南分散為福建省的鼓山，向東分成浙江的天台山、雁宕山。正脈向北轉為小箄嶺（閩浙境內），延伸到草坪驛（江浙境內），聳峙為浙嶺（徽州、浙江境內）、黃山（徽州府、寧國府境內），往東抵達叢山關（績溪、建平境內），向東分散成天目山、武林山。正脈往北穿過東壩，而後聳峙為句曲山，於是龍脈向西盤結為金陵，餘脈往東奔向我縣。這樣我縣不僅是大江的盡頭，也是南方龍脈的盡頭。龍脈與長江一同發源自昆侖山，一起以我縣為盡頭，屹然成為長江入海的重鎮，得以奠定金陵，擁護南京千載不敗的基礎就憑這一點。怎像黃河下游，從前曲折地往北流向碣石，如今遷到南邊奪取淮河、泗水的河道，漫無邊際的，沒有重鎮那樣呢？然而長江所以大於黃河的原因，不僅是它們的源頭一樣遠，也是因為它與龍脈交匯了。

所以不探求長江的源頭，不知它比黃河大；不與黃河相提並論，不知它的源頭遠。談論幹流的人，可以先論南方而次及北方了。

賞析與點評

上述提出「江源金沙」觀點，這小節對立論進一步論述，然後總結自己尋找水源的要領——談經流者，先南而次北可也。找大江河的源頭很困難，長江流域面積大、支流繁多，一個人怎麼能找到江源呢？

論述時，結合中國三大龍脈進行。簡單説是就華夏地域山勢水脈進行深一層的論述。這裏不禁要問，四百年前的古人，地理測繪技術不足，怎麼知道那麼多的山脈水文？這節密集的地名、山勢走向、水勢情況，一方面得益於中國地理方志的繁榮，《漢書》以下正史有「地理志」，私撰地理志繁多。徐霞客旅行前的準備很充足，寫日記時也拿書籍校驗。坐在家博覽群書的古代文人很多，博覽熟讀歷代地理方志又實地考察全國各地山水情況的，徐霞客為矯矯者。且他敢於否定地理聖經「禹貢」，是需要很大學識和勇氣的。因這反的不止是學術觀點，還有背後的正統文化。

這小節開頭就否定南龍首在岷山的說法。岷山在千年文化傳統裏是大禹治水的地方，南龍的龍頭，受這個風水龍頭的旺氣，這片地區才有了那麼大的發展。歷代相關論述甚多。否定長江源頭在岷山，對岷山是南龍首的衝擊會很大。清代學者和政府很多人都知道金沙江是長江源頭，但是他們絕大部分和稀泥，選擇「岷山是長江真源，金沙江是長江正源」的觀點，這是從文化傳承方面考慮的。五四後基於科學主義，徐霞客的觀點慢慢得到重視，翻譯《遊記》成外文出版。一九七八年，中國組織專家歷時兩年探測出長江源頭在沱沱河（源头——沱沱河——通天河——金沙江），證明徐霞客所總結的路數是對的。

不過在明末以至清代，徐霞客的觀點並沒能佔上風。也不能苛求古人太多。那時的風水龍脈等，除關係千年的學統聖經外，也關係到國體、文化認同等更多更大的方面。這也側面證明徐霞客的偉大，「遊聖」的「聖」字除學識外，更多是為人的高貴品格。

參考資料

一、《霞客遊記》（瘦影山房梓），光緒辛巳（一八八一年）。
二、朱惠榮校注，《徐霞客遊記校注（上下）》（昆明：雲南人民出版社），一九八五年。
三、褚紹唐、吳應良整理，《徐霞客遊記》（上海：上海古籍出版社），二〇〇九年。
四、朱惠榮譯注，《徐霞客遊記》（北京：中華書局），二〇一二年。
五、插圖所在明清善本，來自「書格」數字古籍圖書館（http://shuge.org/）。

名句索引

一畫

一山皆劈為崖，滿崖鐫佛其上。大洞數十，高皆數十丈。大洞外，峭崖直入山頂，頂俱刊小洞，洞俱刊佛其內。雖尺寸之膚，無不滿者，望之不可數計。洞左，泉自山流下，匯為方池，餘瀉入伊川。 二一〇

三畫

上百步雲梯。梯磴插天，足趾及腮，而磴石傾側峆岈，兀兀欲動，前下時，以雪掩其險，至此骨意俱悚。上雲梯，即登蓮花峰道。 一〇〇

上至平岡，則蓮花、雲門諸峰，爭奇競秀，若為天都擁衛者。由此而入，絕巘危崖，盡皆怪松懸結。高者不盈丈，低僅數寸，平頂短鬣，盤根虯幹，愈短愈老，愈小愈奇，不意奇山中又有此奇品也！ 〇八二

山北諸山，伏如聚蟻。匡湖洋洋山麓，長江帶之，遠及天際。 一四〇

山頂眾峰，皆如覆鐘峙鼎，離離攢立；天柱中懸，獨出眾峰之表，四旁嶄絕。峰頂平處，縱橫止及尋丈。 二四五

四畫

日映諸峰，一一獻態呈奇。其西面，近則閉魔岩，遠則雁門關，歷歷可俯而挈也。 二七一

五畫

四望白雲，迷漫一色，平鋪峰下。諸峰朵朵，僅露一頂，日光映之，如冰壺瑤界，不辨海陸。然海中玉環一抹，若可俯而拾也。北瞰山坳壁立，內石筍森森，參差不一。三面翠崖環繞，更勝靈岩。但谷幽境絕，惟聞水聲潺潺，莫辨何地。 〇六五

六畫

江為山所托，俛東俛南，盤峽透崖，二十五里，至畫山，月猶未起，而山色空濛，若隱若現。 三四六

自此連逾山嶺，桃李繽紛，山花夾道，幽豔異常。山塢之中，居廬相望，沿流稻畦，高下鱗次，不似山、陝間矣。 二三八

西崖之半，層樓高懸，曲榭斜倚，望之如蜃吐重台者，懸空寺也。 二八七

七畫

八畫

九畫

泉光雲氣，撩繞衣裾。　○八一

洞頂橫裂一隙，有石鯉魚從隙懸躍下向，首尾鱗鬛，使琢石為之，不能酷肖乃爾。其旁盤結蟠蓋，五色燦爛。　三二二

風怒起，滴水皆冰。風止日出，如火珠湧吐翠葉中。　二六八

十畫

峽壁上覆下寬，珠簾之水，從正面墜下；玉箸之水，從旁靄沸溢。兩泉並懸，峽壁下削，鐵障四圍，上與天並，玉龍雙舞，下極潭際。潭水深泓澄碧，雖小於鯉湖，而峻壁環鎖，瀑流交映。　一六七

時浮雲已盡，麗日乘空，山嵐重疊競秀。怒流送舟，兩岸穠桃豔李，泛光欲舞，出坐船頭，不覺欲仙也。　二三一

十一畫

晚坐祠前，新月正懸峰頂，俯挹平湖，神情俱朗，靜中渢渢，時觸雷漈聲。　一六四

望雁山諸峰，芙蓉插天，片片撲人眉宇。　○五三

梁闊尺餘，長三丈，架兩山坳間。兩飛瀑從亭左來，至橋乃合流下墜，雷轟河隤，百丈不止。余從梁上行，下瞰深潭，毛骨俱悚。　○三九

十二畫

復上至太白，循路登絕頂。荒草靡靡，山高風冽，草上結霜高寸許，而四山迴映，琪花玉樹，玲瓏彌望。 〇三四

湯泉在隔溪，遂俱解衣赴湯池。池前臨溪，後倚壁，三面石甃，上環石如橋，湯深三尺。時凝寒未解，而湯氣鬱然，水泡池底汩汩起，氣本香冽。 〇七八

絕壁四合，摩天劈地，曲折而入，如另闢一寰界。 〇五七

雲散日朗，人意山光，俱有喜態。 〇二八

飯後雲陰潰散，新月在天，人在迴崖頂上，對之清光溢壁。 〇四三

十三畫

塢半一峰突起，上有一松裂石而出，巨幹，高不及二尺，而斜拖曲結，蟠翠三丈餘，其根穿石上下，幾與峰等，所謂「擾龍松」是也。 〇九一

路宛轉峰罅，下瞰絕澗諸峰，在鐵船峰旁，俱從澗底矗聳直上，離立咫尺，爭雄競秀，而層煙疊翠，澄映四外。 一三六

群峰或上或下，或巨或纖，或直或欹，與身穿繞而過。俯窺轘顧，步步生奇，但壑深雪厚，一步一悚。 〇九二

十四畫

蓋廬山形勢，犁頭尖居中而少遜，棲賢寺實中處焉；五老左突，下即白鹿洞；右峙者，則鶴鳴峰也，開先寺當其前。 一五一

十五畫以上

澗石夾立成峽，怒流沖激而來，為峽所束，迴奔倒湧，轟振山谷。橋懸兩岩石上，俯瞰深峽中，迸珠戛玉。 一五一

隨澗東西行，鳴流下注亂石，兩山夾之，叢竹修枝，鬱葱上下，時時仰見飛石，突綴其間，轉入轉佳。 一四八

龍湫之瀑，轟然下搗潭中，岩勢開張峭削，水無所著，騰空飄蕩，頓令心目眩怖。 〇六二

龍頭山錚錚露骨，縣之四圍，攢作碧蓮玉筍世界矣。 三五〇

嶺旁多短松，老幹屈曲，根葉蒼秀，俱吾閶門盆中物也。 〇三〇

新 視 野
中華經典文庫

新　視　野
中華經典文庫